»Ein Sommer
wie seither kein
anderer«

HAUKE GOOS UND
ALEXANDER SMOLTCZYK (HG.)

»Ein Sommer wie seither kein anderer«

─────

Wie in Deutschland 1945
der Frieden begann –
Zeitzeugen berichten

Deutsche Verlags-Anstalt

Vorwort

Am 8. Mai 1945, einem Dienstag, meldeten die »Aachener Nachrichten«, als erste freie Zeitung Deutschlands, was Millionen Menschen erhofft und viele bis zuletzt gefürchtet hatten: »Der Krieg ist aus! Bedingungslose Kapitulation!«

Der Zweite Weltkrieg mit seinen mehr als 60 Millionen Toten, seinen Verheerungen und beispiellosen Verbrechen des NS-Staates war zu Ende. Deutschland war besiegt. Die Nachricht vom Beginn des Friedens erreichte ein Volk, das erschöpft, verzweifelt und rastlos war. Erschöpft, weil die Bombenangriffe auf deutsche Städte, weil die Angst um Ehemänner, Söhne und das eigene Leben die Deutschen zermürbt hatte; verzweifelt, weil Häuser, Straßen und Städte in Trümmern lagen, weil Väter und Söhne vermisst, in Gefangenschaft oder gefallen waren; rastlos, weil Millionen auf der Flucht oder auf der Suche waren: auf der Flucht vor der Roten Armee, auf der Suche nach Angehörigen, nach Nahrung, nach Nachrichten, nach einer Bleibe.

Mehr als 30 deutsche Großstädte waren fast vollständig zerstört. Dreizehn Millionen Menschen waren obdachlos. Im ganzen Land türmten sich 400 Millionen Kubikmeter Trümmer und Schutt – ein Land der Frauen, in dem viele von ihnen weiterhin auf sich allein gestellt waren, Übergriffen und Vergewaltigungen schutzlos ausgeliefert.

Der 8. Mai markiert die wohl tiefste Zäsur in der jüngeren deutschen Geschichte. Ein verbrecherisches Regime war am Ende und mit ihm eine Weltanschauung. Neue Regeln, neue Werte mussten gefunden und gelernt werden. Viele Menschen standen auch vor den Trümmern ihrer Biografie.

Fast sechs Jahre hatte der Krieg gedauert. Er hinterließ Flüchtlinge und Vertriebene, Kriegsgefangene und Ausgebombte, Evaku-
ierte und KZ-Überlebende, ehemalige Zwangsarbeiter, Witwen und
Waisen, Verschleppte und Verstörte, die ratlos und häufig wie betäubt durch die Ruinen irrten. Für alle begann eine Zeit der Neu-
orientierung. Viele kämpften um ihre Existenz. Weniges war sicher
in diesem Sommer. Eine Zwischenzeit. Die Vergangenheit war noch
nicht vergangen, die Zukunft hatte noch nicht begonnen.

Wie haben die Menschen den ersten Sommer der Nachkriegszeit
erlebt? Was haben sie empfunden, gedacht, gehofft? Welche Erwar-
tungen hatten sie, welche Pläne? Wie stellten sie sich, so kurz nach
der bedingungslosen Kapitulation, die Zukunft vor? Und wie begegneten sich jene, die vor Hitler fliehen mussten, und jene, die ihm
zugejubelt hatten?

Ausgangspunkt für dieses Buch war eine SPIEGEL-Geschichte:
Zum 75. Jahrestag des Kriegsendes im Mai 2020 befragten wir Zeitzeugen zu ihrem Sommer 1945. Darunter waren Prominente wie
Martin Walser, Marianne von Weizsäcker, Hans Modrow, Edzard
Reuter, aber auch weniger Prominente wie die Auschwitz-Überle-
bende Esther Bejarano und ganz Unbekannte. In diesem Sommer
1945 waren sie alle unbekannt. Wir wählten damals die Form einer
Chronik: Die Einzelstimmen fügten sich so zu einer kontrastreichen,
bewegenden Erzählung zusammen, in der sich Freude und Enttäuschung über die Niederlage mischten. In der die Erleichterung über
das Ende der Bombardierungen neben der Sorge um Angehörige
stand, die Neugier auf das, was kommen würde, neben der Trauer
darüber, wie viele Leben Diktatur und Krieg gekostet hatten.

Für dieses Buch haben wir die Chronik noch einmal erweitert.
Dabei war uns immer bewusst, dass unser Buch wahrscheinlich eine
der letzten Gelegenheiten bot, mit Zeitzeugen über diese Nach-
kriegsmonate ins Gespräch zu kommen. Die meisten Befragten sind
um die 90 Jahre alt, einige deutlich älter. Uns trieb dabei das Glücksgefühl, Menschen interviewen zu dürfen, die aus erster Hand berichten können, eben weil sie dabei waren.

Wo immer möglich haben wir unsere Gesprächspartner besucht und uns in langen Unterhaltungen die Erlebnisse dieses besonderen Sommers schildern lassen: von Nikolaj Pudow, dem Rotarmisten, der mit seiner Frau, beide beinahe hundertjährig, in einem Städtchen bei Moskau lebt; von Esther Bejarano, die Auschwitz und Ravensbrück überlebte und die noch immer zu Vorträgen und Konzerten durch Europa reist; von Georg Stefan Troller in seiner Pariser Dachwohnung und von Gerhart Baum in Köln, von Annemarie Günther, die aus Ostpreußen nach Hamburg geflüchtet war, und von Ingeborg und Woldemar Triebel, die sich im Krieg beinahe aus den Augen verloren hatten und heute seit über 70 Jahren verheiratet sind.

Andere haben wir, weil die Corona-Pandemie es anders nicht zuließ, am Telefon befragt; mehr als einmal kam es vor, dass sie, weil das Vergangene eben nicht vergangen ist, vor Bewegung nicht weitersprechen konnten.

Alle sind von den beiden Fotografen Jakob Schnetz und Janek Stroisch aufgenommen worden. Ihre Porträts, die Gesichter der Zeitzeugen, legen eindrucksvoll Zeugnis ab von wahrhaft gelebtem Leben.

Damit sich das Bild dieses Sommers rundet, haben wir außerdem im Deutschen Tagebucharchiv in Emmendingen nach Stimmen aus jenen Monaten geforscht, die, weit unmittelbarer als die Protokolle der heute noch Lebenden, die widerstreitenden Empfindungen jenes Sommers wiedergeben, in dem ein Volk, das an Befehle, Gehorsam und Strafen gewöhnt war, plötzlich das Improvisieren und Plündern, das Klauen und Durchwursteln entdecken musste.

In Deutschland, sagen Historiker, herrschte in diesem Sommer ein Nebeneinander von Ausnahmezuständen. Der Einzug der Sieger, Hoffnung und Opportunismus, der Wunsch nach Vergeltung, die Sehnsucht nach Vergebung: Es gab in diesem Sommer 1945 keine Stimmungslage, sondern vielfältige Stimmungen. Entscheidend war, wo jemand lebte, wie alt er war, was er durchgemacht, welche Position er bekleidet hatte. Männer erlebten das Kriegsende anders als Frauen, Städter anders als Menschen auf dem Land, Bewohner der späteren sowjetischen Zone anders als die Bewohner der drei Westzonen. Die Physiognomie des Jahres 1945, sagt der Augsburger Geschichtsforscher Dietmar Süß, ist »kantig und keineswegs klar umrissen«.

Weltgeschichtliche Entscheidungen fielen in diesen Sommer: Im Juli und August einigten sich die Alliierten in Potsdam auf die Neuordnung Europas, zwölf Millionen Menschen wurden in der Folge aus den ehemaligen deutschen »Ostgebieten« vertrieben. Anfang August beendete der Abwurf der beiden Atombomben auf Hiroshima und Nagasaki den Krieg im Pazifik. Unterdessen bereiteten die Sieger den ersten großen Kriegsverbrecherprozess vor. In den Vernehmungen von Göring, Keitel und Jodl, Heß und Speer, Dönitz, Kaltenbrunner und weiteren NS-Größen konnten die Deutschen ab Oktober das Ausmaß der Verbrechen des NS-Regimes erkennen, an das viele bis zum Schluss geglaubt hatten.

Denn zur totalen militärischen Niederlage, die offensichtlich war, kam in diesem Sommer die moralische hinzu. Die ersten Fotos und Filme aus den befreiten Konzentrationslagern schockierten Menschen, die sich bis dahin als doppelte Opfer gesehen hatten: von Hitler und den Nazis verführt, von den alliierten Bombern grausam bestraft.

Ein Sommer des Erschreckens, der Scham, der Not, der Verzweiflung, des Hungers – gleichzeitig aber auch ein Sommer des Aufbruchs, der Hoffnung und der Lebensfreude. Nissenhütten und amerikanische Musik, verbotene Kinderspiele mit gefundener Munition und Chesterfield-Zigaretten, der Geschmack von Brennnesselsuppe und Kaugummi, Zukunftsangst und Lebensgier – dieser Sommer 1945 war, in den Worten des Schriftstellers Martin Walser, »ein Sommer wie seither kein anderer«.

Hamburg im April 2021
Hauke Goos und Alexander Smoltczyk

Georg Stefan Troller

Zur Person: Georg Stefan Troller wurde am 10. Dezember 1921 als
Sohn eines jüdischen Pelzhändlers in Wien geboren. Sein Vater
hatte in Brünn ein Geschäft besessen, war dann aber mit der Familie nach Wien gezogen. Troller machte zunächst eine Lehre als
Buchbinder. Nach dem »Anschluss« Österreichs an das Deutsche
Reich floh er im Alter von 16 Jahren in die Tschechoslowakei und
von dort nach Frankreich, wo er bei Kriegsausbruch interniert
wurde. Als er 1941 das dafür erforderliche Visum bekam, ging er
in die USA. 1943 wurde Troller zum Kriegsdienst eingezogen, er
war an der Befreiung des Konzentrationslagers Dachau und der
Stadt München beteiligt. Weil er Deutsch sprach, wurde er von
der U.S. Army zur Vernehmung deutscher Kriegsgefangener eingesetzt. Nach Kriegsende studierte Troller in den USA Anglistik
und Theaterwissenschaft, kehrte dann aber nach Europa zurück.
Für den WDR produzierte er von 1962 an jahrelang das »Pariser
Journal« und, nach seinem Wechsel zum ZDF, von 1971 an die
Sendung »Personenbeschreibung«: subjektive, einfühlsame,
sehr persönliche Interviews. Er schrieb Bücher und drehte Do-
kumentarfilme. Seit 1949 lebt Troller in Paris, in einer bescheide-
nen Dachwohnung im 7. Arrondissement. Sein Tonfall verrät ihn
gleich als Wiener, er freut sich über das mitgebrachte Gebäck aus
einer Heimat, die einmal glaubte, auf diesen Menschen verzich-
ten zu können. Troller erinnert sich an jedes Detail, es ist der Blick
eines Jahrhundertjournalisten.

Herr Troller, Sie waren, als der Zweite Weltkrieg zu Ende ging, in Deutschland.

Am 1. Mai 1945, kurz nach der Befreiung von Dachau. Da war ich da. Und das war für mich das Kriegsende. Am gleichen Tag erfuhren wir, dass Hitler »im Felde gefallen« war. Für uns war das der entscheidende Tag.

Sie sind mit Ihrer Truppe nach München eingezogen, wann war das?

München wurde etwa am 28. April erobert. Und am 1. Mai bin ich nach Dachau gefahren mit unserem Team von Kriegsgefangenenvernehmern, in unserem Jeep.

Hatten Sie eine Ahnung, was Sie in Dachau erwartete?

Nicht auf diese Art, nicht in diesem Ausmaß. Diese Hunderte von Skeletten, mit gelber Haut überzogen, die da herumlagen. Ich glaube auch, ich habe hier das Wort »Auschwitz« zum ersten Mal gehört. Ich bin ziemlich sicher, dass mein Vater nach der Reichskristallnacht eine Woche in Dachau verbrachte, nur hat er nie ein Wort darüber verloren. Aber natürlich kannte jeder damals den Reim: »Lieber Herrgott, mach mich stumm, dass ich nicht nach Dachau kumm.«

Den Spruch kannten auch die Münchner?

Er kam ja wohl von da. Und man konnte zu der Zeit von allen Seiten ins Lager hineinschauen. Auch jetzt gibt es noch ein Waldstück, von dem man direkt den Appellplatz einsehen kann. Das war allen gegenwärtig. Das wusste jeder.

Wer traf die Entscheidung, gleich nach Dachau hinauszufahren?

Das gehörte dazu. Erst einmal die Hitler-Wohnung, dann die Eva-Braun-Wohnung, dann Dachau. Und das war schon schockierend für unsere Boys. Die Amerikaner wussten ja von nichts. Wir hatten die Tschermans bekämpft, die Jerries, sogar manchmal die Nazis. Aber was da eigentlich los war mit dem »Dritten Reich«, das hat die Army erst in Nürnberg auf dem Parteitagsgelände begriffen und dann in Dachau. Das war für die G.I.s eine totale Überraschung. Das stand auch nicht in unserer Zeitung und war auch nicht Teil unserer Propaganda. Das galt als Nebensache. Unter anderem, weil es ja auch einen gewissen Antisemitismus gab in Amerika. Man wollte nicht, dass dies ein Juden-Befreiungskrieg wäre.

Wie äußerte sich der Antisemitismus in Amerika?

Na ja, die großen Universitäten hatten eine zwei- oder dreiprozentige Quote für Juden, das galt als selbstverständlich. Die angesehensten Klubs ließen keine Juden herein. Die *fraternities* an den großen Universitäten haben keine Juden aufgenommen. Es gab Restaurants, in denen Juden unerwünscht waren. Warum gehst du nicht zurück, wo du herkommst? Das war ein Satz, den man überall zu hören bekam. Als unser Emigrantenschiff in New York anlegte, war da eine Rubrik auszufüllen: »Rasse«. Und ich schrieb natürlich hinein: »weiße«. Nix gut. Was du hinzusetzen hattest, war Hebräer-Rasse, *hebrew race*. Das erste Mal, dass ich den Ausdruck gehört habe.

Sergeant Binder, der verantwortliche Unteroffizier in Ihrem Team, war ja wohl Antisemit?

Er war Deutschamerikaner. Und er hatte wie viele von ihnen ein Herz für *the old country*, egal unter welchem Regime. In New York gab es ja auch den deutsch-amerikanischen »Bund«, eine reine Naziorganisation. Und es gab Stadtviertel wie Yorkville, wo Brecht hingehen durfte, aber ich nicht hinging. Diese Jungs dort hielten uniformierte Sommerlager ab. Das war mehr oder weniger wie die Hitler-Jugend. Und das war toleriert bis zum Kriegsausbruch … Dann, in der Armee, im Ausbildungslager, kam dieser primitive Typ auf mich zu und fragte: »*You Tscherman?* Dann musst du ja ein großer Freund von Hitler sein.« Und ich sagte: »Ja, mein bester Kumpel.« Darauf zeigte er mich an in der Schreibstube, und ich blieb ein Jahr im Ausbildungslager als Kartoffelschäler, während die ganzen Kameraden schon lange eingesetzt waren, in Afrika gegen Rommel. Bis ich den

Grund herausfand und mich meldete. Eine Woche später war ich *shipped out.* Nach Casablanca.

Wann haben Sie zum ersten Mal den Satz gehört: Jetzt muss aber auch mal Schluss sein?

Im Mai 1945. Das war sofort da. Und das andere war auch da: Je mehr man gelitten hat durch die Luftangriffe und den Mangel an Lebensmitteln und Kohle, umso mehr hat man bereits den Ausgleich für solche Dinge wie Auschwitz erlangt, die Absolution. »Wir unter den Bombennächten und die Flüchtlinge unter dem Iwan – wir haben doch schon alles abgebüßt, was wollt ihr jetzt noch von uns?« Und anschließend: »Was habt ihr eigentlich gegen uns, wir haben euch doch nichts getan.« Und dann kam auch schon bald die Vorstellung: Wir mit unserem Soldatentum und ihr mit eurem Material, wir hätten doch eigentlich zusammen gegen den Iwan marschieren sollen. Das hätte auch so hinhauen können, wenn nicht dieser besoffene Gangster Churchill und der Jude Roosevelt das hintertrieben hätten, leider.

In Ihrem Buch »Selbstbeschreibung« bezeichnen Sie die Stimmung der meisten Deutschen damals als ein dauerndes Beleidigtsein und Muffigsein. Können Sie das beschreiben?

Aus der Traum! Das ganze »Dritte Reich« beruhte ja im Seelischen auf Illusion, auf Traum. Auf irgendwelchen romantischen Vorstellungen von Volkstum, Brauchtum, Ariertum. Blutfahne. Blut und Boden. Sonnwendfeier. Nibelungentreue. Meine Ehre heißt Treue. Division Frundsberg, Division Florian Geyer. Und fast jeder glaubte doch bis zuletzt an den Endsieg, mithilfe neuer Wunderwaffen, die zu Hitlers Geburtstag im April auf einmal magisch da sein würden.

Und jetzt?

Jetzt redeten sie alle vom Zusammenbruch, vom Ende Deutschlands. Das Wort »Befreiung« habe ich nie gehört damals. Dass Amerika etwas anderes zu bieten hätte als seinen öden Materialismus, also zum Beispiel so etwas wie Freiheit und Demokratie, das war ja überhaupt nicht im Gedankenschatz der Deutschen vorgesehen. Unser Material haben sie alle bewundert, die Jeeps, die Walkie-Talkies. »Kein Wunder, dass ihr den Krieg gewonnen habt, mit dem Material.«

Sie selbst haben irgendwie erwartet, dass die Glocken läuten würden, wenn Sie als Befreier nach Deutschland kämen. Doch die Glocken läuteten nicht. Es gab keinen Jubel?

Die standen da herum um die Bretterzäune und Plakatsäulen, wo die ersten Anordnungen der Militärregierung klebten, und wussten eigentlich nicht, wie ihnen geschah. Es gibt diesen Moment, wo du von einem Traum erwachst und bist noch nicht ganz da. Die waren noch nicht ganz da. Die zwölf Jahre Nazitum und Krieg hatten das Volk umgekrempelt. Die schienen nicht mehr zur vernünftigen Selbstbetrachtung fähig. Mit Ausnahmen natürlich. Ich habe dann gleich gute Freunde gefunden, die mir auch lebenslang verbunden blieben. Außerdem waren ja in Bayern die »Preissen« an allem schuld, eine gute Ausrede.

Aber für die 16- oder 17-Jährigen muss es doch eine Art Befreiung gewesen sein von den bisherigen Zwängen?

Auch die 17-Jährigen waren ja schon zumeist im Kriegsdienst gewesen. Oder zumindest in der Flak. Die hatten schon den Krieg miterlebt. Und die Flucht. Was die zusammenhielt, war weniger das Nazitum als der »Haufen«. Man gehörte einem Haufen an, und diesem Haufen war man verpflichtet. Die Widerstandsfähigkeit der deutschen Landser beruhte damals sehr stark auf der Liebe zu ihrem Haufen. Wir waren ja erstaunt, dass die auch nach einer Verwundung wieder zu ihrer Einheit zurückstrebten, nicht nach Hause. Das war letztlich die Stärke der deutschen Wehrmacht. Und dazu gehörten eben auch die Jungen. Aber natürlich gab es schon ein Vortasten ins neue Leben. Die Popmusik am amerikanischen Soldatensender AFN war wichtig. Die neuen Tänze. Die Ami-Zigaretten. Die

Jungen konnten sich freier fühlen, erwachsener. Aber dazu brauchte es natürlich eine gewisse Zeit. Zuerst war da diese allgemeine Ratlosigkeit: Was ist nun eigentlich mit uns los? Und wie geht's weiter?

Ein Gefühl wie eine örtliche Betäubung?

Oder wie Schlafwandelei. Was tun, woran jetzt glauben? Echte Nazis waren ja kaum mehr zu finden, und wenn, dann eher unter den Frauen. Als hätten sie alle davon geträumt, den »Führer« zu ehelichen. Nun, auch ich stand jetzt vor dieser Frage: Was anfangen während der vorgeschriebenen Besatzungszeit? Also ging ich zu Radio München, dem späteren Bayerischen Rundfunk, jetzt unter amerikanischer Regie. Eines Tages erhielt ich dort einen Brief. Darin stand: »Ihr Juden seid an unserem Elend schuld. Geht zurück, wo Ihr herkommt. Hier spricht eine Frau für alle.« Ich Narr fand den Brief irgendwie belustigend, also hängte ich ihn bei uns ans Schwarze Brett. Und wurde sofort von unserem Boss, Captain Horine, aufs Tapet gerufen: »Bist du verrückt, weißt du nicht, dass noch die meisten Leute, auch hier im Hause, genauso denken? Und du hängst das auch noch aus!« Danach war ich gefeuert. Und kam unter bei der fabelhaften »Neuen Zeitung«, die von Major Hans Habe herausgegeben wurde.

Sie waren Reporter?

Ja. Und berichtete über die Stimmung im Lande. Nicht genau zu wissen, wohin man gehörte. Die Leute hatten ja oft keine Wohnung mehr, sie hausten in Kellern oder Holzbaracken. An allen Wänden hingen diese Zettel: »Wir haben überlebt. Ihr findet uns da und da.« Und die Amerikaner haben natürlich versucht, Ordnung zu schaffen. Aber alle Leute, die sich mit Elektrizität oder Baumaterial auskannten, waren natürlich alte Nazis gewesen. Und man konnte diese Leute nicht einfach deswegen wegschicken. Übrigens machte denen das überhaupt nichts aus. Die waren ebenso begierig, den Amis zu dienen wie vordem Hitler. Weil wir ja die Sieger waren. Deutsche haben immer Sieger respektiert. Herr Offizier haben sie zu mir gesagt, obwohl ich es ja nie weiter als bis zum Korporal brachte. Übrigens war man vorher als Gefangenenvernehmer schon daran gewöhnt, an diese Liebedienerei. Die waren zuallermeist gleich bereit, alles herzugeben, was sie wussten. Voller Stolz haben sie uns verraten, wo ihre schweren Waffen standen, wo der Nachschub herkam, bloß um ihre Sachkenntnis zu beweisen. Die deutschen Soldaten waren eben soldatesk. Sie waren Berufssoldaten. Unsere G.I.s erschienen mir dagegen oft nur wie verkleidete Zivilisten.

Waren die Deutschen in der Niederlage anders als die Italiener? Sie sind ja damals von Süden hochgekommen.

Ich glaube, der Faschismus hat nicht so tief eingegriffen wie der Nazismus. Der Faschismus war bloße Kriegsspielerei, Angeberei. Für die Deutschen war Krieg Leben. Krieg war ihre Sache, das konnte man von den Italienern nicht behaupten. Die Professionalität der deutschen Soldaten hat uns damals stark beeindruckt. Bis hinunter zum kleinsten Landser wusste jeder, was Sache war. Und der Nazismus spielte ihnen den deutschen Traum von der Weltherrschaft vor. Die hatten bis zuletzt daran geglaubt. Dass es auf einmal aus sein sollte und Hitler tot, das konnten sich viele von ihnen gar nicht vorstellen. Die dachten, er regiert auf ewig.

Er hat zuletzt wie ein Phantom unter der Erde gelebt. Armeen befehligt, die es gar nicht mehr gab. Sie haben in München Hitlers alte Wohnung aufgesucht. Wie war das?

Sie lag an der Prinzregentenstraße und war natürlich voll von unseren G.I.s. Die Deutschen haben sich dafür überhaupt nicht mehr interessiert. Das war nicht mehr von Belang. Die Leute hungerten und waren in einem Zombiezustand. Krieg verloren, alles verloren. Hitlers Wohnung, was soll uns das? Aber wir, wir suchten natürlich die Atmosphäre. Und Erinnerungsstücke. Und den Triumph.

Haben Sie etwas mitgenommen?

Ja, diesen wunderbaren Schrieb, den Goebbels, Göring, Himmler und andere Größen unterzeichnet hatten: »Mein Führer, wir stehen zu Ihnen in Leben und Sterben.« Und so weiter. Alle diese Unterschriften der ganzen Parteigrößen. Das habe ich dann meinem Vater nach New York geschickt, mit einem Brief auf Hitlers persönlichem Schreibpapier. Der Brief wurde später auch in der Emigrantenzeitschrift »Aufbau« publiziert. Aber die Sache mit den Unterschriften hat mein Vater mir übelgenommen. Das fand er nicht lustig. Er wollte »dieses Teufelszeug« nicht im Hause haben und hat das Blatt leider beim Versatzamt verscherbelt für 25 Dollar. Wo ist es geblieben? Wer weiß das?

Sie haben damals auch bemerkt, dass in der Wohnung diese ganzen Karl-May-Bände standen. Gab es noch andere Literatur?

Nicht meiner Erinnerung nach. Aber eine Menge kitschige Souvenirs. Da war dieser gepresste Veilchenbusch mit einem Kärtchen dazu: »Mein Führer, von meinem letzten Taschengeld schicke ich Ihnen als Naturliebhaber dieses kleine Sträußchen, möge es ewig blühen.« Und so etliches andere aus der »Kampfzeit«. Das hatte er sich aufgehoben. Im Übrigen gab es kein Damenzimmer, keine Damengarderobe in seiner Achtzimmerwohnung. Eva Braun führte in Bogenhausen ihr eigenes Haus und war in seiner Wohnung nicht greifbar.

Als Sie vorher in Nürnberg waren, ist Ihnen das Parteitagsgelände imposant erschienen oder eher bühnenhaft?

Eine Vorstellung in jedem Sinn des Wortes. Eine Vormacherei mit tödlichem Ausgang. Eine Oper, bei der sich hunderttausend Statisten als Starsänger fühlen konnten. Und jetzt war der Vorhang runter. Es blieb die Enttäuschung, das Selbstmitleid. Und wir Juden, wir Emigranten waren zu der Zeit wie weggewischt. Die ganze Emigration erschien den Leuten unbegreiflich. Die Juden, die waren doch alle abgehauen damals mit ihren Millionen. Was da wirklich vor sich ging, davon hatten die Leute nie gehört.

Wenn man alte Deutsche fragt, ob es denn jüdische Kinder bei ihnen in der Klasse gegeben hätte, dann kommt oft als Antwort: »Ja, aber irgendwann waren die Plätze leer.« Und wenn man dann nachfragt, ob sie sich nicht manchmal gewundert hätten, was aus denen geworden sei, dann hört man: »Schon, aber wir hatten mit uns selber genug zu tun.«

Ja, für den Dirigenten Furtwängler zum Beispiel waren wir Exilanten »schimpflich Geflohene«. Das Wort muss man sich erst mal auf der Zunge zergehen lassen. Und dann diese sogenannten inneren Emigranten wie Frank Thiess oder Walter von Molo, die sich jetzt zu Wort meldeten. Und die behaupteten, sie wären nur dageblieben, um das Schlimmste zu verhüten. Was hatten sie denn verhütet, bitte schön? Diese Ignoranz der Leute damals, wer wir waren und was uns passiert war. Die Deutschen hatten sich ihrer Traumwelt anheimgegeben, bis Stalingrad etwa. Auf Niederlagen waren sie nicht programmiert. Und sie haben 1945 weniger das Gefühl gehabt, dass sie eine Diktatur verloren hätten als ihr Vaterland. Natürlich nicht alle. Ich habe auch manche Nazigegner gefunden. Vor allem unter denen, die ihre Angehörigen verloren hatten. Und unter verwundeten Soldaten.

Wie war denn dieser Vormarsch durch Deutschland im Frühjahr 1945?

Nachdem wir den Westwall durchbrochen hatten, ging ja alles sehr schnell. Und überall hingen diese weißen Fahnen in den Fenstern. Die Leute haben sich ergeben, aber damit auch sich selbst vergeben, für unschuldig erklärt. Und übrigens hatte ja fast die ganze Bevölkerung damals ihre Vettern oder Onkel in Amerika. Und alle besaßen plötzlich eine jüdische Großmutter. So viele jüdische Großmütter haben nicht einmal wir gehabt.

Wann haben Sie begonnen, Tagebuch zu führen?

Irgendwann an der Front, so um 1944. Tagebuchführen war übrigens streng verboten, denn falls man in Gefangenschaft geriet, könnte man den Nazis doch damit militärische Geheimnisse verraten. Aber ich führte ein Tagebuch, und zwar auf Deutsch. »Unsere

Panzer« zu schreiben, wenn ich unsere amerikanischen *tanks* meinte, das war schon verrückt. Aber es bedeutete eben auch meine Anhänglichkeit an die Sprache und an den deutschen Kulturkreis. Nur: Kann man einer Sprache angehören, ohne dem Volk anzugehören, das diese Sprache spricht?

Kann man?

Ich weiß es bis heute nicht. Übrigens habe ich mir nachher bei meinen Lesungen in Deutschland die üblichen Diskussionen mit dem Publikum verbeten. Weil immer wieder die Frage auftauchte: Was ist nun eigentlich Ihre Heimat? Und darauf weiß ich keine Antwort. Im Grunde war ich zuerst verblüfft über diese Frage, weil ich dachte, Heimat ist doch eigentlich nicht mehr aktuell, zumindest seit den Heimatfilmen der Fünfziger. Aber das war ein Irrtum. Was meine Herkunft betrifft, so habe ich mich zum ersten Mal mit der Emigranten-Filmtrilogie »Wohin und zurück« unter der Regie von Axel Corti geoutet. Das war in den Achtzigerjahren. Bis dahin war »Emigrant« ein Wort, das die Leute kaum kannten. Es gab keine Kategorie für uns. Man wusste von Thomas Mann, dem Landesverräter. Man wusste, dass die Juden irgendwie verschwunden waren, weiß Gott wohin, mehr nicht.

Wie haben die Deutschen und die Österreicher reagiert, als sie plötzlich wieder da waren?

1949 war ich für zwei Monate in Österreich. Habe versucht, dort zu studieren. Mein Vater schickte mir die Namen der Leute zu, die uns bestohlen hatten, seinerzeit. Der Hauswart, der sich die Biedermeiermöbel meiner Mutter unter den Nagel gerissen hatte. Aber seine Wohnung war zu eng, also hat er unten die Beine abgesägt. Oder Wachtmeister Fuchs, der unseren Bösendorfer-Flügel organisiert hatte. Ich ging hin, die Frau machte mir auf, er hatte sich natürlich eine Judenvilla einverleibt. Ich fragte, kann ich einen Blick auf unseren Flügel werfen? »Sie haben kein Recht dazu! Das ist Hausfriedensbruch!« und so weiter. Ich hinterließ meine Adresse. Am nächsten Morgen stand er vor der Tür, der Herr Gendarm: »Bitte, bitte, machen Sie mir die Karriere nicht kaputt, wir sind auch bereit zu einer kleinen Ablöse.« Ich glaube, es entsprach etwa 20 Euro. Oder unser Geschäftsdiener, der nach dem »Anschluss« die komplette Bibliothek meines Vaters zu sich rüberschaffte. Da war auch ein vielbändiges Konversationslexikon, und er sagte: »Sehen Sie, meine Kinder haben ihre ganze Bildung aus diesen Büchern, die wir für Sie aufgehoben haben.« Er holte einen Band heraus, und da lagen diese ganzen Schilling-Banknoten, die mein Vater seinerzeit darin versteckt hatte. Jetzt komplett wertlos. Und er brach fast in Tränen aus: »Wenn ich das bloß gewusst hätte! Mein Gott, das viele Geld!« Und doch habe ich diese Stadt geliebt. Ich bin damals alle Straßen abmarschiert, die ich kannte, tagelang, nächtelang. Um mein Heimweh zu sättigen. Aber schließlich fand ich für mich diesen Satz, der auch irgendwo in meinen Filmtexten stehen muss: Eine Heimat kann man so wenig wiederfinden wie eine Kindheit.

Gab es zu jener Zeit irgendein Verständnis für Sie und Ihre Lage?
Erst viel später. Damals herrschte vor allem diese Ausgleichsstimmung: das zerstörte Dresden gegen Auschwitz, die Atombombe gegen den ganzen Nazismus. Es gab diese Sprüche, wer eigentlich schuld gewesen sei am Krieg: »Ja, glauben Sie denn, dass die Herren Roosevelt und Churchill nicht genau so scharf darauf waren wie unser Adolf … Also sagen wir mal *fifty-fifty* …« Übrigens haben Sie vielleicht davon gehört, wie eines Morgens plötzlich am Münchner Siegestor in weißer Farbe aufgemalt stand: »Dachau, Buchenwald, Mauthausen, ich schäme mich, ein Deutscher zu sein.« Und am nächsten Tag stand an der Stelle: »Bach, Beethoven, Brahms, ich bin stolz, Deutscher zu sein.« So als wären die alle in der Partei gewesen.

Hatten Sie den Eindruck, dass in der Nazizeit der Katholizismus in Süddeutschland den Leuten einen gewissen moralischen Halt gegeben hat?
Dazu fällt mir noch eine Geschichte ein. Wir hatten ja, einen Tag

vor der Invasion in der Normandie, Rom erobert ohne jeden Widerstand, Rom, offene Stadt. Unser Captain war eifriger Briefmarkensammler, also fuhr er gleich ins Zentrum, um Postwertzeichen aufzureißen. Und ich ging auf Kunstsuche in den Vatikan. Wir hatten damals diesen kleinen bayerischen Knirps von 17 Jahren als Kriegsgefangenen, den wir sozusagen wie ein Maskottchen bei uns behielten, anstatt ihn nach hinten zu verfrachten. Nun, da war ich also im Petersdom, alles voller G.I.s natürlich, als plötzlich der Papst auf seiner Sedia hereingetragen wird. Und der Papst hält eine Rede auf Englisch und sagt, wir seien die Erlöser von der Tyrannei und vom Irrglauben. Danach wurden gesegnete Medaillen verteilt. Ich schenkte meine dem bayerischen Pimpf und berichtete ihm, was der Papst gesagt hatte. Und er lachte: »Komisch, vor zwei Wochen hat er genau dasselbe uns Deutschen erzählt.«

Sind sie damals Deutschen begegnet, die Ihnen Respekt abgenötigt hätten?

Doch, natürlich. Eine Münchner Familie nahm mich auf, die mochten mich und verhätschelten mich. Und sie hatten eine Tochter, in die ich mich unvermeidlich gleich verliebte, Claudia. Die Geschichte dauerte fast ein Jahr. Dann musste ich nach Amerika zurück. Und da schickte mir einer meiner Kollegen vom Team, der jetzt in der Zensurbehörde arbeitete, einen ihrer Briefe. Einen Brief meiner Geliebten, die ich eigentlich gehofft hatte zu heiraten. Er war an ihren Vater gerichtet, der seit seiner Scheidung in Los Angeles lebte, und lautete: »Wenn Du glaubst, dass ich einen Juden heiraten werde oder gar jüdische Kinder bekommen, so irrst Du Dich.« Es war das Ende.

Also nur negative Erfahrungen?

Na ja, worum es eigentlich bei mir ging: dass ich herausfinden wollte, kommt ein Anruf aus der alten Heimat an mich? Ich erwartete diesen Ruf. Können Sie das verstehen? Dass irgendjemand zu mir sagt, komm zurück, wir wollen dich haben, wir brauchen dich. Aber dieser Ruf kam damals natürlich nie. Er kam erst sehr viel später. Aber immerhin, er kam. Aber ich kann Ihnen gar nicht sagen, wie sehr damals die Sehnsucht nach Zugehörigkeit in mir gewütet hat. Dieses innere Gefühl, dass man eigentlich zu diesem Sprachraum gehört, dass man dieser Kultur angehört. Ich betone das, weil meine ganze spätere Laufbahn doch darauf beruht. Sie konnte nur stattfinden dank dieser inneren Zugehörigkeit.

Können wir noch einmal nach Dachau zurückkehren? Auch dort keine deutschen Schuldgefühle?

Nun ja, Hans Habe sagte ja damals in der »Neuen Zeitung«: Es geht nicht um Kollektivschuld, sondern um Kollektivverantwortung. »Kollektivschuld« war ja ein Reizwort zu dieser Zeit. Demnach lehnte man auch die individuelle Schuld ab. In Dachau hatte man ja damals die Überlebenden schon weggeschafft ins Lazarett. Die Toten lagen noch herum auf dem Appellplatz. Es gab dort auch irgendwelche Schienen, und da lagen in unzähligen Waggons diese aufgestapelten Leichen, furchtbar. Ich glaube, sie waren von anderen Lagern herübergeschafft worden, weil dort die Brennöfen nicht ausgereicht hatten, alle diese Toten zu Asche zu machen. So haben sie sie in offenen Güterwagen nach Dachau transportiert, wo es diese Verbrennungsöfen gab. Auch das habe ich damals fotografiert. Später am Tag haben dann die Amis eine Menge Bevölkerung herangebracht in Autobussen, als Zeugen. Die standen nun alle da, mit dem Taschentuch vor der Nase, und haben ihr totales Überraschtsein kundgetan. Und da stürzte auch diese Frau auf mich zu und sagte empört: »Das hättet ihr uns auch nicht antun brauchen.« Einer dieser unvergesslichen Sätze. Und ich habe mir damals den Gedanken notiert: Die Generalamnesie führt unvermeidlich zur Generalamnestie. Und so war es dann auch.

Viele Deutsche und Österreicher haben sich nach Kriegsende darauf zurückgezogen, bloße Opfer gewesen zu sein. Und jetzt sollten sie damit klarkommen, dass sie Täter waren. Wenn auch manchmal untätige Täter.

Aber so was haben sie zum Großteil abgelehnt. Aus »Das haben

wir nicht gewusst« wurde »Das haben wir nicht verdient«. Unrecht-
gefühl. Selbstmitleid. Und tief empfunden die Kränkung ihrer
Vaterlandsliebe. Man hat an Deutschland geglaubt, und auf einmal
war dieser Glaube nichts mehr wert. Man war Idealist gewesen, jetzt
musste man ab in den Materialismus.

*Ihr Gefühl in diesem Sommer 45 war also nicht so sehr Hass als vielmehr Ver-
achtung, vor allem aber Trauer und Scham über diese Erbärmlichkeit der Deutschen?*

Na ja, gleichzeitig natürlich das Triumphgefühl, den Krieg gegen
die Nazis gewonnen zu haben. Und noch da zu sein. Aber es stimmt
schon: Ich zählte mich irgendwie auch zu diesen Leuten. Das war ja
das Unbegreifliche. Dass man einerseits Sieger und Besatzer ist und
sich irgendwie auch zu diesen armen Hunden bekennt. Aber dann
tauchte ja ganz schnell auch die Vorstellung auf, dass man zusammen mit den Amis hätte gegen den Iwan marschieren können. Nur
hätte das eben der Jude Roosevelt hintertrieben. Das war schon damals lebendig. Und der Kalte Krieg kam dann ja sehr schnell, die
Deutschen wurden in die Bipolarität hineingezogen. Und die gab
ihnen scheinbar recht.

*Hat sich in diesem Sommer 45 in der Stimmung etwas verschoben? Sie haben
von Unterwürfigkeit gesprochen. Hat sich das im Laufe des Jahres geändert?*

Ganz allgemein sprach man sehr schnell vom Wiederaufbau. Als
könnte man damit das Geschehene ungeschehen machen. Damals
hat man ja auch gern die Stuckaturen der überlebenden alten Häuser abgeschlagen und sie so zum internationalen Stil umfunktioniert.
Solche Dinge sind, glaube ich, recht bezeichnend. Auch als man wieder Autos zu bauen begann und die ersten VWs und Borgwards, die
waren ja fast alle weiß. Auch wieder eine Art Unschuldserklärung.

Letzte Frage: Verbinden Sie einen besonderen Geruch mit diesem Sommer?

Den Geruch von Dachau habe ich schon gespürt. Und den der
ungewaschenen Bevölkerung, es gab ja kaum Seife. Und einmal,

beim Vormarsch kurz vor München, wie da plötzlich eine Rauch-
säule aufsteigt, wir liefen sofort hin, vielleicht gibt es da noch ein Wi-
derstandsnest. Und was war es? Die dörfliche Bevölkerung, die alle
ihre SA- und SS-Uniformen, ihre Hitler-Bilder ihre Parteiabzeichen,
alles das verbrannte. Ein Riesenfeuer, es stank entsetzlich. Und als
sie die G.I.s ankommen sahen, da dachten die, jetzt werden sie alle
erschossen. Aber die Amis waren nur auf der Jagd nach Souvenirs
und haben denen alles abgekauft. Ja und dann: Einmal nach Kriegsende stieß ich auf ein Lager, wo verhaftete SS-Leute ihre Aburtei-
lung erwarteten. Und diese Leute in ihren zerrissenen, verkomme-
nen Uniformen, am Stacheldraht stehend, unrasiert, verhungert, die
sahen genauso aus wie einst wir im französischen Internierungs-
lager. Und es war der gleiche Gestank. Mensch ist Mensch. Aber er
hat doch auch ein Gewissen, der Mensch, anders als die Tiere, nicht
wahr? Und wo blieb das Schuldgefühl damals, wo blieb das Beken-
nen, die Reue, verdammt noch mal? Das ist meine hauptsächliche
Erinnerung, 75 Jahre zurück.

Als der Frieden begann

Der Krieg war vorbei, und der Hungerwinter würde erst noch kommen: Der Sommer 1945 war die Zeit der Zigarettenwährung, des Organisierens und der Kontrollstellen, als Täter und Opfer im besiegten und besetzten Deutschland herumirrten. Es war nicht mehr allein die Zeit des Zusammenbruchs, der Aufbruch war noch nicht zu spüren, oder wenn, dann nur für den Moment eines Aufatmens.

Eine Collage aus Tagebucheinträgen, Meldungen, Erinnerungen.

9. Mai

Einen Tag nach seinem Ende meldet sich das »Dritte
Reich« ein letztes Mal. Der Panzerspähfunker Klaus
Kahlenberg verliest um 20.03 Uhr über den einzigen
verbliebenen Reichssender Flensburg eine Meldung:
»Das Oberkommando der Wehrmacht gibt bekannt.
Seit Mitternacht schweigen nun an allen Fronten die
Waffen.«

Es ist eine Meldung wie aus dem Jenseits. Denn das
Oberkommando der Wehrmacht hatte am Tag zuvor

Hans-Jochen Vogel

 **Zur Person:** Hans-Jochen Vogel wurde 1926 in Göttingen
geboren. Während seiner Gymnasialzeit war er Mitglied
der Hitler-Jugend. Nach dem Abitur begann er 1943 ein
Jurastudium. Um dem Werben der Waffen-SS zu entgehen, meldete
er sich im Juli 1943 freiwillig zur Wehrmacht und wurde an der italie-
nischen Front zweimal verwundet. 1946 setzte Vogel das Studium
fort und trat 1952 als Assessor ins bayerische Justizministerium ein.
Wie auch sein jüngerer Bruder Bernhard entschied er sich früh, in die
Politik zu gehen. Vogel trat 1950 in die SPD ein, war unter anderem
Oberbürgermeister von München, Bundesjustizminister, Regierender
Bürgermeister von Berlin, Oppositionsführer und SPD-Chef. Hans-
Jochen Vogel lebte zusammen mit seiner Frau Liselotte in einem
Wohnstift in München. Er starb am 26. Juli 2020. Schon auf die erste
Frage antwortet der Einser-Jurist Vogel mit einer Richtigstellung.

Friede? Einspruch: Es begann der Waffenstillstand. Der Friede ist
erst mit dem Viermächteabkommen 1990 zustande gekommen, als
Vertragswerk.

bedingungslos kapituliert. »Die deutsche Wehrmacht ist am Ende einer gewaltigen Übermacht ehrenvoll unterlegen. Wir brachten den Wortlaut des letzten Wehrmachtsberichts dieses Krieges. Es tritt eine Funkstille von drei Minuten ein.« Es rauscht und knistert, dann erklingt das Deutschlandlied.

Die Stunde Null dauert drei Minuten.

Hans-Jochen Vogel pinnt seine Übersetzung einer Meldung aus der Armeezeitschrift »The Stars and Stripes« ans Schwarze Brett. Das war seine Aufgabe im

Der Gedanke, dass nun endlich einmal Schluss sein muss mit dieser Vergangenheit, ist nach meiner Erinnerung schon in der zweiten Jahreshälfte 1944 geäußert worden, als wir untereinander über die Situation gesprochen haben. Es machte ja keinen Sinn mehr. Alles war auf dem Rückzug.

Bei anderen sind schon nach Stalingrad Zweifel aufgetaucht. Wien war gefallen. Es gab diese Plakate: »Berlin ist deutsch, und Wien wird es wieder werden.« Aber ich muss dazusagen: Ich hatte Gelegenheit, am 19. April 1945 die Rede von Joseph Goebbels zu hören, die er zum Geburtstag von Hitler am nächsten Tag gehalten hat. Dieser Teufel hat es wirklich verstanden, dass wir noch einmal geglaubt haben, es würde irgendein Wunder eintreten – ich weniger, Kameraden von mir mehr.

Ich bin Ende April in Italien in die Gefangenschaft geraten und war dort in einem Lager Coltano in der Nähe von Pisa, mit 20 000 Gefangenen. Als die Nachricht von der Kapitulation am Ende des Krieges eintraf – ich konnte ein wenig Englisch und war infolgedessen beauftragt, die amerikanische Armeezeitschrift »Stars and Stripes« zu lesen und Dinge, die ich für wichtig hielt, in deutscher Übersetzung an ein Schwarzes Brett zu heften, und das waren natür-

Gefangenenlager Coltano in der Nähe von Pisa: »Dinge, die ich für wichtig hielt, an ein Schwarzes Brett zu heften.« Auch später, als Minister, würde Vogel für seine penibel geführten Mappen berüchtigt sein.

Der Russe Nikolaj Pudow, Hauptmann der Roten Armee und damit Besatzungssoldat, erlebt den ersten Tag des Friedens in einem Dorf an der Elbe, bei Wittenberg. In den Gasthäusern, sagt er, habe es nur so von verkleideten Militärs gewimmelt, alle schön in Zivil, an der Körperhaltung jedoch als Offiziere zu erkennen.

lich auch die Kapitulationsmeldungen am 8. Mai –, war das Gefühl nur: Gott sei Dank! Kein Töten und kein Morden mehr, keine Luftangriffe mehr, endlich das Ende. An Schuld haben wir nicht gedacht. Aber die Annahme, dass wir jetzt jahrelang als Gefangene das wiedergutmachen müssten, was wir vorher in den Jahren zerstört haben in Europa, der Gedanke wurde als Befürchtung durchaus geäußert. Auch von Befreiung war damals keine Rede. Das ist erst Richard von Weizsäcker 1985 mit seiner historischen Rede gelungen.

Ich gehörte zu den Jüngeren, als Jahrgang 1926; wir wurden dann über den Brenner geschafft und bald entlassen, Ende Juli war das. Nach der Rückkehr ist mir vor allem das Wiedertreffen mit meinen Eltern in Erinnerung geblieben. Ich war nur Weihnachten 1944 zu einem kurzen Urlaub bei ihnen gewesen. Wir lebten damals in Gießen an der Lahn. Damals hatte meine Mutter noch schwarze glänzende Haare; als ich wiederkam, waren sie weiß. Mit den Eltern habe ich natürlich nur über ihr Befinden und unser Befinden gesprochen und darüber, wie es weitergeht. Dann gab es allmählich auch eine gewisse Diskussion mit Nachbarn und guten Bekannten von mir – meine Mitschüler waren ja zum Teil gefallen, weil sie etwas älter waren, oder sie waren auch in Gefangenschaft. Damals wurde ge-

»Was in Erinnerung blieb: dass die Deutschen sehr ein-
geschüchtert waren.«

Bei Greifswald gerät ein junger Volkssturmmann in
russische Gefangenschaft: Hans Modrow, 17 Jahre alt,
wollte auf dem Bahndamm nach Hause laufen, nach
Jasenitz. Was er nicht bedacht hatte: dass die Rote
Armee gerade die Bahnlinien besonders scharf kontrol-
liert, aus Furcht vor Sabotageakten.

Die Schauspielerin Hildegard Knef schlägt sich währenddessen in einer Zwanzigergruppe zu den Amerika-

redet: Kriegen wir etwas zu essen? Können wir unsere Wohnungen
wiederherrichten oder aufbauen? Das war eigentlich das Problem,
weniger die Frage von Schuld oder Verantwortung. Nur vereinzelt
gab es Leute, die schon über die Zukunft redeten und darüber, was
aus uns werden würde. Die Tagessorgen standen ganz im Vorder-
grund.

Auch die Frage: Kommt der oder jener bald aus der Gefangenschaft? Es war ein gewaltiger Unterschied, ob man in westlicher Gefangenschaft war oder in russischer. Denn erstens konnten die in
russischer Gefangenschaft nicht mit einer Rückkehr in absehbarer
Zeit rechnen, und zweitens waren die Lebensverhältnisse für sie
schlechter. Nicht so sehr, weil die Russen sie schlecht behandelten,
sondern weil die Lebensverhältnisse in diesen Gegenden, wo die Lager untergebracht waren, insgesamt sehr schlecht waren. Schlecht
behandelt haben wir Deutschen die russischen Gefangenen. Da
sind von drei Millionen Gefangenen zwei Millionen gestorben. Daran muss man gelegentlich erinnern.

Es gab auch einen Unterschied zwischen Amerikanern und Engländern einerseits und Franzosen andererseits. Die Franzosen waren
strenger und haben auch nicht ganz wenige zwei, drei Jahre lang be-

nern durch, von Berlin-Spandau immer Richtung Elbe. Sie trägt Männerkleidung. Neben ihr läuft ihr Geliebter, der Reichsfilmdramaturg Ewald von Demandowsky. »Wir haben Hunger, Hunger, der uns verrückt macht, wir reden, wir sind unvorsichtig, werden verrückt vom Hunger, sehen Bauernhäuser, traun uns nicht ran, laufen weiter (…) irgendwo müssen sie sein, die Amerikaner.«

Dort, wo die Amerikaner sind, hinterlassen sie Eindruck. Sie verteilen Kaugummis und werfen halb auf-

halten und in Kohlebergwerken oder anderswo in Frankreich arbeiten lassen. Die Amerikaner sind mit uns vom ersten Moment an freundlich umgegangen. Ich bin in der Nähe von Vicenza von Partisanen gefangen genommen worden. Die haben mich mit zwei oder drei Kameraden auf einen Friedhof gebracht. Wir hatten alle möglichen Befürchtungen. Aber nach wenigen Stunden kamen ein italienischer Pfarrer und dann die Amerikaner. Das waren zum Teil Farbige. Uns war ja von der NS-Propaganda eingetrichtert worden, das seien Bestien. Aber die waren besonders freundlich. Ich habe dort mein erstes Kaugummi bekommen. Die waren allerdings interessiert an unseren Orden, die wollten sie haben. Und auch die Uhren.

Nach der Rückkehr bin ich in Gießen bei einer amerikanischen Kompanie als Küchenhelfer tätig geworden, für fünf oder sechs Wochen im September. Das war großartig, weil ich meinen Eltern immer in einem Kochgeschirr etwas zu essen mitbringen konnte – besseres Essen, als man üblicherweise hatte. Vor einigen Tagen habe ich in alten Akten nachgesehen, und da habe ich sogar ein Zeugnis gefunden über mich und meine Tätigkeit, ausgestellt vom Kompaniechef. Es war ausgesprochen freundlich: Er hat mich anderen Einheiten zur Übernahme empfohlen.

gerauchte Zigaretten auf die Straße, sie kommen mit dem Selbstbewusstsein von Siegern. Burkhard Hirsch, später Innenminister von Nordrhein-Westfalen und linksliberales Gewissen der FDP, erlebt diese Maitage in seiner Heimatstadt Halle, kaum 15 Jahre alt.

Die Amerikaner, sagt er, wirkten gelassen und selbstsicher. »Ich sehe noch drei Militärpolizisten, die auf ihren Harley-Davidsons auf dem Sattel stehend – der eine sogar rückwärts – die Ludwig-Wucherer-Straße herauf- und herunterdonnerten, wobei sie Schlangen-

Nikolaj Pudow

Zur Person: Nikolaj Pudow, Jahrgang 1921, war 18 Jahre alt und Student der Ersten Artillerieschule in Moskau, als er Hitlers »Mein Kampf« las. Er sei beeindruckt gewesen, sagt er, dass es jemanden im fernen Deutschland gab, der ihn und seine Familie zu »Untermenschen« erklärte. Im Mai 1945 war Pudows Einheit an der Eroberung Berlins beteiligt; nach dem Ende des Krieges blieb er noch drei Jahre lang in Deutschland, ehe er nach Russland zurückkehrte. Ein Foto aus dem Sommer 1945 zeigt ihn als Hauptmann in Uniform, die Brust voller Orden, das Haar an den Schläfen kurz geschoren. Er weiß nicht mehr, wo das Bild aufgenommen wurde. »In Rathenow«, sagt seine Frau Jewgenija, »im Atelier, da waren doch das Stadion und die Kantine, wo ich gearbeitet habe, deine vier Kanonen standen vor unseren Fenstern.« Die beiden haben sich im Mai 1945 kennengelernt, Jewgenija hatte das KZ Buchenwald überlebt. Heute wohnen sie in Balaschicha, einer Kleinstadt bei Moskau. Die meisten deutschen Wörter habe er vergessen, sagt Pudow. Das Wort »Untermensch« nicht – er spricht es noch heute akzentfrei aus, mit 98 Jahren.

Die 5. Infanterie-
division beim
Vormarsch in Bayern,
fotografiert von
Georg Stefan Troller

Die letzte Schlacht

Am 2. Mai befand sich die Batterie von Nikolaj Pudow, Teil der
1. Weißrussischen Front, wenige Kilometer vor Berlin, als er den Befehl bekam, Richtung Westen zu marschieren. An jenem Tag hatte
sich Helmuth Weidling, der Kampfkommandant Berlins, ergeben.
Der Häuserkampf ging noch ein paar Tage weiter, Pudow sollte
verhindern, dass Einheiten der 12. Armee unter General Walther
Wenck vom Westen her nach Berlin vordrangen. Pudow erinnert
sich noch genau:

»Die Deutschen waren sehr gut vorbereitet. An Straßenkreu-
zungen lagen Stapel von Faustpatronen. Auch wir haben uns davon bedient, haben auf Fenster geschossen, in den Vororten, auf
Wohnhäuser aus rotem Backstein. Wir mussten deutsche Maschi-
nengewehrschützen ausräuchern. Wir waren ständig in Bewegung.
Sie gaben uns Karten von Berlin und Umgebung, mit Orts- und
Straßennamen auf Deutsch und auf Russisch.«

Die Karten bewahrt er bis heute in seiner Moskauer Wohnung
auf, sie haben schwarze Flecken.

linien fuhren, indem sie sich in den Hüften hin- und
herwiegten.«

Die Sieger treffen auf ein Land der Frauen. Die meis-
ten deutschen Männer sind Soldaten gewesen, viele
sind tot, andere in Gefangenschaft oder vermisst. In
Berlin beschreibt die Journalistin Marta Hillers, deren
Erlebnisse später zum Tagebuch der anonymen Berline-
rin wurden,»Anonyma«, wie sich der Frieden anfühlt:
»Ringsum Dreck und Pferdemist und spielende Kinder.
Darf man das Spielen nennen? Sie drücken sich so he-

Pulver?

Pudow: Lederspuren. Ich habe die Karten in meinen Stiefeln getragen.

Wie viele Leute haben Sie in den letzten Kriegstagen verloren?

Pudow: Drei, vielleicht vier.

Wo waren Sie, als Hitler sich umbrachte?

Pudow: Der interessierte mich nicht besonders, als Batteriekom-
mandeur.

Wer hat Sie interessiert?

Pudow: Der Gegner. Wo ist der Gegner? Wo sollen wir hinschie-
ßen? Wer steht uns im Weg?

Am 7. Mai erreichte Pudows Einheit ein Flüsschen südwestlich von
Berlin, den Namen weiß er nicht mehr, auf seiner Karte von 1944
kann er den Fluss nicht finden. Er weiß, dass er etwa 100 Mann
hatte und vier Kanonenhaubitzen, Kaliber 152 Millimeter, in jedem
Geschoss sieben Kilo TNT.

»Die 12. Armee war schon ziemlich zerstreut, wir hatten es meist
mit einzelnen Bataillonen zu tun. Auf dem gegenüberliegenden Ufer
waren zwei, drei deutsche Kompanien, wir sahen, wie sie sich ein-

rum, blinzeln uns an, flüstern miteinander. Hört man eine laute Stimme, so ist es ein Russe. Einer stapfte daher, Gardinen überm Arm. Er rief uns eine Schweinerei nach. Man sieht sie jetzt nur vereinzelt oder in abmarschierenden Trupps. Rauh und herausfordernd gellen uns ihre Lieder ins Ohr.«

In Potsdam-Babelsberg sitzen Annemarie und Johann von Duhn nachmittags auf der Terrasse ihres Hauses. Er ist Physiker, sie Musikerin; bis bessere Zeiten kommen, schreibt sie Tagebuch. »Es setzt gutes Wetter

gruben, eine Infanterieeinheit. Mein Bataillonskommandeur sagte zu mir: Mensch, der Krieg ist bald vorbei, und wir müssen jetzt diesen Fluss überqueren, das geht nicht ohne Verluste. Ich habe ihm geantwortet: Hör mal, ich habe Munition ohne Ende, lass mich doch mal draufhalten, wir gucken, was passiert.«

Wie weit weg waren die Deutschen?

Pudow: Zwei, drei Kilometer, wir waren dicht an dicht. Sie hatten noch keine Unterstände, keine Bunker, ein bisschen Unterholz, sie hatten sich in den Sandhang reingegraben. Ich habe damals gern auf Abprall geschossen.

Mit Rikoschettschüssen?

Pudow: Du zielst auf den Boden vor dem Ziel, das Geschoss prallt ab und explodiert über dem Ziel.

Was war das für ein Tag?

Pudow: Die Sonne schien.

»Wir begannen gegen 8 Uhr und schossen etwa eine halbe Stunde. Das waren meine letzten Schüsse im Zweiten Weltkrieg. Dann wateten wir durch den Fluss. Es kam kein einziger Schuss. Wir fanden

ein, warmes Sommerwetter, was unsere Laune merk-
lich hebt. (…) In Sachsenbergs Haus haben 20 Russen
alles geplündert und demoliert. Frau Weber-Schä-
fer hat im Keller bei Kerzenlicht eine Tochter bekommen. Die Russen feiern ihren Sieg drei Tage lang mit
viel Schießen und Saufen. Dauernd schießen sie mit der
Flak, der Himmel ist voller krepierender Granaten.«
    Auch der spätere Journalist Wolf Schneider feiert:
Vor zwei Tagen ist er 20 geworden. Sein einziges Geschenk hat er sich selbst gemacht:»Weltkrieg überlebt –

etwa 20 Tote. Die Deutschen zogen sich zurück, unsere Infanteris-
ten verfolgten sie eine Weile. Bei dieser Verfolgung starb ein Kom-
paniekommandeur von uns, aus einem Hinterhalt erschossen. Für
mich endete der Krieg mit einer Beerdigung.«
    Offiziell hatte Deutschland noch nicht kapituliert. Pudows Ein-
heit wurde an die Elbe geschickt, weiter westlich, um zu sehen, was
von der 12. Armee übrig geblieben war. Seine Kanonen lud Pudow
auf deutsche Zugmaschinen, die er erkämpft hatte, er nannte sie
»Perlen«.
    »Ich hatte den Krieg im Sommer 1941 als Leutnant begonnen, als
Zugführer an der kaukasischen Front. Ich war auf der Krim, in War-
schau, fünf Jahre im Einsatz. Am Anfang, wenn ein deutsches Maschinengewehr knatterte, bekam ich Panik. Am Ende des Krieges
waren wir andere Soldaten. Ich hatte einen Stellvertreter, Sidorkin;
ich wusste, wenn irgendwo geschossen wird und Sidorkin ist dort,
muss ich mir keine Sorgen machen. Da geht nichts schief, Sidorkin
macht das schon. Die Deutschen wussten, wie man Krieg führt, der
Sieg fiel uns nicht leicht. Aber wir haben euch dann doch eins aus-
gewischt!«

Zukunft möglich!« Schneider hatte sich freiwillig zur
Luftwaffe gemeldet und den Krieg dadurch als Funker
hinter den Linien verbracht. Jetzt sitzt er in Holland in
einem Lager der Kanadier und fürchtet vor allem eines:
»Müssen wir zur Zwangsarbeit in Holland bleiben – zur
Entwässerung jener riesigen Areale, die deutsche Pioniere unter Wasser gesetzt hatten?«

Weit entfernt, in Los Alamos, tagt an diesem Tag
erstmals das »Interim Committee on Atomic Energy«.
Anwesend sind die Physiker Robert Oppenheimer und

Der Sieg

»Am 8. Mai kamen wir in einem Dorf an der Elbe an. Da waren
diese Gasthäuser, es wimmelte nur so von verkleideten Militärs. Alle
waren schön in Zivil, der Körperhaltung nach waren es aber Offiziere. Ich war nicht Polizist, was sollte ich da ermitteln? Sie saßen ru-
hig in ihren Gasthäusern, tranken Kaffee, wir hatten keinen Gegner.
Verkleidete Soldaten sind kein Gegner. Was hätte ich machen sollen?
Ich hatte vier Kanonen. Am gleichen Tag kam der Befehl, Richtung
Berlin zu marschieren. Der Krieg war offiziell vorbei. Die Nacht auf
den 9. Mai verbrachten wir in einem Wald, etwa 15 Kilometer östlich
der Elbe, da war unser Brigadestab. Wir schliefen in Laubhütten.«

Wo genau?
Pudow: Lassen Sie uns auf die Karte gucken. Was ist das?
Leipzig. Hier ist Potsdam, hier Spandau.
Pudow: Wo ist denn die Elbe? Ich werde irgendwo hier gewesen
sein. *(Er zeigt auf eine Grünfläche südlich von Potsdam.)*

»Was in Erinnerung blieb, ist, dass die Deutschen sehr eingeschüch-
tert waren. In den Ortschaften waren überall Plakate: ein Riesen-

Enrico Fermi, General George Marshall und der amerikanische Außenminister James F. Byrnes. Seit 1942
arbeiten Physiker hier draußen in der Wüste von New
Mexico fieberhaft an der Entwicklung der Atombombe.
Ein paar Tage zuvor ist das »Target Committee« zusam-
mengekommen. Thema dort: das Wetter – in Japan.

In seiner Siegesrede sagt Josef Stalin, sowjetischer
Diktator und oberster Befehlshaber der Roten Armee,
es sei nicht seine Absicht, »Deutschland zu zerstückeln
oder zu vernichten«.

ohr, Feind hört mit, Rotarmisten mit blutigen Krallen statt Händen.
Diese Einschüchterung hatte sich schlimm ausgewirkt auf die Psy-
che der Deutschen. Viele wollten fliehen, aber wohin denn?«

Pudows Frau Jewgenija, die still zugehört hat, schaltet sich ein:
»Es gab doch die Order, die Zivilbevölkerung zu verschonen, nicht
zu erniedrigen. Du hast doch mal erzählt, du bist in ein Haus, und
da hatte eine junge Frau ihre Kinder umgebracht und sich selbst
vergiftet.«

Pudow: Nein, das war noch während des Krieges, an der polnischen Grenze. Eine Geisterstadt. Auf der Straße vor einer Gaststätte lag eine ältere Frau, mit einem Teller in der Hand, wir gingen
ins Haus, da saßen drei kleine Mädchen und eine junge Frau am
Tisch, alle tot. *(Er weint.)* Wie kann das sein?

Frau Pudowa, wie haben Sie Ihren Mann kennengelernt?
Jewgenija Pudowa: In den letzten Kriegstagen habe ich mich
auf einem Bauernhof versteckt. Nachdem die Amerikaner Buchenwald befreit hatten, hatte ich mich Richtung Berlin durchgeschlagen,
unseren Truppen entgegen. Am 8. oder am 9. Mai kam ein Major

10. Mai

In Flensburg-Mürwik verleiht Hitlers Nachfolger Karl Dönitz das Ritterkreuz mit Eichenlaub an Alfred Jodl, während des Krieges Chef des Wehrmachtführungsstabes. Großadmiral Dönitz wiederum war erst Befehlshaber über die U-Boot-Flotte, dann Oberbefehlshaber der Kriegsmarine und am Ende, so stand es in Hitlers politischem Testament, Oberbefehlshaber der Wehrmacht und Reichspräsident noch dazu; zu sagen hatte er kaum noch etwas.

aus Nikolajs Einheit zu meinem Bauern und fragte: Könnte jemand bei der Siegesfeier helfen, wir brauchen 15 Kellnerinnen.
Sie haben bei der Siegesfeier bedient?
Pudowa: Ja. Ich erinnere mich leider kaum noch daran. Die Feier muss am 10. Mai gewesen sein, mit Orchester, Tanz, in einem Dorf, wir haben lange Tische aufgestellt. Es gab was zu trinken, aber keiner war betrunken. Ich weiß nicht einmal mehr, was es zu essen gab.

Frieden

Wenige Tage nach der Kapitulation Deutschlands wurde Nikolaj Pudows Einheit aufgelöst. Einige seiner Kameraden wurden nach Ostrussland verlegt, sie sollten am Kampf gegen die japanische Kwantung-Armee teilnehmen, einige durften nach Hause, andere, wie Pudow, blieben in Deutschland. Er fuhr nach Leipzig, um in einer sowjetischen Militärbehörde die Fahnen seiner Brigade abzugeben. Noch im Mai wurde er einer Granatwerferbrigade in Brandenburg an der Havel zugeteilt. Urlaub bekam er nicht.

Wenn der Sommer vorbei ist, werden beide, Dönitz und Jodl, in Nürnberg vor Gericht stehen, angeklagt, unter anderem, wegen »Verbrechen gegen das Kriegsrecht«.

Die 14 Quadratkilometer am Ostufer der Förde sind der letzte Rest des Deutschen Reiches. Das Reich ist nicht eingezäunt und nicht demarkiert. Der Reichspräsident hat sein Büro in der Marinesportschule. Es ist ein Phantomstaat, bewohnt unter anderem von SS-Führer Heinrich Himmler, den Generälen Jodl und Wilhelm

Wollten Sie nicht nach Russland zurück?

Pudow: Ich war Offizier und habe Befehle ausgeführt.

Jewgenija Pudowa: Ihr wart nach dem Krieg doch öfter bei uns Mädels, ihr wart nicht wirklich ausgelastet. Einmal kam er auf seinem Motorrad vorbei, und die Leute haben mich gewarnt: Heirate keinen Offizier! *(Sie lacht.)*

Pudow: Die Lage blieb angespannt. Ich wurde Dozent an einer Artillerieschule in Brandenburg. Das waren Wehrmachtskasernen, zur Hälfte durch amerikanische Bombardements zerstört, wir haben die wiederaufgebaut. Wir übten darin Kriegshandlungen.

Gegen wen?

Pudow: Gegen die Engländer.

Im Sommer 1945?

Pudow: Ja. Churchill hielt 200 000 deutsche Soldaten in Kampfbereitschaft, gegen uns.

Wer hat Ihnen das erzählt?

Pudow: Das wusste man.

Wo waren diese 200 000 kampfbereiten Wehrmachtssoldaten stationiert?

Pudow: In der englischen Zone, mit Waffen und allem. General Trusow kam damals aus Moskau, um Maßnahmen zu ergreifen. Hat

Keitel und vom NS-Chefideologen Alfred Rosenberg, der einst den selbst Hitler unverständlichen »Mythus des 20. Jahrhunderts« verfasst hatte und der nun in der Offiziersmesse sitzt und trinkt. Die Marine vollstreckt noch drei Todesurteile wegen »schwerer Fahnenflucht«.

Esther Bejarano, bis vor wenigen Tagen im KZ Ravensbrück inhaftiert, kann endlich die Kleidung wechseln. Weg mit den Häftlingsklamotten. Häftlinge hatten im Lager ein Radio organisiert. Sie konnten hören, wo die Rote Armee steht. So erfährt sie, dass sie

diesem Churchill ein bisschen Angst gemacht. Unsere sogenannten Alliierten gönnten uns unseren Sieg überhaupt nicht, aber sie waren nicht mutig genug, uns anzugreifen. Ich war im Sommer 45 in Werder, in Potsdam, in Brandenburg, sie haben mich ständig versetzt.

Harley, Zigaretten, Kohlebriketts

»Sie dachten, es kommen Tiere. Erst nach dem Krieg verstanden die Deutschen, wer wir waren. In Russland gibt es eine Regel: Wer auf dem Boden liegt, wird nicht geschlagen. Was soll ich Frauen und Kinder quälen? Dieser Hass, der in uns gereift war während des Krieges, der ließ nach. Natürlich gab es rachsüchtige Leute, vor allem jene, die ihre Familie in der Sowjetunion verloren hatten. Aber Plünderungen und Vergewaltigungen wurden hart bestraft, zumindest in meinen Einheiten.«

Wie wohnten Sie?

Pudow: Ich mietete mir Zimmer bei den Deutschen, es war üblich, zur Untermiete zu wohnen. Als es kälter wurde, waren die Vermieter froh, dass ich die Wohnungen mit meinen Kohlebriketts be-

Zivilkleider unter der Häftlingskleidung tragen sollte.
»Wir würden in ein paar Stunden evakuiert, hieß es.« In
Auschwitz hatte Bejarano sich einen Pullover gekauft,
für einen Laib Brot. »Eine Woche habe ich gehungert,
um diesen Pullover zu bekommen, weil ich so schrecklich gefroren habe.«

Willy Brandt, der es 1969 zum ersten SPD-Kanzler der
Bundesrepublik bringen wird, fährt ins befreite Norwegen und berichtet als Reporter für schwedische Zeitungen. Er stellt fest, »daß manche Besatzer noch über

heizte, die kriegte ich von der Armee, absolute Mangelware. Ich ging
auf Wildschweinjagd, dann gab es auch mal Fleisch zu Hause. Die
Deutschen sind sehr sparsam. Wurden zum Beispiel Tabakpreise
erhöht, schnitten sie ihre Zigaretten halt in zwei Teile, dann in drei.
Sie hatten genug Geld?

Pudow: Ich habe mich nie beschwert. Jeder hatte es schwer nach
dem Krieg, auch wir Rotarmisten wurden angehalten, Gemüse an-
zubauen, Tiere zu halten, das taten wir genauso wie die Zivilbevölkerung. Es gab Engpässe, aber keiner hat gehungert in Deutschland
im Sommer 45. Aus der Sowjetunion wurde Getreide geliefert.
Wann haben Sie geheiratet?

Pudow: 1948, in der Ukraine. Meine zukünftige Frau verließ
Deutschland im August 1945. Als sie noch da war, besuchte ich sie
mit meiner Harley, Police-Variante, habe ich mir gegönnt.
Hatten Sie deutsche Freunde?

Pudow: In Rathenow, da war eine Werkstatt, dort wurden Lernta-
feln für unsere Artillerieschule hergestellt, ich verstand mich gut mit
diesem Schulz. Wenn ihm etwas nicht gefiel, sagte Schulz: Denk mal,
es jeht nicht! Von ihm hatte ich meinen Berliner Akzent. Deutsch
musste ich mir selbst beibringen, einen Sprachkurs gab es nicht.

Wochen ›Heil Hitler‹-Befehle unterzeichnen und sich
auch sonst aufführen, als sei nichts geschehen.« Einer
von ihnen ist der Marinerichter Hans Filbinger, der
später, während Brandt im Bonner Kanzleramt regiert,
Ministerpräsident von Baden-Württemberg sein wird.
  Die Kulturjournalistin Ursula von Kardorff schreibt
in ihr Tagebuch: »Heute vor fünf Jahren erschien eine
Freundin an unserem Frühstückstisch und brachte
die Nachricht, dass die deutschen Truppen in Holland
und Belgien einmarschiert seien. 6 Wochen später war

Jewgenija Pudowa: Einmal kam ein Deutscher mit einer Gold-
brosche, er hatte Hunger. Ich gab ihm einen Laib Brot und sagte:
Behalte deine Brosche. Er war sehr dankbar.
Pudow: Einer war sehr nett zu mir, ich weiß nicht, ob man das
Freundschaft nennen kann, er war Spekulant. Ich kam zu ihm, wir
tranken immer ein Gläschen, und er versuchte mir beizubringen,
wie man großes Geld macht. Das Gefährlichste sei die Gier, hat er
immer gesagt, du musst rechtzeitig abhauen!
Sprachen Sie mit den Deutschen über Hitler?
Pudow: Nie. Man kann jeden psychisch beeinflussen. Hitler hatte
Feindbilder in die Welt gesetzt, töte deinen Feind. Die Deutschen
sind ein diszipliniertes Volk, ein leichtgläubiges, sie wurden einge-
lullt, gelockt mit Wohlstand. Sie dachten wirklich: Deutschland über
alles.

Nach dem Sieg über Nazideutschland begann Nikolaj Pudow zu
rauchen. Während des Krieges keine einzige Zigarette – nun eine
Schachtel am Tag. Er dachte über den Krieg nach, immer wieder kamen die gleichen Szenen hoch.
  Südrussland, 1943, auf der deutschen Brustwehr steht ein Sol-

Frankreich besiegt – und jetzt muß man sich vor jedem
gaullistischen Angeber fürchten, daß er einem nicht
die Ringe vom Finger zieht.«

Erich Kästner, der die Nazizeit über in Deutschland
geblieben ist und unter Pseudonym Drehbücher für
UFA-Filme verfasst hat, schreibt in sein Tagebuch: »Der
Zug der humpelnden Soldaten reißt nicht ab. Um ein
bißchen Geld in die Hand zu bekommen, verkaufen
sie Zigaretten. Der Preis schwankt zwischen zwei und
drei Mark pro Stück. Die Nachfrage nach Zivilkleidung

dat, aufrecht, er bewegt sich nicht, eine perfekte Zielscheibe. Nicht
schießen, schreit jemand im sowjetischen Schützengraben, die wollen, dass wir ihn abknallen, er wird für irgendwas bestraft. Der deutsche Soldat bleibt den ganzen Tag auf der Brustwehr stehen. Keiner schießt.

Fürstenwalde, Frühjahr 1945, Pudow muss auf ein Hausdach klettern, um zu sehen, von wo sie mit einer Oerlikon-Kanone beschossen werden. Er fragt die Bewohnerin nach einer Leiter, sie denkt, er will was anderes, schließt die Augen, öffnet ihren Bademantel.

Pudow saß im Sommer 1945 öfter mit seinen neuen Kameraden zusammen, die alten wurden unterschiedlichen Einheiten zugeteilt, er ließ seine Harley auch mal stehen, fuhr per Anhalter durch sein brandenburgisches Einsatzgebiet. Damals konnten sich amerikanische Soldaten noch frei in der sowjetischen Zone bewegen.

»Die Amerikaner haben eine Rotation gemacht in ihrer Armee, die G.I.s, die im Krieg gewesen waren, wurden ausgetauscht. Mit den neuen verstanden wir uns nicht so gut. Ein gutes Verhältnis hatten wir zu den Schwarzen, die haben uns respektiert. Warst du per Anhalter unterwegs, nahm dich ein Schwarzer immer mit, die Weißen nahmen uns nie mit. Ende Mai fuhr ich nach Berlin, ich wollte

hält an. Das Angebot ist gleich null. Die Schränke sind leer.«

Kästner, selbst starker Raucher, hat erfahren, dass einer aus dem Nachbarhaus für eine alte Hose 450 Zigaretten eingetauscht hat. »Dafür gäbe auch ich gern eine Hose her«, notiert er. »Aber ich habe nur die eine, die ich trage. Das Geschäft und das Resultat wären gegen die Moral. Mit nur einer Hose ist man nicht geschäftsfähig.«

In Berlin macht sich Marta Hillers auf den Weg nach

mir die Stadt mal ansehen, den Reichstag, das Brandenburger Tor. Hat mich alles nicht beeindruckt. Eine chaotische Stadt.«

Im vergangenen Jahr ist Nikolaj Pudow noch einmal nach Berlin zurückkehrt. Er hat gesehen, dass die Spuren des Krieges an manchen Orten nicht beseitigt wurden, das hat ihm gefallen.

»Ich respektiere die Deutschen. Bei der Schlacht um Berlin lautete Hitlers Auftrag: Die Russen in ihrem eigenen Blut ertränken. Kaum war der Krieg zu Ende, verstanden sie, dass sie verloren hatten, und akzeptierten es mit Würde, ohne Panik. Das ist viel wert.«

Zum Abschied sagt er: »Liebe Grüße nach Deutschland!«

Schöneberg. »Zum ersten Mal sehen wir an einigen
Häusern rote Fahnen, vielmehr Fähnchen – offenbar
aus ehemaligen Hakenkreuzfahnen herausgeschnitten;
manchmal sieht man noch den dunkleren Kreis, von
dem der weiße Stoff mit dem schwarzen Hakenkreuz
darauf abgetrennt wurde. Die Fähnchen sind – wie
könnte es in unserem Lande anders sein? – von Frauen-
hand sauber umsäumt.«

Um 23 Uhr schlafen die Kinder, und die 31-jährige
Insa Radomski aus Fischbach am Bodensee hat end-

Esther Bejarano

 **Zur Person:** Esther Bejarano wurde 1924 als Esther
Loewy in Saarlouis geboren. Ihr Vater, Lehrer und Kantor,
hatte im Ersten Weltkrieg das Eiserne Kreuz 1. Klasse bekommen. Er verstand sich als Jude und als deutscher Patriot: Selbst
nach der Eingliederung des Saarlandes ins Deutsche Reich 1935 hielt
er den Judenhass der Nazis für ein vorübergehendes Phänomen.
Während zwei ihrer drei Geschwister emigrierten, blieb Esther bei
ihren Eltern in Deutschland. 1943 wurde sie nach Auschwitz depor-
tiert. Weil sie musikalisch war, wurde sie als Akkordeonspielerin für
das »Mädchenorchester von Auschwitz« verpflichtet. Es musste bei-
spielsweise spielen, wenn die Arbeitskolonnen am Morgen das Lager
verließen. Weil die Nationalsozialisten sie als »Viertelarierin« einstuf-
ten, wurde sie im November 1943 ins Konzentrationslager Ravensbrück verlegt. Nach dem Krieg lebte sie zunächst in Israel, 1960 zog
sie mit ihrer Familie nach Hamburg. Esther Bejarano hat mehrere
autobiografische Romane geschrieben, sie engagiert sich in der Vereinigung der Verfolgten des Naziregimes – Bund der Antifaschistin-
nen und Antifaschisten (VVN-BDA) und im Internationalen Ausch-

lich Zeit, an ihren vermissten Mann zu schreiben. Er hat
als Ingenieur bei Dornier in Friedrichshafen gearbeitet,
bevor er Soldat wurde. Sie wird die Briefe nicht abschicken, es gibt keine Adresse.»Eben hörte ich die alliierten und französischen Sender, und da bin ich wirklich
ganz mutlos geworden. Was hat man mit uns vor?
Peterle, ich kann es noch nicht glauben, daß alles Lug
und Trug war. Aber das Verhalten unseres Führers bestätigt es immer wieder. Wenn Du nur bei mir wärest!«
Auch Michael Kardinal von Faulhaber in München

witz-Komitee. Das Gespräch findet in einem Hotelzimmer in Lissabon
statt, wo Bejarano in der Deutschen Schule aufgetreten ist, als Zeit-
zeugin und Sängerin.

Am 3. Mai bin ich befreit worden. An diesem Tag fühlte ich mich
zum ersten Mal, seit wir vom Todesmarsch geflüchtet waren, sicher.
Sieben Mädchen waren wir, wir haben uns im Wald versteckt. Wir
sind erst auf russische Soldaten getroffen und dann auf amerikanische Tanks. Die haben uns aufgenommen, nachdem wir ihnen
unsere Nummern auf dem linken Arm gezeigt haben. Sie haben uns
nach Lübz gebracht. Da kam dann die Rote Armee einmarschiert.
Das war meine Befreiung, eine unwahrscheinlich tolle Befreiung.
Die amerikanischen und russischen Soldaten haben sich umarmt
und gerufen: Hitler ist tot.
Ich bin dann zusammen mit meiner Freundin Mirjam Edel nach
Frankfurt getrampt. Natürlich war das kein Trampen im heutigen
Sinne. Wir sind viel zu Fuß gelaufen. Von Bergen-Belsen, wo ich
von der Ermordung meiner Eltern erfuhr, zunächst nach Frankfurt. Dort gab es eine Auskunftsstelle der amerikanischen Armee,
wo man sich nach Vermissten erkundigen konnte. Das waren die

schreibt Tagebuch. Er fasst zusammen: »Christi Him-
melfahrt – jetzt wieder Feiertag. 7 Uhr auf dem Zimmer
Messe. 14 Uhr Pfanzelt von Dachau – berichtet, wie es
dort ging, bleibt zu Tisch. In Dachau eine Sühnekirche?«

11. Mai

Kardinal von Faulhaber notiert erfreut, dass sein Hund
Rico fresse, aber kein Spielzeug habe. Und: »Amerikani-
sches Militär: Zwei Militärkaplane, beide Hände in der
Hosentasche.«

American Headquarters. Mein Bruder war ja in Amerika Soldat geworden. Ich wollte wissen, wie ich mit ihm in Kontakt kommen
kann. Er hatte in Italien gegen die Nazis gekämpft, war aber zurück-
geflogen worden nach Amerika, weil er irgendetwas hatte, ich glaube
an der Schilddrüse. Die Amerikaner gaben mir die Feldadresse meines Bruders. So bin ich wieder in Kontakt mit ihm gekommen.

Meine Schwester Ruth hatte in Holland einen ungarischen Juden
geheiratet. Die beiden sind nach dem Einmarsch der Nazis an die
Schweizer Grenze geflüchtet. Dort hatten wir Freunde. Die Schweizer Polizei hat die beiden aber zurückgeschickt auf deutschen Boden. Der Mann ist sofort erschossen worden. Ich dachte, meine
Schwester Ruth sei mit ihm zusammen umgekommen, das wäre
noch ein guter Tod gewesen. Aber das war nicht so, ich habe es erst
vor ein paar Jahren erfahren. Die Nazis haben sie zurück nach Holland in ein Sammellager gebracht. Von dort wurden alle Juden nach
Auschwitz geschickt. Bei einem der Transporte fand ich den Namen
meiner Schwester vermerkt. Ich weiß sogar, an welchem Tag sie ermordet wurde: am 1. Dezember 1942. Sie war also noch vor mir in
Auschwitz.

In Auschwitz und auch in Ravensbrück konnte man sich Zivil-

Privater Kalender-
eintrag vom 9. Mai
1945: »Trude
geschändet«

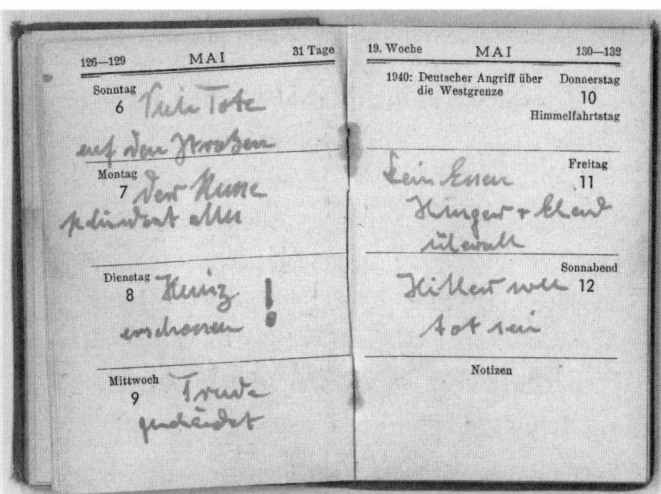

kleidung organisieren. Allerdings musste die bezahlt werden mit Essen. Wir hatten ja kein Geld. Ich habe mir einen Pullover gekauft für einen ganzen Laib Brot. Eine Woche habe ich gehungert, um diesen Pullover zu bekommen, weil ich so schrecklich gefroren habe. Es gab eine Stelle, wo die Kleider und alles, was die Gefangenen mitbrachten, gesammelt wurden; es wurde dort verpackt und nach Deutschland geschickt, fürs Winterhilfswerk und anderes.

Wir hatten kommunistische Gefangene. Die haben in Auschwitz ein Radio organisiert. Als die Nazis weg waren, konnten sie hören, wo die Rote Armee steht. Als ich schon in Ravensbrück war, haben wir auf diese Weise erfahren, dass wir Zivilkleider unter der Häftlingskleidung tragen sollten. Wir würden in ein paar Stunden evakuiert, hieß es. Dann müssten wir die Zivilkleidung anhaben, falls wir irgendwie freikommen würden. Das hat uns sehr geholfen.

Und der Weg nach Frankfurt? Ich sehe dieses Bild immer vor mir: wie wir gelaufen sind. Dass uns russische oder amerikanische Soldaten, die mit dem Auto vorbeikamen, aufgenommen haben, uns ein Stück gefahren haben. Bis wir in Frankfurt gelandet sind. Ich werde das nie los. Alles, was man erlebt hat, geht nie wieder weg.

Irgendwann waren wir auf dem Wege nach Gehringshof bei

In Unterbernbach fragt Victor Klemperer eine Frau, ob sie in München etwas von Hitler und anderen NS-Größen gehört habe:»Nein, danach zu fragen hatte sie gar keine Zeit gehabt, anders ausgedrückt: Das interessiert sie nicht mehr. Das 3. Reich ist schon so gut wie vergessen, jeder ist sein Feind gewesen, ›immer‹ gewesen.« Die Klemperers haben die Nazizeit im Untergrund verbracht, Victor Klemperer wird zwei Jahre später ein Buch über die Sprache des »Dritten Reiches« veröffentlichen.

Fulda. Weil man uns in Bergen-Belsen gesagt hat, es gebe dort ein Vorbereitungslager zwecks Auswanderung nach Palästina. Das hatte wieder aufgemacht. Dort wollten wir hin, wir wollten nicht mehr in Deutschland bleiben. Wir hatten die Nase voll. Nicht mit diesen Leuten.

Wir sind dann nach Fulda gelaufen. Kibbuz Buchenwald haben die ehemaligen Gefangenen das Vorbereitungslager genannt. Dort haben wir die Information bekommen, dass von Frankreich aus ein Schiff nach Palästina fahren würde, die »Mataroa«. Mitte August sind wir in Marseille ausgelaufen, am 15. September kamen wir in Haifa an. In Palästina kamen wir wieder in ein Lager. Das war für uns so eine Enttäuschung. Man kam nur raus, wenn man irgendwelche Verwandte oder Bekannte in Israel hatte, die für einen bürgen konnten. Ich habe meine Schwester Tosca sofort benachrichtigt. Die hat mich rausgeholt und meine Freundin Mirjam Edel auch. Das Allerschärfste war, dass sie uns beschuldigt haben: Alle, die überlebt haben, hätten mit den Nazis kollaboriert. Anders wären wir gar nicht rausgekommen aus Auschwitz. Eine Unverschämtheit. So wurden wir aufgenommen? Niemand hat sich um uns gekümmert. Eine Katastrophe, unmöglich.

In Berlin notiert Marta Hillers: »Vor einer halben
Stunde, in der Abenddämmerung, plötzlich Schüsse.
Ein ferner, schriller Frauenschrei: ›Hiiilfe!‹ Wir haben
nicht einmal aus dem Fenster geblickt. Wozu auch?
Aber ganz gut sowas; es erinnert uns wieder, macht
uns wachsam.« Ihr Tagebuch wird 1954 auf Englisch
veröffentlicht und 1959 auf Deutsch, allerdings unter
dem Pseudonym »Anonyma«. Erst 2003, nach ihrem
Tod, werden Marta Hillers Aufzeichnungen »Eine Frau
in Berlin« zum Bestseller.

Ein einziges Mal, noch in Israel, habe ich meiner Schwester Tosca
und meinem Schwager eine ganze Nacht und einen ganzen Tag erzählt, was ich erlebt habe. Und dann habe ich gesagt: Jetzt ist Schluss.
Jetzt will ich nicht mehr reden. Ich will das alles vergessen.

Nach Israel habe ich einen sogenannten Heimatschein zuge-
schickt bekommen. Darin hieß es: Sie haben die deutsche Staats-
angehörigkeit. Und wir hoffen, dass Sie wieder zurückkommen. Es
würde auch Hilfe geben. Ich wollte aber nicht in die Städte gehen, in
denen ich mit meinen Eltern zusammen war.

Später, als ich dann doch nach Deutschland zurückkehrte, habe
ich eine furchtbare Angst bekommen. Ich sah Männer in Uniform
und habe sofort an die Gestapo gedacht. Noch viel später kam ich
durch Freunde aus Israel, die schon vorher ausgewandert sind, nach
Hamburg. Die hatten uns geschrieben, es gebe überhaupt keine Nazis mehr. Die Leute, die ich auf der Straße gesehen habe, waren ungefähr in meinem Alter. Da habe ich mir bei manchem gedacht: Was
hat der gemacht im Krieg? Vielleicht ist es der Mörder meiner Eltern oder meiner Schwester Ruth? Ich konnte mit diesen Menschen
nicht reden.

In Flensburg-Mürwik werden erneut Soldaten hin-
gerichtet, diesmal wegen vermeintlicher Meuterei.
Natürlich werden Protokolle geführt, die Gewehrku-
geln gezählt und die Urteile abgeheftet. Ordnung muss
sein.

12. Mai

Johann von Duhn, der Potsdamer Physiker, besucht
eine Bekannte. »Hierzu zieht man sich möglichst unauf-
fällig und proletenhaft an und nimmt selbstverständ-

Armin Mueller-Stahl

 **Zur Person:** Armin Mueller-Stahl, Jahrgang 1930, wurde
im ostpreußischen Tilsit geboren. Sein Vater war Bank-
kaufmann, seine Mutter Ärztin. In der DDR war er viele
Jahre lang einer der bekanntesten Film- und Fernsehschauspieler.
1976 gehörte er zu den Unterzeichnern der Resolution, die gegen die
Ausbürgerung des Liedermachers Wolf Biermann protestierte, 1980
durfte er nach West-Berlin ausreisen, wo er seine Karriere erfolgreich
und auch international fortsetzen konnte. Zu seinen Filmen zählen
»Die Sehnsucht der Veronika Voss«, »Lola« und »Oberst Redl« sowie
in den USA »Avalon«, »Night on Earth« und »Shine – Der Weg ins
Licht«. Für letztere Rolle wurde er für den Oscar nominiert. Neben
der Schauspielerei schreibt und malt Mueller-Stahl. Er lebt in Sierks-
dorf an der Ostsee und bei Los Angeles.

Mein Vater war schon 1939 in den Krieg eingezogen worden. Er
hatte uns gesagt, wo wir uns treffen sollten, wenn ein Ende des Krieges absehbar sei. Den Ort Goorstorf an der Ostsee hatte er ausge-
sucht.

lich keine Uhr und keinen Ring mit, denn darauf sind
die Russen besonders scharf.«

13. Mai
Der spätere Fernsehjournalist Georg Stefan Troller, von
den Nazis aus Wien vertrieben und mit der U.S. Army
zurück nach Europa gekommen, läuft durch München:
»Die (Deutschen) standen da herum um die Litfaßsäu-
len, an denen die ersten Anordnungen der Militärregierung klebten. Sie wussten eigentlich nicht, wie ihnen

Eigentlich lebten wir in der Uckermark, in Prenzlau, dorthin wa-
ren wir noch vor dem Krieg 1938 aus Ostpreußen gezogen. Meine
Mutter und ich schlugen uns also gegen Ende des Krieges von
Prenzlau nach Goorstorf durch. Doch mein Vater kam nicht.

Fünfundzwanzig Jahre lang wussten wir nicht, was mit ihm geschehen war. Und jeden Tag dieser 25 Jahre hat meine Mutter auf
ihn gewartet, vergeblich. Erst ein Pfarrer aus Schönberg, ebenfalls
an der Ostsee, gab mir einen Anhaltspunkt: Mein Vater war auf
einer Totenliste eines Lazaretts bei Schönberg aufgeführt worden.
Anders als bei den anderen Verstorbenen war bei ihm keine Todes-
ursache genannt. Wahrscheinlich ist er angeschossen worden, weil er
desertiert war, um zu uns zu kommen. Im Lazarett ist er dann vermutlich seinen Wunden erlegen.

Ich erfuhr in einer Kirche davon. Es war so merkwürdig: Plötzlich fing die Orgel an zu spielen, »Der Mond ist aufgegangen«. Mein
Vater hat dieses Lied geliebt. Als ich ihn das letzte Mal gesehen habe,
hat er es gesungen. Es kam mir vor wie ein Zeichen. Bis zum heutigen Tage glaube ich Signale zu empfangen. Es gibt Gestorbene, die
gehören weiter zum Leben dazu. Das Massengrab, in dem mein Vater beerdigt worden ist, habe ich später besucht.

geschah. Der Moment, in dem du aus einem Traum erwachst und noch nicht ganz da bist. Die waren noch
nicht ganz da. Die zwölf Jahre Nazitum und Krieg hatten das Volk umgekrempelt. Die waren nicht mehr zur
vernünftigen Selbstbetrachtung fähig.«

Thomas Mann, deutscher Literatur-Nobelpreisträ-
ger und seit einem Jahr amerikanischer Staatsbürger,
notiert im kalifornischen Exil in Pacific Palisades: »Din-
ner-Party bei Florence Homolka (…). Über die Sorge mit
den psychisch gestörten und kriminellen Heimkehrern.

Wir machten uns also im Mai 1945 ohne meinen Vater wieder auf,
zurück nach Prenzlau. Wir aßen, was am Wegesrand wuchs, Brennnesseln zum Beispiel, daraus machte meine Tante eine Suppe. Wir
haben in Scheunen übernachtet, in Ruinen auf den Trümmern, es
waren viele Menschen unterwegs, die sich nachts in solchen provi-
sorischen Lagern trafen.

Rotarmisten kamen bei Dunkelheit dorthin und suchten die
Frauen. Meine Mutter war ja Baltendeutsche und konnte fließend
Russisch sprechen, abends schminkte sie sich mit Ruß und sah dann
aus wie eine alte Frau. Sie sprach die russischen Soldaten an: Stalin habe gesagt, sie sollten die Frauen in Ruhe lassen. Da haben die
sehr jungen Soldaten meistens einen Schrecken bekommen, denn
sie hielten meine Mutter für eine Russin und hatten Respekt vor ihr.
Es gelang nicht immer, aber oft hat meine Mutter sie davon abge-
halten, die Frauen zu holen.

Ich war dünn wie ein Strich damals, trug die Kleidung meines Bruders, der am 25. November 1944, am Geburtstag meiner Schwester,
gefallen war. Ich hatte gerade eine Gelbsucht hinter mich gebracht,
ich war dem Tod näher gewesen als dem Leben. Es hatte dann, als
die eigentliche Krankheit überstanden war, eine Weile gebraucht, bis

Georg Stefan Troller
(ganz rechts) mit G.I.s
im Sommer 1945 in
Bayern

ich wieder zu mir gekommen bin, so weit entfernt hatte ich mich vom Leben.

Als wir nach Prenzlau zurückgekommen waren, lag unser Haus in Trümmern. Es war zerbombt worden. Wir hatten, als wir aus Prenzlau weggegangen waren, noch aus der Ferne gesehen, dass es in der Stadt brannte, das waren wahrscheinlich die Bomben gewesen, die auch unser Haus getroffen hatten.

Jedenfalls wurden wir, als wir zurückkamen, in eine Zweieinhalb-Zimmer-Wohnung eingewiesen. Die Wohnung nebenan war überfüllt, jeden Tag starb da ein Mensch.

Dort in Prenzlau tauchte auf einmal mein Großvater gemeinsam mit meiner Großmutter und meinem Onkel auf, dem Bruder meiner Mutter. Sie waren aus Ostpreußen geflohen und hatten uns gesucht. Das war ein schönes Wiedersehen und eine große Freude. Wir hatten ja nicht damit gerechnet, dass sie noch leben würden.

Wir nahmen sie in unsere Zimmer auf. Doch die Freude wurde schnell getrübt: Sie durften nicht lange im Ort bleiben, weil es keine Wohnungen gab. Auch wir durften nur deswegen bleiben, weil meine Mutter so gut Russisch sprach und der Bürgermeister sie als Dolmetscherin brauchte.

Über Deutschland, dessen Leben in den nächsten Jahrzehnten kaum vorzustellen. Vorläufig werden sie keine
Schulen, kein Theater, kein Radio, keine Zeitungen
haben. Auseinanderfall, Hunger, Krankheiten, Reduzierung der Bevölkerungsziffer auf vielleicht 45–50 Millionen.«

Georg Stefan Troller steht in einer Wohnung am
Münchner Prinzregentenplatz: »Die war voll von unseren G.I.s. Die Deutschen haben sich dafür überhaupt
nicht mehr interessiert. Das war nicht mehr von Belang.

Ich hatte in dieser kleinen Wohnung eine eigene Ecke. Dorthin zog ich mich um sechs Uhr abends zurück. Einmal hatte ich
mir einen Volksempfänger besorgt, die Häuser standen ja alle offen, man ging einfach hinein und holte sich, was man brauchte. Auf
dem Volksempfänger hörte ich abends ein Konzert mit den Berliner Philharmonikern. Ich wollte ja Geiger werden und spielte die
ganze Nacht nach, was der Konzertmeister gespielt hatte, probierte
immer wieder die G-Saite. Das war für meine Mutter in der engen
Wohnung natürlich kaum auszuhalten.

Man war eigentlich den ganzen Tag damit beschäftigt, Essen zu
suchen. Man las Kartoffeln auf dem Feld auf, sammelte Beeren. Ich
interessierte mich damals schon für Kunst, ich war ja in einer kunst-
sinnigen Familie aufgewachsen, vor dem Krieg hatten wir gemeinsam gemalt, gesungen, musiziert. Ich ging also einfach in die Ma-
rienkirche und habe mir die schönen Statuen rausgeholt. Als ich
später zum Geigenstudium nach Berlin gegangen war, hat meine
Mutter sie zurückgebracht. Ich war sehr enttäuscht. Ein Gefühl für
Besitzverhältnisse hatte sich in den Jahren nach dem Krieg aufgelöst,
das kam erst später wieder zurück.

Meine Mutter hat dafür gesorgt, dass ich den Kopf nicht hängen

Die Leute hungerten und waren in einem Zombie-Zustand. Aber wir Soldaten suchten natürlich Erinnerungsstücke.« In der Bibliothek des »Führers« finden sich allerdings nur Karl-May-Bände.

14. Mai
Annemarie von Duhn hält fest, dass es in Potsdam wieder Strom gibt: »Die Straßen sind voll von abenteuerlichen Kolonnen. Alle wollen in ihre Heimat zurückkehren, Ausländer und deutsche Flüchtlinge.

ließ, sie sagte immer, wir hätten doch Glück gehabt, seien mit dem Leben davongekommen. Sie hatte eine ungeheure Kraft damals, sie war eine gläubige Frau. Ich habe sie sehr geliebt.

In Prenzlau blieb ich bis 1948, bis ich meine Schule beendet hatte. Dann ging ich mit meinem Geigenkasten nach Berlin, ans Konservatorium. Die Stadt war voller Musik, ich hörte Konzerte der Geigenvirtuosen Gerhard Taschner und Dawid Oistrach. 1948 – das war dann der Sommer meines Lebens.

Die meisten haben sich aus alten Fahrradteilen, Block-
wagenrädern und Ähnlichem wildromantische
Fuhrwerke zusammengebastelt, die sie, mit allem möglichen Kram bepackt, die Landstraßen entlangschieben.
Nur selten sieht man ein Fahrzeug, an dem alle Räder
gleich sind.

So ziehen sie über hunderte von Kilometern kreuz
und quer durch Deutschland, aber auch nach Holland,
Belgien und Frankreich. Oft werden diese Bedauerns-
werten dann noch von Zivilpolen und dergleichen aus-

Burkhard Hirsch

 **Zur Person:** Burkhard Hirsch, 1930 in Magdeburg gebo-
ren, war der Sohn des Landgerichtsdirektors Alfred
Hirsch. Beim Jungvolk hatte man dem kaum 15-Jährigen
gegen Ende des Krieges beigebracht, wie man auf einen russischen
T-34-Panzer aufspringt und wo man eine Haftladung anzubringen
hatte, um ihn zu zerstören. Hirsch machte 1948 in Halle an der Saale
sein Abitur und studierte nach seiner Flucht aus der Sowjetischen
Besatzungszone Rechtswissenschaft in Marburg. Er ließ sich als
Rechtsanwalt in Düsseldorf nieder und trat 1949 in die FDP ein. Von
1975 bis 1980 war er Innenminister des Landes Nordrhein-Westfalen
und von 1980 bis 1998 Mitglied des Bundestages, die letzten vier
Jahre als Vizepräsident. Von 1973 bis 2005 gehörte er dem Bundes-
vorstand der FDP an. Er zählte wie Gerhart Baum zum links liberalen
Flügel der FDP und setzte sich besonders für Bürgerrechte ein. Er
starb am 11. März 2020 in Düsseldorf, 89 Jahre alt.

Das Kriegsende erlebte ich in Halle. Auf einzelnen Plätzen hatten
sich deutsche Soldaten eingenistet, die Widerstand leisten sollten.

Frauen ziehen
ihre Habe auf
Leiterwagen durch
Berlin

An den Häusern sah man immer mehr weiße Fahnen und Bettlaken, es gab einzelne Artillerieeinschläge. Ich sah, wie sie einen Klassenkameraden auf einer Bahre wegtrugen. Er war notdürftig mit einer Decke bedeckt, sein linker Arm hing schlaff herunter. Er war tot, ein Granatsplitter hatte seine Brust zerrissen.

Das war doch etwas anderes als die fremden Toten, die man nach Luftangriffen gelegentlich am Straßenrand herumliegen sah, fremd eben und tot, da dachte man nicht lange drüber nach. Aber der? Ich sehe ihn noch heute vor mir. Wir haben auch später nicht mehr über ihn gesprochen, als gegen Jahresende 1945 die Schule wieder angefangen hatte. Dazwischen lag eben ein Weltuntergang.

Nun kamen die Amerikaner, in ihren Sherman-Panzern und nicht mit einem T-34, für den wir geübt hatten. Haftladungen oder Panzerfäuste hatten wir sowieso nicht. Sie kamen auf ihren Jeeps, sauber, diszipliniert, und der Volkssturm löste sich auf wie Schnee in der Sonne.

Man munkelte darüber, dass Graf Luckner, der berühmte »Seeteufel« des Ersten Weltkriegs, den heranrückenden Amerikanern entgegengefahren sei und ihnen zugesichert habe, dass Halle nicht verteidigt werde. So habe er die Stadt vor einem Luftangriff gerettet.

geplündert. Es gibt ja auch keine Instanz, die für die Sicherheit auf den Landstraßen sorgt.«

Wolf Schneider, der als Sprachkritiker und Schreiblehrer später ganze Journalistengenerationen ausbilden wird, ist aus dem Lager in den Niederlanden entlassen worden. Sein 21. Lebensjahr beginnt so, wie das vorige geendet hat, mit Marschieren:»Die Waffen hatten wir abgelegt, friedlich und korrekt lenkten uns die Sieger in ein Ruinenfeld am Rand der Stadt, verpflegten uns erstaunlich gut – und rüsteten uns für

Wie auch immer. Es hat am Reileck und am Riebeckplatz ein paar Schießereien gegeben. Dann war es vorbei.

Die Amerikaner wirkten gelassen und selbstsicher. Ich sehe noch drei Militärpolizisten, die auf ihren Harley-Davidsons auf dem Sattel stehend – der eine sogar rückwärts – die Ludwig-Wucherer-Straße herauf- und herunterdonnerten, wobei sie Schlangenlinien fuhren, indem sie sich in den Hüften hin- und herwiegten.

Dann tauchten Plakate auf, dass eine Ausgangssperre verhängt werde von 18 bis 8 Uhr. Alle Waffen seien auf den Sammelplätzen abzuliefern, wer sich nicht daran halte, werde erschossen. Wir warfen unser Zeug – Pistole, Luftgewehr, Dolche – auf den Friedrichsplatz, nicht ohne die Schusswaffen vorher unbrauchbar zu machen, weil sie nachts von weniger ängstlichen Landsleuten häufig wieder eingesammelt wurden. Wir verbrannten Hitlers »Mein Kampf« und den »Mythus des 20. Jahrhunderts« von Rosenberg und begriffen allmählich, dass es das »Dritte Reich« nicht mehr gab. Man stand in Schlangen an, um Wasser und Brot zu bekommen. Wir lernten, gleichzeitig in mehreren Schlangen anzustehen. Es gab Maisbrot, das zerbröselte, wenn es trocknete. Wir verdankten seinen Import einem Übersetzungsfehler. »Corn« war eben nicht Korn, sondern

den großen Treck nach Norden. Bis zu 40 Kilometer am Tag mussten wir marschieren, eine Kolonne von 10 000 Mann – nachts mit dem Schlaf kämpfend auf sumpfiger Wiese. (...) Und unter allen Brücken, die die Straße überquerten, die Panik: Johlende Holländer entleerten über unseren Köpfen ihre Nachtgeschirre.«

In Mürwik, dem winzigen Restreich an der Flensburger Förde, werden die Hitler-Bilder in den Amtsstuben abgehängt, das öffentliche Singen von Naziliedern ist untersagt. Pfeifen bleibt erlaubt.

Indian corn, also Mais, und nicht Weizen, *wheat*. Vielleicht wollten die Amerikaner es auch nur loswerden.

Nach zwei oder drei Tagen holten die Amis meinen Vater, meinen Bruder und mich ab. Im Jeep nahmen sie den Inhaber der Sprachschule über uns als »Dolmetscher« mit. Er hatte uns wohl als Nazis denunziert. Mein Bruder und ich verbrachten einen Tag im »Roten Ochsen«, dem hallischen Polizeipräsidium, mein Vater verschwand für Jahre. Es war sein Glück. Denn alle Landgerichtsdirektoren, die später den Russen in die Hände fielen, kamen in Torgau oder Bautzen ums Leben. Übrig blieben nur ein gewisser Haberkorn und mein Vater. Die Amis hatten auch den Landgerichtsdirektor Wernicke verhaftet. Der wurde als Erster entlassen und war so töricht, in die Sowjetische Besatzungszone zurückzukehren. Natürlich verhafteten ihn die Russen unverzüglich, und auch er kam im Gefängnis in Bautzen ums Leben.

Eines Tages, noch im Mai 1945, tauchte ein aus der Gefangenschaft entlassener Offizier auf, der uns ein Lebenszeichen unseres Vaters brachte. Er hatte ihn im Lager getroffen. Er erzählte uns von seinen eigenen Erlebnissen in Russland, von Massenerschießungen von Juden, die in Viehtransportern angeliefert worden waren, über-

Der Gebirgsjäger Martin Walser hat sich umgezogen und seine Uniformjacke gegen einen Bergbauernkittel getauscht. Er hält sich mit drei Kameraden in den bayerischen Bergen versteckt:»Manchmal sind wir von der Höhe hinuntergestiegen, haben am Waldesrand gekauert und ins Tal gesehen. Dort sahen wir Ansammlungen deutscher Soldaten. Daraus schlossen wir, dass der Krieg vorbei war, dass die deutschen Soldaten sich ergeben hatten und nun amerikanische Gefangene waren.«

einandergeschichtet, sodass die Soldaten lauter Füße sahen, wenn sie die Schiebetür öffneten. Die Untersten waren erstickt, die anderen wurden erschossen. Ich war erstarrt. Es war unglaublich, aber es musste wahr sein. Warum sollte er uns das sonst erzählen und sich damit selbst in Gefahr bringen?

Ich sah die Größen des »Dritten Reiches« vor mir, das pompöse Auftreten, ihre weihevollen Reden, die Appelle an Treue und Ehre, und konnte Wirklichkeit und Wirklichkeit nicht übereinbringen. Ich kam mir verachtet vor, beschämt und beschmutzt von Leuten, denen ich hatte dienen sollen.

Mein Vater kam in das frühere, nun amerikanische Konzentrationslager in Ohrdruf und schließlich nach Kornwestheim. Sie hatten wochenlang, auch in strömendem Regen, unter freiem Himmel, in selbst gegrabenen Erdlöchern kampiert. Die Verhöre begannen nach über einem Jahr, und die Gefangenen wurden in übelster Weise geschlagen. Auf der Fahrt war es zwei Männern gelungen, vom offenen Wagen zu springen und in einen Wald zu entkommen. Die Kolonne hielt am nächsten Feld, kassierte zwei Bauern ein, damit die Zahl stimmte, und die blieben dann ebenso lange wie die anderen ohne jedes Verhör im Lager.

In Berlin spielen
Kinder am
24. August auf einem
Panzerwrack

Im Juni 1945, wenige Wochen nach dem Einzug der Amerikaner, munkelte man, dass sie abzögen und Halle den Russen überlassen würden. Dann kamen die Russen tatsächlich, mit Panjewagen und uralten Lastern. Sie plünderten die Läden, klauten Fahrräder und Uhren. Man sah Soldaten mit fünf oder sechs Uhren am Arm, man hörte von Morden und Vergewaltigungen. Mir schlug einer auf der Geiststraße ohne jeden Grund so ins Gesicht, dass ich zu Boden ging. Unsere Heinrichstraße wurde in Martha-Brautzsch-Straße umbenannt. Das war eine kommunistische Funktionärin gewesen, die sich auf der Fahrt nach Berlin das Auto nicht wegplündern lassen wollte. So wurde sie an Ort und Stelle erschossen, und man lachte darüber wie über einen guten Witz, ausgerechnet eine Kommunistin! Natürlich wurde erklärt, es seien Nazis gewesen, und das machte die Sache noch lustiger. Es gab ja keine Nazis mehr. Es amüsierte die Leute auch, dass die Russen ihre Orden in großer Ausführung auf der Uniform trugen. Als in der Wochenschau Marschall Schukow mit vollgehängter Brust erschien, rief einer aus dem Publikum: »Dreh dich mal um, ob du hinten auch noch welche hast!« Das Kino brüllte vor Lachen, das Licht ging an, die Vorstellung wurde abgebrochen. Aber sie bekamen nicht heraus, wer gerufen hatte.

Annemarie von Duhn notiert an diesem Tag auch,
wie es denen geht, die in Freiheit bleiben. Die Potsdamer Lebensmittelkarten sind nach der Tätigkeit
des Inhabers abgestuft. »Am meisten bekommen
Schwerstarbeiter, nämlich 500 g Brot pro Tag. Dann
kommen Schwerarbeiter (...), schließlich Angestellte
mit 300 g Brot, 20 g Fleisch, 20 g Fett, 30 g Nährmitteln,
20 g Zucker und 350 Gramm Kartoffeln pro Tag. Praktisch gibt es aber nur Brot und manchmal auch Kartoffeln zu kaufen. Nach den Angestellten kommen Kinder

Es fehlte an allem. Auf dem Roßplatz fuhren morgens die Bauern
mit offenen Fuhrwerken an, man kletterte auf, fuhr zu irgendeinem
Feld im Mansfeldischen und beteiligte sich an den Erntearbeiten,
Rüben, Hafer, Weizen, Roggen, Erbsen, natürlich nicht gegen Geld,
sondern gegen Deputat. Mittags bekam man etwas zu essen. Im
Herbst kamen die Russen in unsere Wohnung und räumten sie komplett leer, gegen einen Fetzen Papier. Wir behielten ein paar Decken,
Liegestühle, ausrangierte Gartenmöbel. Silber, Schmuck und Wertsachen hatten wir in einem Depot bei der Dresdner Bank. Sie wurden beschlagnahmt. Mehrere Bücherkisten hatten die Eltern zum
Schutz vor den Bomben nach Schlesien geschickt. Natürlich waren
auch sie verloren.

Die Schule begann wieder. Es war der Wandel der Menschen, der
mich faszinierte. Unser Zahnarzt war ein ganz Strammer gewesen.
Nun behauptete er plötzlich zu unserer Überraschung, er habe nie
»Heil Hitler« gesagt. Unser Jungstammführer bekleidete plötzlich
einen Rang in der neuen FDJ. Wir merkten, dass wir einen Spitzel in
der Klasse hatten. Wir vermuteten, wer es wohl war. Aber wir sprachen nicht darüber, mit dem Betroffenen selbst schon gar nicht. Da
wurde offenbar ein System aufgebaut, dessen Strukturen dem ent-

Kinderspeisung
mit Milch und
eingerührtem Mehl
in Berlin-Charlot-
tenburg, September
1945

sprach, was wir gerade überlebt hatten. Und dann stellte sich der neue Direktor hin und sprach von »unseren Freunden von der Roten Armee«. Als Antifaschist war er mir vorher nie aufgefallen, nun war er plötzlich der Mann der Stunde.

Mich hat jahrelang die Frage gequält, was wir denn tatsächlich von den Vorgängen im »Dritten Reich« gewusst haben, wir und unsere Eltern. Ich erinnere mich noch heute an die alte Frau mit dem gelben Stern, die sich am Friedrichsplatz ängstlich zur Seite drückte, als ich in meiner Pimpfenuniform harmlos und fröhlich um die Ecke kam. Ihr Gesicht geht mir nicht aus dem Kopf. Sie war blass, dünn und ängstlich. Was sollte der Stern? Es war 1941 gewesen, keiner hat mir gesagt, was es damit auf sich hatte. Keiner. Es kamen nur Ausreden.

Noch Jahre später in Marburg habe ich mich in das Amerikahaus an der Ketzerbach gesetzt und die über 30 Bände des Nürnberger Prozesses gelesen, fasziniert und angeekelt. Ich habe mich gewundert und gewehrt, wenn die alten Herren die Kriegsverbrechen damit rechtfertigen wollten, dass die anderen auch Verbrechen begangen hatten, und als sie begannen, Kriegsverbrecher als »Kriegsverurteilte« zu bezeichnen. Die Nürnberger Prozesse hatten uns zu-

und schließlich die ›sonstige Bevölkerung‹ mit 200 g
Brot pro Tag und weder Fleisch noch Fett.«

15. Mai
Die »Tägliche Rundschau« ist die erste neue Zeitung,
die nach dem Krieg erscheint, in Berlin – 20 Tage nachdem der »Völkische Beobachter« sein Erscheinen eingestellt hat.
    In ihrer ersten Ausgabe meldet sie: »Im Bezirk
Horst Wessel stehen den Kindern und Kranken bisher

nächst nicht wirklich berührt. Sie kamen zu früh, und wir hatten
andere Sorgen. Man sprach allenfalls über ihre Legitimität. Die Russen als Richter – und was war mit Katyn? Dresden, Hamburg und
Magdeburg – war das nichts? Aber kam es darauf wirklich an?

Theodor Heuss formulierte später, es sei das Vorrecht der moralisch Minderwertigen, sich mit dem Unrecht der anderen zu ent-
schuldigen. Es war die gängige Sprachregelung dieser ersten Jahre,
dass die Verbrechen, die man nicht mehr bestreiten konnte, »im
deutschen Namen«, d.h. also eigentlich nicht von Deutschen begangen worden waren. Man habe davon nichts gewusst. Da sei der
Idealismus einer ganzen Generation missbraucht worden. Kann es
funktionieren, dass nur wenige Fanatiker ein ganzes Volk täuschen
und hinters Licht führen?

Wie tragfähig ist die Schicht der Zivilisation eines traditionsreichen Kulturvolkes über Barbarei, Brutalität, Egoismus und erbar-
mungslosem Hass? Das war die Zeit, in der ich begriffen habe, dass
Politik eine viel zu ernste Sache ist, als dass man sie anderen überlassen dürfte. Jeder Bürger hat eine politische Verantwortung, auch
wenn er nicht in einer Partei ist.

34 Milchfarmen zur Verfügung.« Und bald auch ein ent-
nazifizierter Bezirksname: Friedrichshain.

In Berlin nehmen 17 Lichtspieltheater wieder den Betrieb auf. Das Programm enthält vorwiegend sowjetische Filme.

Bei dem Physiker Manfred von Ardenne in Berlin-
Lichterfelde klopft ein Offizier der Roten Armee an
und überbringt eine Einladung: ob Ardenne seine For-
schung nicht in der Sowjetunion weiterführen wolle.

Die Journalistin Ruth Andreas-Friedrich besucht eine

Annemarie Günther

 **Zur Person:** Annemarie Günther wurde am 9. April 1924
im ostpreußischen Allenstein geboren. Ihr Vater war
Oberregierungs- und Baurat, er lehnte als »Bekennender
Christ« den Nationalsozialismus ab und trat nicht in die NSDAP ein –
für einen höheren Beamten eine nicht ungefährliche Entscheidung.
Seine sechs Kinder waren alle in der Hitler-Jugend. Nach dem Abitur
1942 studierte Annemarie Sport, Geschichte und Erdkunde, zunächst
in Göttingen, dann in Königsberg; sie wollte Lehrerin werden. Im
Januar 1945 flüchtete sie mit ihrer Mutter und der jüngeren Schwester über Vehlow (bei Berlin) nach Hamburg. Ihr Vater kam in Allenstein um, ihr jüngster Bruder fiel im Krieg, die beiden älteren Brüder
sind in Russland vermisst; die ältere Schwester starb bei einem Bombenangriff. Ihr Leben, sagt Annemarie Günther, sei schön und reich
gewesen, »auch wenn es natürlich traurige Zeiten gab«. Sie hat drei
Kinder und lebt in Ahrensburg.

Im Herbst 1944 kamen die ersten Flüchtlinge nach Allenstein. Sie
waren aus den Nordostgebieten Ostpreußens evakuiert worden, weil

Bekannte, sie hockt zusammengekauert auf der Couch:
»»Man sollte sich umbringen. Man kann doch so nicht
leben.‹ – ›War es wirklich so arg?‹, frage ich. Kläglich
blickt sie mich an. ›Sieben‹, sagt sie und schüttelt sich.
›Sieben hintereinander. Wie Tiere.‹« Allein die Berliner Krankenhäuser werden die Zahl der vergewaltig-
ten Frauen und Mädchen in diesem Sommer auf 95 000
bis 130 000 schätzen. Eines der Mädchen, das mit zwölf
Jahren von russischen Soldaten missbraucht und dann
»wie ein Sack Zement« aus dem Fenster geworfen

die Rote Armee näher rückte. Die Menschen hatten große Angst vor den Russen. Unser Haus war voll mit Flüchtlingen. Wir wurden gar nicht gefragt, wir mussten einige Zimmer abgeben, in denen Familien untergebracht wurden.

Am 12. Januar 1945 wurden die Schulen geschlossen. Eine Woche später sind wir geflohen. Das war ein Drama. Man trennt sich so schwer von seinem Haus und von allem, was man besitzt.

Etwa 75 Prozent der Bevölkerung blieben in Allenstein, in der Hoffnung, die Deutschen könnten die Russen doch noch aufhalten. Sie sind dann nicht mehr aus der Stadt rausgekommen; viele wurden von den Russen verschleppt oder getötet.

Über ihre Flucht aus Ostpreußen hat Annemarie Günther kurz nach ihrer Ankunft in Hamburg einen Bericht verfasst: Auf Papier, das sie unterwegs im Straßengraben gefunden hatte, schrieb sie ihn zunächst mit einem Blaustift handschriftlich nieder, später tippte sie ihn auf der Schreibmaschine ins Reine. Er spiegelt die Weltsicht der damals 21-Jährigen:

»Als wir das Weihnachtsfest 1944 feierten, ahnten wir noch nicht, daß schon der nächste Monat uns für immer aus unserem geliebten

wurde, war Hannelore Renner, die spätere Frau des
Bundeskanzlers Helmut Kohl.

16. Mai
Auf einem Flensburger Friedhof findet das letzte
Staatsbegräbnis des »Dritten Reiches« statt, für Kapitän
zur See Wolfgang Lüth. Zwei Tage zuvor war er kurz
nach Mitternacht von einem Posten erschossen worden, weil er sich volltrunken nicht mehr an die Parole
erinnern konnte, die er selbst ausgegeben hatte.

Haus, aus unserem Allenstein vertreiben würde. Ernst genug sah
es aus; aber wer zweifelte am guten Ausgang des Krieges? Unsere
Soldaten halten die ost-preußische Grenze, das war unsere felsen-
feste Überzeugung, die Hoffnung aller. Trotz aller Aussichtslosigkeit
klammert man sich doch bis zum allerletzten Augenblick an die Heimat, über die nichts geht.«

Eine ganze Woche hatten wir uns durchgeschlagen. Dann kamen
wir nach Vehlow nördlich von Berlin, dort wurden wir von Verwandten auf einem Gut aufgenommen. Am 1. Mai 1945 flüchtete
ich mit meiner Schwester und unserer Mutter von Vehlow weiter
nach Hamburg.

In ihren Aufzeichnungen von 1945 heißt es weiter: »Plötzlich am
1. Mai morgens das furchtbare Gerücht, die Russen sind östlich von
uns durchgebrochen, sind in Bork und beschießen Blumenthal. Und
wirklich sahen wir am Horizont Rauchfahnen. Nur die Ruhe bewahren, wenn auch in kürzester Zeit das Schlimmste zu befürchten war.

Man wartete auf die Russen und hoffte doch noch. In mir war
eine große Leere, ich dachte gar nichts mehr. Es hatte ja keinen Sinn,
jetzt noch zu grübeln. Wir hatten uns entschlossen auszuhalten, alles
Kommende lag nun nicht mehr in unserer Hand.

Die Journalistin Ursula von Kardorff schreibt in ihr Tagebuch: »Dies hemmungslose, flutende Glücksgefühl, mit dem ich zu Eberhard sprach. Der Krieg ist aus, die Nazis wie im 73. Psalm weggeschwemmt, zusammengebrochen, schon so vergangen, daß sie kaum noch interessieren.«

Was Georg Stefan Troller auffällt: »An allen Wänden hingen diese Zettel: Wir haben überlebt. Ihr findet uns da und da.«

In München begegnet er der Liebedienerei der

Etwa um 1 Uhr wurden wir durch Lärm hellwach. Ging es nun los? Dieses Warten war kaum mehr zu ertragen. Draußen fanden wir immer noch die SS, die die Aufgabe hatte, die Brücken zu sprengen und dann zu türmen. Ach, könnte man da mit! Die Russen so vor Augen zu haben, war verteufelt. Als die Soldaten uns sahen, waren sie entsetzt und sagten, wir sollten abhauen, so schnell wie möglich.

Da kam bei mir der Auslöser, auf den ich gewartet hatte. Fort, jetzt sofort los! Das Schicksal in die Hand nehmen! Wir stürmten los. Mir war die Wegrichtung klar, nach Westen, Richtung Hamburger Chaussee. Es war aller Wahrscheinlichkeit nach der noch einzig freie Weg.

Man hatte den Eindruck, alle Deutschen strömen nach Norden, nur fort vom Russen. Soldaten, Zivilisten, Arbeitsdienstler, Kriegsgefangene, Männer, Frauen, Kinder und viele Trecks zogen nach Norden. Wir reihten uns ein in diesen Jammerzug. Wie lange würden wir wohl durchhalten? Ob uns die Russen einholen werden? Links und rechts in den Straßengräben lagen Berge von weggeworfenen Waffen, Uniformen, Akten, sogar Schreibmaschinen!

Hier auf dieser Fahrt erreichte uns die Nachricht, daß Hitler in Berlin gefallen wäre. Der Führer tot! Nicht auszudenken! Nun war

Unterlegenen gegenüber dem Sieger: »Alle Leute, die sich mit Elektrizität auskannten, waren alte Nazis gewesen. Wir haben die natürlich angeheuert. Das machte denen überhaupt nichts aus. Die waren ebenso begierig, den Amis zu dienen wie vorher Hitler.«

Deutsche, stellt Troller fest, »haben Sieger immer respektiert. Herr Offizier haben sie zu mir gesagt, dabei war ich nur Korporal.«

sowieso alles aus. Unvergeßlich ist mir der Augenblick, als wir in Grabow die ersten weißen Fahnen hängen sahen. Weiße Fahnen, kapituliert, ergeben! Wir hatten die Amerikaner erreicht, fuhren ihnen in die Arme.

Nun fuhren die ersten Amerikaner langsam an uns vorbei, von Angesicht zu Angesicht konnten wir ihnen ins Auge sehen. Lässig in ihren Wagen stehend, Zigarette zwischen den Lippen oder Kaugummi im Mund, meist lächelnd beobachteten sie unsere langen Kolonnen. Das waren nun unsere Besieger. Ob zu Pferde, im Auto, auf dem Rad oder zu Fuß, vom ersten Augenblick an war es mir klar, es ist ein Abenteurervolk, sportlich und unternehmungslustig.

Die amerikanischen Nachrichten waren alles andere als ermunternd. Greueltaten aus den KZ-Lagern wurden berichtet, die die angebliche Unmenschlichkeit und Grausamkeit der Nationalsozialistischen Regierung bewiesen. Unglaublich und unerhört für uns! So können keine Deutschen gehandelt haben! Das muß ausländische Propaganda sein (…).«

Ende Mai 1945 endete unsere Flucht. Meine Mutter, meine Schwester und ich gelangten zu Fuß nach Hamburg. Eine Schwester meiner Mutter lebte in Othmarschen, das war unser Ziel. Völlig abgerissen

17. Mai

In Flensburg-Mürwik trifft sich die Reichsregierung
noch zu täglichen Kabinettssitzungen. Von Beschlüssen
ist nichts überliefert.

Esther Bejarano, die Auschwitz überlebt hat und
dann Ravensbrück, als letzte Station, kämpft weiter.
»Ich bin mit meiner Freundin Mirjam Edel von Bergen-
Belsen nach Frankfurt gelaufen, weil es dort eine Auskunftsstelle der amerikanischen Armee gab, wo man
sich nach Vermissten erkundigen konnte. Mein Bruder

kamen wir bei ihr an, in Skihose und dickem Pullover, dabei war hier
schon herrlichstes Sommerwetter. Wir hatten nur das, was wir am
Leibe trugen, sonst hatten wir nichts. Wir waren ja nachts überstürzt
geflohen, wir hatten keinerlei Gepäck mitnehmen können, nichts.

Hamburg war ein einziges Trümmerfeld. Aber Othmarschen war
ziemlich heil geblieben. Wir waren froh, dass die Schwester meiner
Mutter lebte und dass wir uns wiederhatten. Sie und ihr Mann nahmen uns mit Freuden auf. Sie hatten drei Söhne, alle drei waren im
Krieg gefallen.

Wir waren lange voller Hoffnung gewesen, dass auch mein Vater
noch lebte, dass er noch rechtzeitig aus Allenstein rausgekommen
war und wir ihn bald wiedersehen würden. Er hatte alle wichtigen
Unterlagen, Bankunterlagen, mein Abiturzeugnis, mein Examens-
zeugnis, bei sich behalten. Ich komme sicher raus, hatte er uns gesagt, die wichtigen Sachen nehme ich mit.

Später erfuhren wir, dass er in der Nähe unseres Hauses in Allenstein tot aufgefunden worden war. Er soll von den Russen erschla-
gen worden sein. Nach dem Krieg habe ich versucht, etwas über
sein Schicksal herauszufinden. Ich habe nach seinem Grab gesucht.
Alles erfolglos. Er liegt wohl in einem Massengrab in Allenstein.

war ja in Amerika Soldat geworden. Die Amerikaner gaben mir seine Feldadresse. So bin ich wieder in Kontakt mit ihm gekommen.«

Nachmittags, die Kinder sind im Strandbad, schreibt Insa Radomski an ihren vermissten Mann: »Im Radio hört man täglich die Greuelgeschichten aus den KZs. Peter, das kann man doch nicht glauben! Waren denn die Nazis, vor allem die SS, lauter Bestien? Peter, ist denn alles auf den Kopf gestellt?«

Erich Kästner notiert: »Die russischen Kommentare

Trotz allem hatten wir in diesem Sommer Lebensmut und Hoffnung. Weil wir jung waren. Wir Jungen hatten die Kraft, ins neue Leben hineinzugehen. Für meine Mutter war es viel schwerer: Sie hatte ihren Mann, vier ihrer Kinder und ihre Heimat verloren. Jahrelang hat sie meinen Vater nicht für tot erklären lassen. Sie sagte immer: »Ich warte noch, Vati kann noch kommen.«

In Othmarschen habe ich von Juli an als Heil- und Krankengymnastin gearbeitet, in einer Schule, die als Lazarett diente. Dort habe ich auch gewohnt. Die Aula hatte eine kleine Bühne, darauf wurde für mich mit einem Vorhang ein Raum zum Schlafen abgeteilt; dort stand mein Bett. Daneben war mein Arbeitszimmer mit zwei Pritschen, an denen ich mit den Soldaten Bewegungsübungen machte und sie massierte. Zwölf Stunden am Tag, ich habe wirklich geschuftet.

Es gab kaum etwas zu essen. Im Lazarett bekamen wir morgens und abends ein Stück Brot mit einem winzigen Stück Butter, mittags gab es Kartoffeln und Steckrüben, ohne Fleisch. Ob Ärzte, Schwestern oder Soldaten – alle bekamen die gleiche Ration zugeteilt; das war wirklich verdammt wenig.

Ich hatte immer schrecklichen Hunger. Ich war sehr dünn, die

klingen freundlicher und verständnisvoller als die der Westmächte. Die Anklagen sind wattiert. Stalin spielt Rotkäppchens falsche Großmutter. ›Damit ich dich besser fressen kann.‹«

19. Mai
Alle sind in diesen Tagen unterwegs, auf der Suche nach einer Wohnung, nach Nahrung, nach Nachrichten, nach Angehörigen. Armin Mueller-Stahl, später einer der erfolgreichsten Schauspieler in der DDR, suchte ge-

Arbeit war anstrengend. Die Soldaten haben mir dann aus der Küche rohe Steckrübenscheiben geklaut. Die habe ich in meine Kittelschürze gesteckt, und immer, wenn mein Magen gar nicht mehr wollte, habe ich eine Scheibe geknabbert.

Die Soldaten mochten mich als junges Mädchen natürlich. Sie hatten bald herausgefunden, wann ich Geburtstag habe. Ein Soldat, er hatte nur ein Bein, fragte mich irgendwann, welche Musik ich gerne mag. Ich erzählte ihm, dass ich die »Träumerei« von Schumann sehr liebe.

Auf der Bühne in der Aula stand ein Klavier. Im darauffolgenden Jahr, an meinem Geburtstagsmorgen, als ich noch schlief, setzte sich der Soldat an das Klavier und spielte die »Träumerei« für mich. Als er fertig war, kam er auf seinem einen Bein zu mir gehumpelt, mit einer riesengroßen Platte voller Krokusse in seinen Händen. Er sagte: Ich muss Ihnen gestehen, die sind geklaut, aus einem Vorgarten in Othmarschen. Mein Gott, ich war so gerührt.

Viele Soldaten im Lazarett hatten schlimme Verletzungen. Manchen fehlte ein Bein, manchen beide Hände, andere waren erblindet. Trotzdem herrschte eine tolle Atmosphäre. Wir empfanden uns als Schicksalsgemeinschaft. Wir waren wie eine große Familie. Alle

Fluchttagebuch von
Annemarie Günther,
Mai 1945

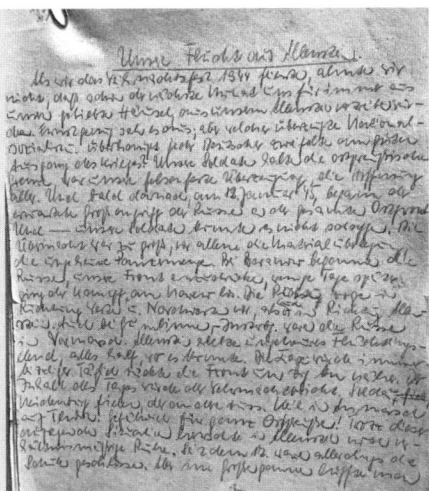

waren froh, dass der Krieg endlich vorbei war; es herrschte eine unglaubliche Aufbruchsstimmung.

Dann erreichten uns langsam die Nachrichten über das, was Hitler, was Deutschland getan hatte. Wir erfuhren von Auschwitz, von
der Judenvernichtung, von all den Gräueltaten. Das war entsetzlich.
Es war ein Zusammenbruch unserer ganzen Welt, in der wir bisher
gelebt hatten. Es war so grauenhaft, dass wir uns am liebsten nur
noch verkrochen hätten. Wie das so lange geheim gehalten werden
konnte! Das erscheint den Menschen heute natürlich unglaubwür-
dig, mir selber auch.

Ende 1945 fuhr ein englischer Lkw im Lazarett vor. Alle Leute,
die mal bei der SS gewesen waren, wurden abgeholt. Man erkannte
sie an der Narbe an ihrem Arm, dort, wo vorher ihre SS-Nummer
eintätowiert war. Was mit denen geschehen ist, weiß ich nicht.

Alle Ärzte und Schwestern mussten angeben, ob sie in der Partei
waren. Ich habe ganz ehrlich geschrieben, dass ich hohe Jungmädel-
führerin war. Kurz darauf bekam ich ein Schreiben, ich sei entnazi-
fiziert. Ich musste zwei Mark und fünfzig zahlen und wurde sofort
entlassen.

Ich wurde viele Jahre später mal von einer Psychologin gefragt:

meinsam mit seiner Mutter den vermissten Vater. Doch
am verabredeten Treffpunkt an der Ostsee fanden
sie ihn nicht. Also machten sie sich zu Fuß zurück auf
den Weg nach Prenzlau:»Wir aßen, was am Wegesrand wuchs, Brennnesseln zum Beispiel, daraus machte
meine Tante eine Suppe. Wir haben in Scheunen
übernachtet, in Ruinen auf den Trümmern. Rotarmisten kamen bei Dunkelheit dorthin und suchten die
Frauen. Meine Mutter war Baltendeutsche und konnte
fließend Russisch sprechen. Abends schminkte sie sich

Wie haben Sie das eigentlich alles verarbeitet? Diese Frage habe ich
mir nie gestellt. Das sind so neumodische Fragen. Wie soll man das
verarbeiten? Die Erlebnisse sind immer lebendig in mir. Und dazu
kommt das schlechte Gewissen, dass in unserer Zeit so großes Unrecht begangen worden ist, dass so viele Menschen ermordet wurden.

Man kann diese Zeit heute nicht verstehen. Vielleicht kann man
nie rückwärts eine Zeit richtig nachempfinden. Selbst ich habe heute
Schwierigkeiten zu verstehen, wie das alles möglich war.

mit Ruß und sah dann aus wie eine alte Frau. Sie sprach die russischen Soldaten an: Stalin habe gesagt, sie sollten die Frauen in Ruhe lassen.«

Die Koalition, die Nazideutschland besiegt hat, in einer gewaltigen Kraftanstrengung, ist von Anfang an eine Zweckgemeinschaft gewesen. Dass die Gegensätze sich bald zum Kalten Krieg ausweiten werden, ist in diesem Sommer noch nicht zu erahnen.

In Mayrhofen in Tirol macht Erich Kästner sich Sorgen: »Die demokratische Welt muss sich hüten, den

Klaus von Dohnanyi

 **Zur Person:** Der Jurist und Sozialdemokrat Klaus von Dohnanyi, 1928 geboren, blickt auf eine lange politische Karriere zurück. Von 1972 bis 1974 war er Bundesbildungsminister, von 1981 bis 1988 Erster Bürgermeister der Stadt Hamburg. Sein Vater Hans von Dohnanyi war seit 1933 eine zentrale Figur im Widerstand gegen Hitler und wurde kurz vor Kriegsende hingerichtet. Die Gedenkstätte Yad Vashem ehrt ihn als »Gerechter unter den Völkern«. Seine Mutter Christine von Dohnanyi war die Schwester des ebenfalls hingerichteten Widerstandskämpfers Dietrich Bonhoeffer. Von Dohnanyi ist in dritter Ehe mit der Schriftstellerin Ulla Hahn verheiratet und lebt in Hamburg.

Als der Krieg endete, machte ich mich auf die Suche nach meiner Familie. Ich radelte Hunderte Kilometer von Mecklenburg über den Harz und Hessen bis nach Oberfranken – und sah, wie die Welt in Frieden aufblühte.

Wenn ich heute versuche, mich an die Monate und Tage vor und nach dem Ende des Zweiten Weltkrieges zu erinnern, fällt mir auf,

Sieg herzuschenken. Das täte sie, wenn sie nun, nach
dem Krieg, nicht auch den Frieden gewönne. Die ersten Wochen nach einer Kapitulation sind kostbare Minuten der Geschichte. Sie lassen sich nicht vertagen
und nicht nachholen.«

20. Mai
Auch auf der holländischen Nordseeinsel Texel ist der
Krieg jetzt zu Ende. Georgische Hilfstruppen, die einsti-
gen Verbündeten, hatten sich gegen die Deutschen er-

dass Gefühle von Hoffnung und ungeduldiger Erwartung in mir
aufkeimten. Keine Furcht, kein Schrecken, kein Verzagen, keine
Mutlosigkeit. Natürlich war ich voller Sorge um meinen Vater in der
Gestapohaft, um meine Mutter und die Geschwister zu Hause. Und
doch überwiegt in meiner Erinnerung an diese Monate heute ein le-
bensdurstiger Optimismus: Jetzt konnte alles beginnen; jetzt lag sie
vor uns, die Freiheit!

Das zu verstehen ist einfach: Seit zwölf Jahren unterdrückten uns
die Nazis, kein freies Wort außerhalb der engsten Familie. Ich hatte
im Frühjahr 1943 die Verhaftung unserer Eltern erlebt. Anfang 1945,
als ich zum Reichsarbeitsdienst eingezogen wurde, vermutete ich
meinen Vater wieder im berüchtigten Berliner Gestapogefängnis an
der Prinz-Albrecht-Straße. Wir, zu Hause in Sacrow bei Potsdam,
hatten die alliierten Truppen seit ihrer Landung in Frankreich mit
Sehnsucht erwartet, Krieg und Tyrannei würden bald zu Ende sein:
Die schon seit 1939 unabwendbare Niederlage würde ein Freiheits-
tag sein – für uns alle!

Nun war ich seit Anfang 1945 in Karstädt nahe Ludwigslust, an
der Bahnstrecke zwischen Berlin und Hamburg. Unsere eigentlich
zivile Arbeitsdiensteinheit hieß seit Januar »Kampfbataillon«. Wir

hoben. In den wochenlangen Kämpfen, die selbst nach der Kapitulation noch anhielten, kamen etwa 3000 Menschen ums Leben, die letzten militärischen Opfer des Zweiten Weltkriegs in Europa.

21. Mai

Martin Walser ist mittlerweile in Richtung Füssen unterwegs, als ihn die Amerikaner doch gefangen nehmen. Sie bringen ihn nach Garmisch. »Das Gefangenenlager dort war im Eisstadion untergebracht. Wir kampierten

hörten den Kanonendonner im Osten und sollten nun dorthin vorrücken, um die Stadt Nauen vor den Russen zu schützen. Mit ein paar Panzerfäusten, holländischen Beutegewehren, aber deutscher Munition.

Einsichtig gab dann aber Feldmeister Herrmann, unser Chef, den lebensrettenden Befehl zur Umkehr nach Nordwesten, Richtung Mecklenburg. Da ich ziemlich sportlich und für meine 16 Jahre auch groß und kräftig war, hatte man mich zum »Vormann« einer Gruppe von Gleichaltrigen ernannt. Unser Gepäck, mit Waffen und den privaten Klamotten im Tornister, war schwer, sodass ich gelegentlich zusätzlich auch Ausrüstungen schwächerer Kameraden tragen musste.

Auf unserem sehr schnellen Marsch kreuzten wir einmal einen schleppenden Zug von KZ-Häftlingen in ihren blau-weiß gestreiften Kitteln, und ich dachte später mit Beschämung, dass ich einem von ihnen zwar etwas Brot zustecken konnte, aber keine Hilfe zur Flucht unternahm; das allerdings wäre vermutlich für uns beide tödlich ausgegangen. An einigen Bäumen hatte die SS schon »Fahnenflüchtige« erhängt, einmal auch einen Jungen, vielleicht meines Alters.

auf den Bänken. Die anderen Gefangenen meldeten
sich zum Arbeitsdienst, dort war man besser verpflegt.
Ich habe mich aber nicht gemeldet, weil ich sah, dass
sich unten im Stadion die Bibliothek des Reichssenders
München einquartiert hatte. Ich habe mich da zum Bibliothekar gemacht.«

Auch wenn sie die Briefe nie abschicken wird,
schreibt Insa Radomski weiter an ihren Mann: Es hilft
schon, wenn man nur aufschreiben kann, was einen
beschäftigt. »Gestern waren bei Boppenmaiers Sträf-

Heute noch versuche ich zu verstehen, wie ich damals in diesem
Widerspruch existieren konnte: ich mit dem Hakenkreuz auf meiner Armbinde und mein Vater in einem »Hakenkreuz-Gefängnis«.
Allerdings waren wir das ja gewohnt: »Heil Hitler« in der Schule
und manchmal auf der Straße, zu Hause das vorsichtige Getuschel,
wenn mein Vater seine Gefährten aus dem Widerstand zu Gast hatte
oder der Bruder meiner Mutter, Dietrich Bonhoeffer, zum Spazier-
gang kam und meine Mutter zu unserem Ärger sagte: »Kinder, geht
mal vor.«

Am 8. oder 9. Mai fand unser Marsch dann ein abruptes Ende.
Irgendwie hatte Feldmeister Herrmann von der deutschen Kapitulation erfahren. Der Krieg war zu Ende, und das Nazireich auch.
So ließ er uns wie üblich in einem Karree antreten, verkündete das
Ende des Krieges und entließ uns mit unseren Papieren und einem
dreifachen »Sieg Heil« auf den »Führer« – der, wie alle wussten, ja
längst tot war! – in die Freiheit. Diese begann allerdings erst mal mit
kurzer Gefangenschaft bei einer kanadischen Einheit.

Die Kanadier, Soldaten nur wenig älter als wir, schauten auf
unsere Papiere, sahen in unsere noch unrasierten Kindergesichter,
und als ihnen mein baltischer Kamerad, Nils Otto von Taube, in

linge aus Dachau, die zu essen wollten. Die Greuel, die uns jetzt immer wieder erzählt werden, können nicht stimmen: Gar nicht verhungert und heruntergekommen sahen sie aus. (…) Peterle, ich sah mir heute ein Buch über die Olympischen Spiele in Berlin an. Es war erhebend nach all dem Schmutz jetzt. Damals war aber doch die ganze Welt begeistert. Und heute? Es sind doch nicht alle und alles schlecht.«

In Berlin besucht die Tagebuchschreiberin Marta Hillers eine Bekannte mit Namen Ilse. »Hastig wechseln

perfektem Englisch (seine Mutter war Engländerin) erklärte, dass man uns wegen meines Vaters doch freilassen solle, gab man uns die notwendigen Bescheinigungen und ließ uns gehen.

Nils und ich machten uns auf zu Bekannten in Mecklenburg, einer netten Gutsfamilie, vermutlich entfernte Verwandte der Taubes. Irgendwie hatte ich mir unterwegs ein Pferd organisiert, vielleicht hatte es Feldmeister Herrmann gehört, bevor er untertauchte. Jedenfalls erwies sich das Pferd auf dem weiteren Weg als äußerst nützlich. Die Gutsfamilie nahm uns sehr freundlich auf, wir bekamen endlich wieder gut zu essen, konnten uns ausschlafen, und die Welt blühte auf im friedlichen Frühling.

Aber bald hörten wir, dass die Russen diesen Teil Deutschlands beanspruchten, und nun war es in erster Linie der Balte Nils, der auf die eilige Fortsetzung des Weges drängte, über die Elbe in die britische Zone. Wir tauschten das Pferd gegen zwei Damenfahrräder, bestachen am Elbufer einen Fischer, uns bei Nacht mit seinem Kahn in das britische Besatzungsgebiet zu bringen, erreichten das andere Ufer unbemerkt, schliefen hart in einem Schober auf Hackholz und machten uns am nächsten Tag nun getrennt auf den weiteren Weg.

Ilse und ich die ersten Sätze. ›Wie oft geschändet, Ilse?‹ – ›Viermal, und du?‹ – ›Keine Ahnung, hab mich vom Train zum Major hochdienen müssen.‹«

»Für die innerliche Verarbeitung der neuen Realitäten ging alles zu schnell«, sagt Alexander Kluge, der in diesen Tagen in den Trümmern des Flugzeugwerks Halberstadt nach Brauchbarem sucht. Er wird erzählen, wie noch im April am Lesebuch für die Abiturienten des Jahres 1952 gearbeitet wurde.

Ich hatte seit Karstädt keinen Kontakt mehr zur Familie und war wegen meines Vaters sehr beunruhigt. Denn noch im Herbst 1944 hatten wir erfahren, dass die Gestapo alle seine Dokumente zur Vorbereitung des Staatsstreiches in einem Panzerschrank gefunden hatte – man hatte sie entgegen seinem dringenden Rat nicht vernichtet. Auf einem Kassiber ließ er meine Mutter damals wissen: »Das ist das Ende.«

Nach Berlin zu gelangen war wegen der Russen sinnlos. Ich hoffte aber, in Friedrichsbrunn, wo meine Großeltern ein Ferienhaus hatten, jemanden mit Nachrichten aus Berlin zu treffen. Eine Straßenkarte von Deutschland in der Tasche, radelte ich über Autobahnen, Landstraßen und auf sommerlichen Waldwegen in den Harz.

Wo immer es ging, klammerte ich mich an Lastwagen, die von großen, kesselartigen Holzvergasern auf der Ladefläche angetrieben wurden; stinkend, qualmend, behäbig, aber sie fuhren. Für das nun mit einer Hand gelenkte Damenfahrrad war es bergab eigentlich viel zu schnell, doch dann, wenn es wieder bergauf ging, ließ ich natürlich nicht los – und sah, oben angekommen, dass es bald wieder bergauf gehen werde, und riskierte bergab erneut die schlotternde, rasende Fahrt: Seither glaube ich an Schutzengel!

Privater Kalender-
eintrag vom 15. Mai
1945: »Jagd auf
Nazis«

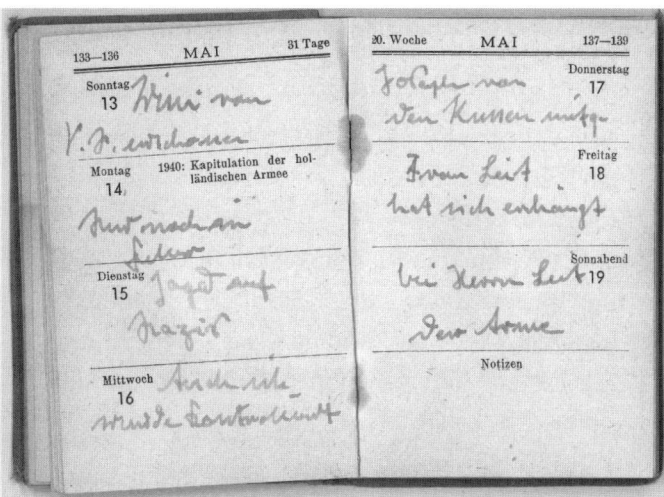

Wen ich schließlich in Friedrichsbrunn antraf, kann ich nicht sagen. Ich vermute heute, dass ich dort meine Tante, die Schwester meines Vaters aus Leipzig, traf, die mit ihren vier Kindern in Friedrichsbrunn Sicherheit gesucht hatte. Jedenfalls kann ich nur so erklären, woher ich den Rat bekam, wegen meiner Berliner Familie doch Pastor Eberhard Bethge, den Freund Dietrich Bonhoeffers, zu suchen, der angeblich von Berlin zu einer ersten Kirchenkonferenz nach Treysa gefahren sei.

Auch im Harz ging schon das Gerücht um, die Amerikaner würden Teile der eroberten Gebiete den Russen überlassen. Also machte ich mich schleunigst auf den Rückweg nach Westen, zunächst über lange Waldwege, die ich zum Teil noch von Wanderungen mit meiner Mutter kannte. An einer Stelle stieß ich auf neuen Stacheldraht – nichts wie weg! Und dann wieder auf Landstraßen und Autobahnen nach Treysa. Zum Glück hatte man in Friedrichsbrunn meine verdreckten Kleider gewaschen, und ich hatte auch etwas zu essen mitnehmen können.

In Treysa fand ich die Konferenz und auch Eberhard Bethge. Eberhard hatte schreckliche Nachrichten: Der ältere Bruder meiner Mutter, mein Patenonkel Klaus Bonhoeffer, war gemeinsam mit

22. Mai

Oberleutnant Helmut Schmidt schnitzt sich im britischen Kriegsgefangenenlager Jabbeke in Westflandern
ein Steckschachspiel. Die schwarzen Figuren färbt er
mit Ersatzkaffee.

Ursula von Kardorff notiert sich: »Triste auch der
Anblick unserer ›Berlinerin‹. Sie ging in einem selbst-
genähten Dirndl aus Gardinenstoff einher, die rote
Schürze war aus einer alten Hakenkreuzfahne fabri-
ziert.«

meinem anderen Patenonkel, Rüdiger Schleicher, bei ihrer vorgebli-
chen Entlassung aus dem Berliner Gestapogefängnis von der SS hin-
terrücks erschossen worden. Von meinem Vater sowie von Dietrich
Bonhoeffer fehlte jede Spur. Ich blieb wenige Tage, manche hielten mich offenbar für theologischen Nachwuchs, und so wurde ich
schnell zum »Bruder Dohnanyi«. Bethge riet mir, nach Wiesbaden
zu fahren, wo inzwischen Allen W. Dulles das deutsche Hauptquar-
tier des USA-Geheimdienstes OSS eingerichtet hatte – hier sollte ich
mehr über meine Familie in Berlin erfahren. Das muss Mitte Juni gewesen sein, in diesen Tagen war ja auch mein 17. Geburtstag gewesen, aber an den habe ich keine Erinnerung.

Wieder ging es mit dem Fahrrad weiter. In Frankfurt machte ich
Station, schlief auf dem Bahnhof in einem dreckigen kleinen Ka-
buff, in dem damals noch die Fahrkarten geknipst und entwertet
wurden. Merkwürdig, es war ja Sommer, aber hier erinnere ich mich
das einzige Mal sehr unangenehm gefroren zu haben. Am Morgen
dann nach Wiesbaden, ich fand die Villa der Amerikaner, wies mich
aus und wurde schnell hereingebeten; die Leute an der Spitze kannten offenbar meine Familie. Man schickte mich zunächst mal in die
Kantine zum Frühstück: Was für ein Luxus! Weißbrot, Erdnussbut-

Victor Klemperer gerät bei seinem Marsch durch München-Laim in ein Unwetter – und in Gewissenskonflikte: »Ein heftiger Gewitterwind brach los, alles war in Staub gehüllt, alles nahm eine fahle Farbe an, alles drohte. Die Amerikaner sind die frohlockenden und vergnügten Sieger und Herren. Sie fahren eilig und nonchalant, und die Deutschen trotten demütig zu Fuß, sie spucken überallhin die Fülle ihrer Zigarettenstummel, und die Deutschen sammeln die Stummel auf. Die Deutschen? Wir, die Befreiten, schleichen zu Fuß, wir

ter, Orangenmarmelade. Das unvergesslichste Frühstück meines Lebens!

Am Kaffee mit Zucker und Sahne hatte ich mich wohl »high« getrunken, jedenfalls spielte ich dann am Nachmittag, als sonst durchaus nur mittelmäßiger Schachspieler, das beste Spiel meines Lebens und schlug, zu meinem und seinem Erstaunen, den sonst exzellenten Berliner Chirurgen Professor Gohrbandt glatt. Auch unvergessen. Meiner Mutter und den Geschwistern, das wusste man, gehe es in Berlin gut; die Amerikaner hatten sie aus der russischen Zone in die amerikanische gebracht. Aber von meinem Vater weiterhin keine Spur.

Bethge hatte mir geraten, auch zu Dietrich Bonhoeffers Verlobter, Maria von Wedemeyer, zu fahren; sie werde immer sofort informiert, sollte es Neuigkeiten geben. Und da Bonhoeffer gleichzeitig mit meinem Vater verhaftet worden war und auch im gleichen Verfahren verfolgt wurde, würden von da vielleicht auch Spuren zu meinem Vater führen. Maria war zu Verwandten in Unterfranken, einer Familie von Truchseß in Bundorf, geflohen. Dort fuhr ich nun hin. Wie das alte Fahrrad auch das ausgehalten hat, bleibt ein Wunder. Heute würde so was in Hamburg nicht einmal mehr geklaut werden!

bücken uns nach den Stummeln, wir, die wir gestern
noch die Unterdrückten waren, und die wir heute die
Befreiten heißen, sind schließlich doch nur die Mitgefangenen und Mitgedemütigten. Merkwürdiger Kon-
flikt in mir.«

23. Mai
Die Briten haben nun auch Flensburg-Mürwik besetzt. Morgens mussten Dönitz, Jodl und Hans-Georg
von Friedeburg, Dönitz' Nachfolger als Oberbefehls-

Aber auch in Bundorf hatte man keine Nachricht über meinen
Vater oder Bonhoeffer. Doch der Gutshof nahm mich gefangen.
Schon vor Jahren hatte ich mir gewünscht, eines Tages Landwirt
oder Förster zu werden, und so begann ich in Bundorf mit Landwirtschaft »von der Pike auf«: Ochsen einschirren, Heuwagen bela-
den, Kühe melken, Ställe ausmisten – eine wundervolle Erinnerung
heute. Nach einigen Wochen erfuhr ich, dass die Amerikaner meine
Mutter und die Geschwister im September in den Westen bringen
würden. Wir sollten auf den Birklehof zur Schule gehen, zusammen
mit den Kindern Hans Bernd von Haeftens, der am 15. August erschossen worden war.

Ich ließ mein Fahrrad in Bundorf und fuhr per Anhalter oder Bus
los, um meine Mutter zu treffen. Ihr Gesicht werde ich nie vergessen. Noch bangte sie um meinen Vater. Eine letzte Möglichkeit, mithilfe eines Arztes aus der Haft zu fliehen, hatte mein Vater wegen
der Gefahren für die Kinder verworfen, Und in ihrem letzten Brief
an ihn heißt es: »Ich weiß nicht, wo ich Dich jetzt denken soll ...«
Sie ist aus dieser Traurigkeit eigentlich nie wieder herausgekommen.

Jetzt erfuhr ich auch, wie es in Sacrow verlaufen war: Während
ich, dem Krieg entflohen, durch das befreite Deutschland geradelt

haber der Kriegsmarine, in der Bar des ehemaligen Hapag-Dampfers »Patria« antreten. Dort wurde ihnen das Ende der »Geschäftsführenden Reichsregierung« und ihre Festnahme mitgeteilt. Jede deutsche Zentralgewalt ist damit beendet. Dönitz hat sich für diesen Tag eine neue Uniform zugelegt und mit den Alliierten gestritten, wie viele Koffer er würde mitnehmen und ob er seine Orden würde anlegen dürfen. Er verhandelt mit einem britischen Offizier darüber, ob er einen Koffer mit Unterwäsche mitnehmen könne; erfolglos.

war, gab es zu Hause den Einmarsch der Russen: meine Schwester versteckt in den oberen Wandschränken, mein Bruder unter vorgehaltener Pistole gezwungen, vergeblich ein stillgelegtes Auto in Gang zu setzen, aber eben auch russische Offiziere, die voller Respekt vor dem Widerstand meines Vaters befahlen, unser Haus zu schützen. Dramatische Erfahrungen, Gefahren, die ich nicht hatte durchleben müssen.

Auf dem Birklehof hätte die Schule noch lange gedauert, und ich wollte auch dort nicht zur Schule gehen. Das ganze Umfeld, dieses Elitengetue, hatte mir nicht behagt. So machte ich mich im Auftrag meiner Mutter auf, um etwas anderes zu suchen. Die Adresse: Dr. Josef Müller, der später so genannte Ochsensepp und Gründer der bayerischen CSU. Er hatte eng mit meinem Vater zusammengearbeitet und in seinem Auftrag auch über den Vatikan die Verhandlungen mit den Engländern eingeleitet, die allerdings leider von London nicht aufgenommen wurden. Müller sorgte für den Zugang zur Schule in St. Ottilien und eine Unterkunft in dem nahe gelegenen Windach; auch unsere alte Schule Kloster Ettal hatte geholfen. Wir waren wieder zusammen.

Über das Schicksal meines Vaters gab es noch immer vielerlei

Friedeburg beißt noch am selben Tag auf eine Zyankali-Kapsel.

Währenddessen wird Victor Klemperer die Mitnahme in einem Fahrzeug der Besatzer verwehrt. Zivilpersonen dürfen nicht im Wagen transportiert werden:»Ich sei ja Jude, aber doch deutscher Staatsangehöriger. Und meine Frau sei Christin und Deutsche.«

Gerüchte. Wir hatten von dem Arzt des Gestapogefängnisses erfahren, dass man ihn wieder in das KZ Sachsenhausen bei Oranienburg/Berlin gebracht hatte. Das hatten inzwischen die Russen übernommen. War er wegen seiner großen Kenntnisse der Lage in und außerhalb Deutschlands von dort vielleicht nach Moskau gebracht worden? Konnte es stimmen, dass jemand meinte, ihn dort gesehen zu haben? Aber zuverlässige Hinweise gab es nicht. Schließlich wurde es immer wahrscheinlicher, dass man ihn in Sachsenhausen ermordet hatte, wie es sich später ja auch bestätigte. Im November entschied sich meine Mutter, für meinen Vater eine Todesanzeige zu veröffentlichen. Von der Ermordung Dietrich Bonhoeffers im KZ Flossenbürg hatten wir durch Zeugen erfahren. So schlossen wir das Jahr 1945 ab, voller Trauer, aber frei, so wie mein Vater unser Land hatte wiedersehen wollen.

Für mich war 1945 wohl das wichtigste Jahr meines langen Lebens: Ich hatte den Tod gesehen, gelernt, Verantwortung zu übernehmen, und Selbstvertrauen gewonnen, ohne mein Gottvertrauen zu verlieren. Kurz, ich war in wenigen Monaten erwachsen geworden.

25. Mai
Das Denken der Klemperers dreht sich um Passier-
scheine und Essensmarken. »Dies ist der angenehme
Unterschied: Der Kopf steht nicht mehr auf dem Spiel.
Und dies der unangenehme: Damals hatten wir keine
Wahl, wir mußten fort, während wir diesmal wählen müssen. Den Kopf riskieren wir nicht, aber die al-
lergrößten Peinlichkeiten, wenn wir die falsche Wahl
treffen.«

Friedrich Nowottny

Zur Person: Friedrich Nowottny wurde am 16. Mai 1929
im oberschlesischen Hindenburg geboren. Ende Januar
1945 wurde er gemeinsam mit seinem Vater in den Volkssturm eingezogen. Ihm gelang es, sich nach Bayern durchzuschlagen.
Das Kriegsende erlebte er dann in Braunau am Inn, Hitlers Geburtsort. Im Oktober 1945 ging Nowottny mit Mutter und Schwester nach
Bielefeld. Er schrieb ab 1948 als freier Mitarbeiter und Lokalreporter
für eine Tageszeitung. 1962 wechselte er zum Saarländischen Rundfunk, 1967 ging zum WDR, dessen Bonner Büro er ab 1973 leitete.
571-mal moderierte er für die ARD den »Bericht aus Bonn«, 1985
wurde er zum Intendanten des WDR gewählt. Friedrich Nowottny
hat zwei Töchter und lebt mit seiner Frau in Bonn.

Als ich mich mit knapp 16 Jahren zum Volkssturm meldete, war die
Schule erst einmal beendet. Es war mir damals nicht bewusst, dass
damit eine Zäsur verbunden war; dass es der Beginn eines anderen
Lebens sein würde. Mein Vater kam in dieselbe Volkssturmeinheit
wie ich. In einer Situation, da uns der Endsieg noch möglich schien,

26. Mai

Burkhard Hirsch ist bei seiner Familie, in Halle: »Eines
Tages tauchte ein aus der Gefangenschaft entlassener
Offizier auf, der uns ein Lebenszeichen unseres Vaters
brachte. Er erzählte uns von seinen eigenen Erlebnissen
in Russland, von Massenerschießungen von Juden, die
in Viehtransporten angeliefert worden waren, überei-
nandergeschichtet, sodass die Soldaten lauter Füße sahen, wenn sie die Schiebetür öffneten. Die Untersten
waren erstickt, die anderen wurden erschossen.«

hatten wir den Eindruck, dass wir uns nützlich machen könnten.
Wir haben ja tatsächlich an den Endsieg geglaubt – bis zu dem Tage,
an dem wir die heranrollenden sowjetischen Panzer hörten. Was ein
so schreckliches Geräusch ist, dass ich mich dabei ertappe, selbst
heute noch gelegentlich daran zu denken. Rollende Panzer auf As-
phalt, das ist ein grausames Geräusch.

Es begann dann das allgemeine Durcheinander. Die Zeche, bei
der mein Vater beschäftigt war, arbeitete trotz der nahen Front zunächst weiter. Lediglich Frauen und Kinder wurden evakuiert. Mit
Pferdewagen zogen sie eines Nachts los, ins Ungewisse. Wir blieben
da und bezogen vorbereitete Schützengräben. Wir sollten so lange
bleiben, bis die Front zum Stehen kam.

Ende März erhöhten die Russen den Druck auf unseren Ab-
schnitt. Wir blieben, bis wir eingekesselt waren. Nur mit Mühe kamen wir heraus. Wir begegneten der Feldgendarmerie, die uns an-
wies, uns in die Nähe von Mährisch-Ostrau in Marsch zu setzen. Wir
kamen in einem Kasernenkomplex an, dort lag das Ersatzbataillon
»Scheuerpflug«, in das wir eingegliedert wurden. Es bestand aus vier
Kompanien, kommandiert lediglich von einem Stabsfeldwebel. Es
gab keinen Offizier mehr. In der Kaserne unterzogen sie uns einer

Ein verwundeter
Soldat kehrt in seine
Heimatstadt Berlin
zurück, 7. Juli 1945

»Grundausbildung«. Nachts mussten wir stundenlang marschieren, es war völliger Wahnsinn; tagsüber wurden Exerzierübungen gemacht, als ginge es am nächsten Tag zu einer Parade.

Eines Tages wurden mein Vater und ich in die Schreibstube beordert. Ein Oberleutnant, der neue Kommandeur, sagte: Vater und Sohn, Schulter an Schulter, tapfer – Sprüche, die man in jenen Tagen so oft hörte. Und er fügte hinzu: »Wir gehen ja nun gemeinsam an die Front.«

Wir sollten mit ihm und dem ganzen Ersatzhaufen den Endsieg retten. Mein Vater sagte: Nicht gemeinsam. Mein Sohn ist in Marsch zu setzen. Großes Erstaunen: »Wie meinen Sie das?« Mein Vater wollte mich davor bewahren, in den letzten Kriegstagen an der Front verheizt zu werden. Er habe den Ausschnitt aus der Frontzeitung bei sich, sagte er zu dem Oberleutnant. Dort stehe, dass aus dem Führerhauptquartier der Befehl ergangen sei, der Jahrgang 1929 sei sofort in Marsch zu setzen, weg von der Front. Mein Vater sagte: Mein Sohn war lange genug hier, er hat tapfer seinen Mann gestanden. Jahrgang 1929, das war das letzte zu mobilisierende Aufgebot.

Es war der 1. April 1945, Ostern. Ein paar Lkws fuhren vor, mein Vater und die anderen wurden verladen. Zurück blieb nur eine

Die Deutschen, die Trost darin finden, Opfer dieses Krieges zu sein, müssen sich in diesem Sommer an den Gedanken gewöhnen, Täter gewesen zu sein – in einem historisch beispiellosen Ausmaß.

»Ich sah die Größen des ›Dritten Reiches‹ vor mir, das pompöse Auftreten, ihre weihevollen Reden, die Appelle an Treue und Ehre, und konnte Wirklichkeit und Wirklichkeit nicht übereinbringen«, schreibt Burkhard Hirsch. »Ich kam mir verachtet vor, beschämt und beschmutzt von Leuten, denen ich hatte dienen sollen.«

Wache für den großen Komplex der Kasernen. Mein Vater auf dem Lkw, ich auf dem Hof, heulend wie ein Schlosshund. Mir dämmerte: Es war ein Abschied.

Der Schreibstubenmensch stellte mir dann einen Marschbefehl nach Mährisch-Trübau aus, das war der Sammelpunkt für Oberschlesien und das Sudetenland für den Jahrgang 1929. Ich machte mich auf den Weg. Auf dem Bahnhof von Mährisch-Ostrau hingen Plakate: Mährisch-Ostrau sei Festung, niemand dürfe die Stadt verlassen. Ein Soldat sagte zu mir: Sieh zu, dass du auf den Bahnsteig kommst, hin und wieder fährt da noch was. Ich raste auf den Bahnsteig, dort stand in der Tat ein Zug. Ein Fliegerhauptfeldwebel fragte: Was willst du hier? Wie heißt du? Nowottny, Herr Hauptfeldwebel. Bist du verwandt mit dem Flieger Nowotny? Einer der erfolgreichsten Jagdflieger des Zweiten Weltkriegs hieß Walter Nowotny, hier sah ich meine Chance. Trotz der unterschiedlichen Schreibweise – der Namensklang musste überzeugen. Um die Ecke, Herr Hauptfeldwebel, behauptete ich. Und es funktionierte. Er gab mir den erforderlichen Stempel, und ich war im Zug.

Ich habe mich dann durch Böhmen und Mähren geschlagen, kam tatsächlich nach Mährisch-Trübau. Feldgendarmen wiesen mir den

Der Exilant Thomas Mann ist in Chicago zu einem Champagner-Souper eingeladen: »Die Russen sollen sich in Berlin sehr beliebt machen, Lebensmittel beschaffen, mit den Mädchen ausgehen. Werden noch die Beliebtesten sein.«

28. Mai
Unglück und Glück liegen in diesem Sommer quer durcheinander. In Mecklenburg tauscht Klaus von Dohnanyi ein Pferd gegen ein Damenfahrrad und lässt sich

Weg. In der Sammelstelle saß ein Hauptmann, der mich ungewöhnlich freundlich behandelte und auch zum Essen einlud. Durchs Fenster sahen wir, dass vor der Gaststätte Panzersperren errichtet wurden. Für meinen Gastgeber »reine Vorsichtsmaßnahmen«. Er stellte mir einen Marschbefehl nach Bayern aus, dafür sollte ich einen Brief an seine Frau mitnehmen, die in München lebte. Er sagte: Sieh zu, dass du nach Passau kommst, dann hast du alles hinter dir. Das war ein langer Weg.

Als ich in Passau ankam, war ich so erschöpft, dass ich auf dem Bahnsteig einschlief. Ein Feldgendarm weckte mich mit den Stiefelspitzen. Er musterte streng meinen mehrfach geänderten Marschbefehl und sagte: Heute um 12 Uhr wirst du verlegt nach Braunau am Inn, dort ist eine Sammelstelle für den Jahrgang 29.

In Braunau waren schon eine Menge aus meinem Jahrgang versammelt, eine ganze Kompanie sollte es werden. Wir bekamen Fahrräder, hinten drauf zwei Panzerfäuste, und zogen los. Ich denke, wir sollten ein Werwolfkommando werden. Werwölfe sollten hinter den feindlichen Linien die vorrückenden alliierten Truppen terrorisieren, durch Anschläge, Sabotageakte und Attentate. Vorerst sollten wir in einer vorbereiteten Stellung direkt am Inn eventuell mit Sturm-

von einem Fischer über die Elbe setzen:»Ich hatte keinen Kontakt mehr zur Familie, hoffte aber, vielleicht
in Friedrichsbrunn, wo meine Großeltern ein Ferienhaus hatten, jemanden mit Nachrichten aus Berlin zu
treffen.«

Dohnanyi versucht, seinen Vater zu finden, der aktiv
am Widerstand gegen Hitler beteiligt war. Später wird
er erfahren, dass Hans von Dohnanyi noch vor Kriegsende von den Nazis gehängt worden war.

In München setzt die amerikanische Militärregierung

booten übersetzende US-Truppen aufhalten. Da die nicht erschienen, zogen wir weiter.

Irgendwann kamen wir zu einem Bauernhof. Der Bauer fragte:
Was wollt ihr hier? Euer Hitler ist tot. Der Mann fummelte an seinem Radio herum, in den Nachrichten hieß es tatsächlich: Hitler ist
an der Spitze seiner kämpfenden Truppen in Berlin gefallen. Wir
schmissen unsere Panzerfäuste auf die nächste Wiese. Der Bauer
gab jedem von uns einen Schluck Milch.

Ich habe geweint. Alle haben geweint, als der große »Führer« tot
war, für den wir zu sterben bereit schienen. Es war ein Leben ohne
alles: Eltern weg, Vater irgendwo – ein Fall ins Bodenlose. Unser
»Kommandeur«, ein Leutnant, schwer verwundet, hochdekoriert,
bestimmte die Richtung: »Seht zu, dass ihr Land gewinnt«, lautete
sein Befehl. Wir befolgten ihn.

Ein paar Wochen später fand ich in der Nähe von Braunau am
Inn meine Mutter und meine Schwester wieder. Sie waren evakuiert
worden, Braunau war auch ihre Endstation. Die Amerikaner hatten
Braunau kurz zuvor erobert. Sie kassierten uns alle ein. Die Ameri-
kaner wussten nicht so recht, was wir waren: reguläre Soldaten oder
Werwölfe. Als ich später in der Kommandantur für die Amerikaner

eine vorläufige bayerische Landesregierung ein. Ministerpräsident wird Fritz Schäffer, der nach dem Attentat vom 20. Juli 1944 verhaftet und in das Konzentrationslager Dachau gebracht worden war.

In Berlin schreibt Marta Hillers: »Ich möchte wohl, wenn ich am nächsten Sonntag frei haben und wieder Gottesdienst sein sollte, eine Kirche aufsuchen – möchte sehen, ob die Menschen dort Seelenbrot finden. Unsereiner, der zu keiner Kirche gehört, quält sich in der Finsternis und allein. Die Zukunft liegt

gedolmetscht habe, bei Captain Cox, behauptete ein Österreicher, ich sei ein Werwolf. Das war sehr unangenehm, ich wurde auf hochnotpeinliche Weise vernommen. Sehr körperbetont.

Dass ich für die Amerikaner dolmetschen konnte, verdanke ich meinem wunderbaren Englischlehrer, Herrn Dietrich, ein fabelhafter Mann. Der hat uns Englisch eingebläut. Ihm war und bin ich ewig dankbar. Ihm verdanke ich den Job in Braunau und später den in Bielefeld, wo ich für die Engländer gedolmetscht habe. Bei den Amis musste ich nur auf den Sound achten; den hatte ich schnell drauf. Ich war damals von einer bemerkenswerten Unbekümmertheit. Ich merkte, dass ich mit meinen Sprachkenntnissen auch eine gewisse Unentbehrlichkeit für die Amerikaner hatte. Sie waren glücklich, dass sie sich verständlich machen konnten. Und ich war glücklich, dass ich etwas zwischen die Zähne bekam.

Ich war immer in deren Headquarter, Hotel »Zur Post«, ein sehr schönes altes Hotel mitten in der Stadt. Braunau war unzerstört. Aber die Menschen, die Hitler 1938 noch mit Jubel empfangen hatten, waren über Nacht wieder Österreicher geworden. Hitler hatten sie nie gekannt, so ungefähr taten sie nun. Die Österreicher waren ja ein befreites Volk – sie deklarierten sich als die ersten Opfer der

bleiern auf uns. Ich stemme mich dagegen, versuche, die Flamme in mir brennend zu erhalten. Wozu? Wofür? Was ist mir aufgegeben? Bin so hoffnungslos allein mit all dem.«

Annemarie Günther, 21 Jahre alt, hat ihre ostpreußische Heimat Mitte Januar verlassen müssen, aus Angst vor der anrückenden Roten Armee. »Man hatte den Eindruck«, notiert sie nach ihrer Ankunft in Hamburg auf Papier, das sie unterwegs gefunden hat, »alle Deutschen strömen nach Norden, nur fort vom Russen. Du

Nazidiktatur. Als wir mit unseren Fahrrädern nach Braunau kamen, hingen dort schon rot-weiß-rote Fahnen, die waren so lang, dass sie über drei Stockwerke bis zum Boden reichten. Aber die Amerikaner waren natürlich in Privathäusern gewesen, sie hatten auch die Alben gefunden, in denen erkennbar war, dass der »Führer« in Braunau am Inn nicht ausgepfiffen worden war.

Ich habe dann in Braunau versucht, Kontakte zu den örtlichen Zivilstellen zu finden. Ich hatte das Gefühl: Du musst was machen. Eines Tages lernte ich einen Juwelier kennen, einen Österreicher. Er sagte: Ich habe hier einen Karton mit Totenkopfringen. Das sind doch SS-Ringe – wenn die Amerikaner die bei mir finden, bringen die mich um.

Ich bat ihn, mir ein paar von den Ringen zu geben. Der Schuster nebenan hatte Polierscheiben. Da habe ich die Ringe drangehalten, bis sie hochglanzpoliert waren; das sah toll aus. Ich habe dann mit den Amerikanern einen schwunghaften Handel mit diesen angeblichen SS-Ringen angefangen. Der Kurs war ein Ring gegen eine Stange Zigaretten – bis ich das etwas inflationär gehandhabt habe: Die Zahl der SS-Offiziere, fanden die Amerikaner, überschritt das Maß des Möglichen.

armes Deutschland! Soldaten, Zivilisten, Arbeitsdienstler, Kriegsgefangene, Männer, Frauen, Kinder aller
Stände und viele Trecks zogen nach Norden. (...) Links
und rechts in den Straßengräben lagen Berge von weggeworfenen Waffen, Uniformen, Akten, sogar Schreibmaschinen, unglaublich!«
Der Potsdamer Johann von Duhn läuft zu Fuß nach
Berlin, seine Frau notiert in ihr Tagebuch:»Das Physika-
lische Institut sieht trostlos aus. Im Keller steht das Wasser meterhoch. In den oberen Stockwerken ist von den

In Braunau am Inn gab es ein Kino, in unmittelbarer Nähe der
Stadtkommandantur. Eines Tages strömten, mit leichter Unterstüt-
zung der Polizei, die Bewohner von Braunau in dieses Kino. Wir
müssen alle ins Kino, hieß es, die zeigen uns da einen Film. Ich bin
mitgegangen. Es war der erste Film über die KZs. Ich glaube, es waren auch schon Bilder aus Auschwitz dabei. Wir sahen Dinge, die
wir uns nicht vorstellen konnten. Als ich meiner Mutter und meiner
Schwester davon erzählte, haben sie mir nicht geglaubt. Dass Menschen so mit Menschen umgehen können. Aber ich muss zugeben:
Wir waren auch gern bereit, in uns hineinzuhorchen – und herauszufinden: Betrifft uns das überhaupt? Ich habe erst gedacht, was alle
gedacht haben: Das kann doch nicht wahr sein. Es ist eine gewisse
Zeit vergangen, ehe wir begriffen haben: Es betrifft jeden von uns.

Dieser Sommer 1945 bestand ausschließlich aus Gegenwart. Es
gab nie eine Pause in dieser Zeit. Die Menschen waren von morgens
bis abends unterwegs, um ihr Überleben zu sichern. Jeder Tag war
eine Herausforderung.

Während meiner amerikanischen Dolmetscherzeit bekam ich
»Stars and Stripes«, die Armeezeitung. So erfuhr ich vom Ergebnis
der Potsdamer Konferenz, aus einer Zeichnung, einer Federzeich-

Russen alles durchwühlt und geplündert. Die ganzen
Gänge liegen voll Papier und Russenscheiße. Zum Glück
weht der Sommerwind durch die zerstörten Fenster
und Türen, so daß der Gestank einigermaßen erträg-
lich ist.«

1. Juni
»Ein Freitag, ein kalter Tag. Regenfront über uns. Wir
froren auf den Rübenäckern, die Kleidung nass. Dieser Tag ist für mich unvergesslich«, schreibt Alexander

nung, in der die Zonen eingetragen waren. Meine Heimat – Oberschlesien ebenso wie Pommern und Ostpreußen – war alles nicht
mehr auf dieser Karte. Es war die Entscheidung über die Teilung
des Großdeutschen Reiches. In diesem Moment war mir bewusst:
Die Heimat siehst du nie wieder. Es ist eine Erkenntnis, die man fast
ungerührt hinnimmt.

Alles war zerstört, was Orientierung hätte geben können. Alles
suchte nach einem Halt. Das war ein Gefühl, als würde man mit
dem Auto durch die Waschstraße fahren. Das Gefühl war nicht: Ich
kann alles machen. Sondern: Was soll nur aus mir werden?

Ich wusste diesen Sommer über auch nicht, wo mein Vater war.
Bevor wir uns trennen mussten, hatte er einen Brief geschrieben
und mich gebeten, ihn meiner Mutter zu geben. Im Sommer 1945
gab es noch Hoffnung, dass er lebte. Erst im Frühjahr 1948 kam ein
Brief von einem Kameraden, dass er gefallen sei.

Irgendwann hatte sich ein Meldewesen aufgebaut, sehr deutsch,
es funktionierte alles hervorragend. Meine Mutter und meine
Schwester erfuhren, dass im Oktober der Evakuierungszug kommen sollte. Kein Platz für Reichsdeutsche im befreiten Österreich.
Die Amerikaner gaben mir ein *Ten-in-one*, ein Zehn-Mann-ein-Tag-

Kluge, der im Harz zum Unkrautjäten eingesetzt ist. Unvergesslich, weil zu Hause seine Mutter die Tür öffnete. »Sie war von Berlin nach Halberstadt gekommen, eine gestückelte Reise mit Zug und Kraftfahrzeugen. Ich hatte meine Mutter seit einem Jahr nicht gesehen. Ich kenne wenige ›Übersprünge‹ von Elend (frierend im Gelände, unter offenem Regenhimmel am Vormittag) ins Glück am selben Tag.«

Annemarie und Johann von Duhn überlegen sich, wie sie an Lebensmittel kommen können. »Am Freitag

Paket: Verpflegung für uns drei. Wunderbar. Da war alles drin: Dauerbrot, Corned Beef, alles in Dosen, prima verpackt, sogar Kaffee hätten wir uns machen können.

Wir wurden dann mit DDT abgespritzt, hinten in den Kragen rein, und in die Hose, gegen Ungeziefer. Ein Gift erster Qualität. Wir bestiegen den Zug, der zottelte fünf Tage durch Deutschland. Wir wollten nach Bielefeld, dort wohnte der Bruder meines Vaters.

Die Erlebnisse des Krieges sind, trotz zahlreicher Interviews und Gespräche zu diesem Thema, noch immer nicht endgültig verdaut. Vieles bleibt unausgesprochen. Ich werde es mit in meine Urne nehmen. Das können Sie nicht verarbeiten: als 15-jähriger Junge als Meldefahrer unterwegs, auf einer Strecke, die einsehbar war für das russische Artilleriefeuer; die Nächte im Schützenloch, mit dem Vater und dem heulenden Nachbarn, der Schulrektor gewesen war und der vor Angst schlotterte, so wie wir alle schlotterten – das brennt sich bei einem Kind irreversibel ein. Das ist nicht wie eine Tätowierung, die man wegmachen kann. Die Erinnerung brennt sich ein – und alles, was damit zusammenhängt.

ist Jo wieder zum Dachdecken in Potsdam. Er geht auch zum Kulturreferenten und lässt sich bescheinigen, dass seine Tätigkeit als freiberuflicher Physiker für das Geistesleben Potsdams wertvoll sei, worauf er Schwerarbeiter-Lebensmittelkarten erhält.«

In diesen Wochen geht es für die allermeisten Deutschen nicht nur um die Vorbereitung auf eine bessere Zukunft, sondern erst einmal um die Bewältigung der Gegenwart.

»In Potsdam ist große Aufregung wegen der zu er-

Wolfgang Kohlhaase

 **Zur Person:** Wolfgang Kohlhaase wurde am 13. März 1931 als Sohn eines Maschinenschlossers in Berlin geboren. Schon während seiner Schulzeit hatte er zu schreiben begonnen. 1947 wurde er zunächst Volontär bei einer Jugendzeitschrift, später schrieb er für die FDJ-Zeitung »Junge Welt«. Von 1950 bis 1952 arbeitete Kohlhaase als Dramaturgie-Assistent für die DEFA, seit 1952 ist er freischaffender Drehbuchautor und Schriftsteller. Zu seinen bekanntesten Filmen gehören »Ich war neunzehn« und »Solo Sunny« (beide von dem bekannten Regisseur Konrad Wolf inszeniert), »Sommer vorm Balkon« (Andreas Dresen) und »In Zeiten des abnehmenden Lichts« (Matti Geschonneck). Kohlhaase ist mehrfach mit dem Nationalpreis der DDR ausgezeichnet worden. Er lebt mit seiner Frau Emöke Pöstenyi, der ehemaligen Choreografin und Leiterin des Deutschen Fernsehballetts, in Berlin und Reichenwalde. Dort, am Scharmützelsee, wurde auch das Gespräch geführt, bei Kaffee und Streuselkuchen.

> wartenden durchziehenden Mongolen«, notiert An-
> nemarie von Duhn. »Die Russen selbst können keine
> Garantie für diese Völkerschaften übernehmen, was
> ihnen offenbar selbst peinlich ist, denn der Potsdamer
> Kommandant hat angeordnet, dass alle Häuser zu ver-
> schließen sind und daß Frauen und Kinder die Straßen
> möglichst nicht betreten sollen.
>   Die Kinder haben tagelang schulfrei. Aber schließlich
> werden die Mongolen doch umgeleitet und kommen
> nicht über Potsdam. Es wird russische Zeit eingeführt.

Wir hatten diesen kleinen Lautsprecher im Keller. Ich erinnere mich genau an die letzte Erklärung des Oberkommandos der Wehrmacht, ich höre noch die markante Stimme: Verbände des Heeres und der Waffen-SS haben in einem entschlossenen Gegenangriff den S-Bahnhof Köpenick zurückerobert … Und ich erinnere mich an ein Gefühl von Ironie und an den Gedanken: Na, dann müssen sie ja nicht mehr weit laufen.

Etwas stimmte nicht mehr. Der Ton stimmte nicht mehr. Vielleicht war der Krieg in diesem Moment zum ersten Mal für mich vorbei.

Mitte April war deutlich die Kanonade von der Oderfront zu hören. Die Front stand ein, zwei Tage still; später hat uns Konrad Wolf erzählt, warum das so war. Er ist ja dort gewesen, an der Oder und in der Roten Armee. Kurz zuvor hatte man Marschall Schukow berichtet, wie die Engländer in der Rheinebene Scheinwerfer aufstellten, um die deutschen Stellungen zu blenden. Das hatte ihn beeindruckt. Also haben sie an der Oder ebenfalls Scheinwerferbatterien aufgestellt. Sie schossen eine Stunde lang Trommelfeuer und machten dann das Licht an. Als die Infanterie aus dem Graben stieg, erhob sich vor ihr eine 3000 Meter hohe Dreckwolke und warf das

2 Stunden Differenz gegen MEZ. Der Volksmund sagt:
›Damit wir wissen, was die Glocke geschlagen hat.‹«
    Es wird ein langer Tagebucheintrag. Es passiert so
viel. »Die schon seit längerer Zeit erwartete Interalli-
ierte Kommission scheint nun tatsächlich zu kommen.
Die Berliner müssen in kürzester Frist Flaggen nähen,
und zwar muss jedes Haus eine russische, amerikanische, englische und französische Flagge zeigen. Berlin
flaggt zum Einzug der Feinde. Das ist ja schlimmer als
bei den Nazis, aber die braven Deutschen lassen sich

Licht zurück. Himmelhoch war alles vernebelt und verqualmt, das
Licht blendete die eigenen Leute. So haben sie einen Tag verloren.
Die standen im Oderbruch dicht wie auf einer Kundgebung, Auto
an Auto, Panzer, Sturmgeschütz, Pferd und Wagen. Eine mörderi-
sche Lage, wenn die Deutschen noch nennenswerte Flugzeuge gehabt hätten, sagte Wolf später.
    Unsere Straße in Adlershof, das zu Berlin gehörte, hatte viele Kas-
tanien. Sie hieß Genossenschaftsstraße. Es war eine Werkssiedlung,
mit einfachen Backsteinhäusern, zwei Zimmer, Klo auf der Treppe,
gebaut um 1907. Ich erinnere mich an den ungeheuren Frühling
unter unseren Bäumen, alles roch nach Erde und Wachstum. An
einem Morgen hielt eine Kolonne an, lettische Waffen-SS mit deutschen Offizieren. Ich kann mir nicht erklären, woher die plötzlich
gekommen waren. Wenn Männer grau sein können, wenn Gesichter ohne Farbe sein können, dann waren es diese Leute. Wir tauschten mit ihnen Brennholz gegen Kartoffeln oder gegen irgendetwas
sonst. Sie kochten Suppe in einer Tonne, luden sie auf ihren VW-
Jeep und fuhren zur Front. Und das war Köpenick. Nach 20 Minuten waren sie wieder da. Sie waren mit ihrer Fourage um die falsche
Ecke gebogen und standen plötzlich den Russen gegenüber, die viel-

hier alles gefallen, sie würden wohl auch ihre eigene Scheiße auflecken, wenn es verlangt würde.«

In jedem Fall wird eine Fähigkeit verlangt, das Improvisieren. Johann von Duhn, ihr Ehemann, baut sich ein neues Fahrrad zusammen, das alte haben drei bewaffnete Russen requiriert:»Es war also nötig, ein Rad zu beschaffen, das zwar fahrbar ist, aber doch solche technischen Mängel hat, dass kein Russe es nimmt. Jo fand dann auch eines Tages bei Mia auf dem Boden einige verrostete Teile, aus denen er sich einen zunächst un-

leicht ähnlich erstaunt waren. So fuhr der VW in eine Garbe hinein und verlor den einen von zwei Männern, er wurde auf das Pflaster gelegt, genau dort, wo ich wohnte.

Unter denselben Kastanienbäumen standen zwei Tage später die T-34-Panzer der Russen, einer hinter dem anderen. Ich erinnere mich an die Gesichter mit den vielen Nationalitäten, von denen man später erfuhr, sie gehörten zum Weltteil Sowjetunion.

Ein Umstand, den ich für Frieden nahm, war, dass es still war. Dann wurde wieder geschossen, aber man hatte das Gefühl, nicht gemeint zu sein. Gleich um die Ecke in der Laubenkolonie standen die brüllenden Katjuscha-Raketenwerfer. Als ein Mann, der schwer an einem Karton trug, von der Bismarckstraße her näher kam, krochen wir aus dem Keller, um mal zu gucken, wie's weitergeht. Es war das Gegenteil von strenger Ordnung. Die Russen marschierten nicht in Dreierreihen, sondern in einer fast romantischen Formation, Block hinter Block, mit Gesang und die Chefs vorneweg. Die Ladentüren standen offen. Und überall wurde geplündert. Ich traf einen Schulfreund. Das Gewühl, in das wir uns stürzten, nahm uns die Angst.

Aber zwei Ecken weiter war es anders. Da wohnte ein Mädchen,

bereiften Bock zusammenbaute, auf dem er dann nach
Babelsberg fuhr. Dort wurde das Vorderrad mit einem
Stück aus einem alten Gartenschlauch bereift, wobei
der Schlauch dann noch mit Rollladengurt umwickelt
wurde.«

5. Juni
Die Regierungen der vier Siegermächte USA, Sowjetunion, Großbritannien und Frankreich übernehmen durch Militärgouverneure die oberste Gewalt in

etwa 17, von ihr wurde gesagt, sie sei vergewaltigt worden. Niemand
wusste es genau, niemand wollte es wissen. Dieses Mädchen ging
scheu die Straße entlang und trug ihr Geschick wie eine Schande.
Während der Luftangriffe hatte uns der Krieg an die Hoffnung gewöhnt, dass alles eine Straße weiter passierte. Und damit konnte
man umgehen. Das Unglück in der Nebenstraße ist ein Umstand,
den man gerade noch schaffte.

Diese Jungen, die Soldaten waren, wohnten buchstäblich auf
ihren Panzern. Bald kannte man sich vom Sehen. »Kamerad« war
das große Wort, das man immer dabeihatte. Es waren ganz junge
Leute oder es waren ältere, aber es fehlte dieser Armee die militante
Mitte. Man ahnte etwas von den Millionen Toten, die sie verloren
hatte. Ich war 14, also kaum jünger. Einer fragte mich nach einer
Uhr. Wirklich: Er war sanft und bat mich. Ich holte einen Küchen-
wecker, und er ging beleidigt weg.

Nach der ersten Woche mussten alle Radioapparate abgegeben
werden. Sie lagen hinter der Kommandantur, schräg gegenüber von
uns, auf einem Haufen.

Wir hatten einen sogenannten Volksempfänger. Andere Familien
besaßen ein großes Radio, mit einem magischen Auge, ein grünli-

Deutschland. Sie teilen das Land in vier Besatzungszonen auf und Berlin in vier Sektoren.

In Halle an der Saale erlebt Burkhard Hirsch den Einmarsch der Russen: Sie kamen »mit Panjewagen und
uralten Lastern. Sie plünderten die Läden, klauten Fahrräder und Uhren. Man sah Soldaten mit fünf oder sechs
Uhren am Arm, man hörte von Morden und Vergewaltigungen. Mir schlug einer auf der Geiststraße ohne jeden Grund so ins Gesicht, dass ich zu Boden ging.«

ches Licht, um den Sender zu finden. Das war der Traum meiner
Kindheit. Bis er Soldat wurde, war mein Vater Betriebsschlosser in
der Spritfabrik zwischen Adlershof und Grünau. Als Deputat bekam er pro Jahr eine Portion Alkohol. Wir hatten noch einen Vier-
telliter davon, und ich nahm mir vor, ihn gegen ein Radio mit ma-
gischem Auge zu tauschen. Ich habe Zucker gebräunt und Wasser
nach Augenmaß dazugeschüttet und die Flasche in einen Waschkorb gelegt und bin auf einem Umweg zu dem Posten gelaufen, der
auf mich wartete. Die Sperrstunde endete früh um sechs. Was ma-
che ich, dachte ich, wenn der mich betrügt? Aber er sagte: »*Apparat
tamjan.*« Und da lag wirklich ein Radio unter einer Decke. Ich gab
ihm die Flasche, packte das Ding in meinen Waschkorb und sah
mit einer gewissen Trauer, dass er mir genau das Modell zugedacht
hatte, das ich nicht mehr haben wollte. Kein magisches Auge. Ich
ging auf der anderen Straßenseite zurück. Er hatte schon gekostet
und drohte mir mit der Faust. Das war kein Cognac.

Einmal brachte die Streife einen sehr betrunkenen Matrosen in
die Kommandantur. Kein Mensch wusste, wie der nach Adlershof
gekommen war, wo er eine Gartenlaube plünderte. Als sie ihn rein-
brachten, saß der Kommandant rücklings auf dem Fensterbrett, und

11. Juni

Im Kärntner Hermagor sehnt sich die fast 18-jährige Ingeborg Bachmann danach, dass endlich alles anders
wird:»Liesl hat sich in einen Engländer verliebt, er ist
riesig dürr und lang und heißt Bob. Aber Heirat zwischen den Engländern und Österreicherinnen ist verboten von der Militärregierung. Sie sagt, die Misere hier
wird nie mehr ein Ende nehmen und sie hat zu viel mit-
gemacht, sie kann nicht mehr und will endlich leben.«
Österreich war nach dem »Anschluss« sieben Jahre lang

am Schreibtisch saß der Adjutant. Sie führten den Matrosen rein
und gingen wieder. Und der Matrose holte eine Handgranate aus
der Tasche, zog sie ab und stellte sie auf den Tisch. Der Adjutant
bückte sich unter die Tischplatte, aber der Kommandant hatte keine
andere Wahl, als sich rückwärts aus dem Fenster fallen zu lassen.
Die Handgranate zerriss ihm den Unterarm. Dann wurden Frauen
geholt, auch meine Mutter, und mussten Blut und Tinte aufwischen.

Der Kommandant wurde abgelöst, zum Bedauern aller Frauen,
denn er war ein gut aussehender Georgier. Meine Tante hatte sogar
ihre Zuversicht an ihm festgemacht. Er sieht nicht aus wie ein Russe,
sagte sie. Der Umstand, dass man bei den vielen Russen auch Russen finden konnte, die nicht so aussahen wie Russen, war für sie ein
kleiner Schritt in ein Leben, das weiterging.

Ein anderer Kommandeur, der von den Panzern, war 1,90 Meter
groß und hatte sich eine Art Privatuniform schneidern lassen, aus
feinem Tuch, das dennoch in weitestem Sinne zur Armee passte. Er
hatte seine Leute in einer Reihe antreten lassen und jedem Mann
befohlen, sie sollten die geklaute Wäsche wieder zurückgeben. Damit gewann er natürlich alle Herzen. Er zog in ein Doppelhaus, wo
eine schöne Nachbarin wohnte. Alle sagten: Was geht es uns an?

Teil des Deutschen Reiches. Am 27. April hat die provisorische Regierung des besetzten Landes ein unabhängiges Österreich proklamiert – ohne Zustimmung der Westmächte, aber mit Duldung der Sowjetunion. Walter Ulbricht verliest in Berlin vor 80 Delegierten den Gründungsaufruf der Kommunistischen Partei Deutschlands (KPD). Zuvor hatte die Sowjetische Militäradministration für Deutschland die Bildung und Betätigung »antifaschistischer Parteien« in Berlin und in der Sowjetischen Besatzungszone gestattet.

Ein knappes Jahr später war die Frau schwanger, und der deutsche Ehemann, unser Nachbar, kam aus dem Krieg im Westen zurück. Die wurden am Rhein ja schneller entlassen. Der Offizier, der für die Schwangerschaft zuständig war, war längst weg. Und alle, auch ich, warteten mit Vergnügen, wie das jetzt wohl ausgehen würde. Es ging ganz einfach aus: Hier war die Frau, da war ein Kinderwagen, in dem lag das Kind, und an der Seite ging der Ehemann. Eine kleine, auf eine besondere Weise entstandene Familie, ohne Geschrei, ohne Ärger, ohne Skandal. Und der Mann hatte genug Liebe für seine auf besondere Weise entstandene Familie. Von dieser Art waren die ersten Tage.

Alle Leute nähten Fahnen, jetzt fällt es mir wieder ein. Meine Mutter nähte eine englische. Die alliierten Fahnen wurden verlangt, denn die Häuser sollten geschmückt werden. Und so hingen dort die Fahnen der Engländer, Franzosen und Russen. Das war im Lauf des Mai.

In Adlershof lebte seit 20 Jahren oder länger ein ehemaliger Zarenoffizier, der Siwanowitsch hieß. Blass und mit poriger Haut, arbeitete er als Totengräber. Oft saß er auf einer Bank nicht weit vom Friedhof und liebte lange Gespräche und starke Getränke.

Irgendwann in diesen Tagen erreicht Klaus von Dohnanyi Wiesbaden, per Fahrrad, er sucht noch immer
nach seiner Familie, nach Nachrichten von seinem Vater. »Ich fand die Villa der Amerikaner, wies mich aus
und wurde schnell hereingebeten; die Leute an der
Spitze kannten offenbar meine Familie. Man schickte
mich zunächst mal in die Kantine zum Frühstück: Was
für ein Luxus! Weißbrot, Erdnussbutter, Orangenmarmelade. Das unvergesslichste Frühstück meines Lebens.«

Eines Tages hingen überall Plakate, die ankündigten, dass auf dem
Marktplatz eine Versammlung durchgeführt würde. Die Anrede hieß
»Bürger und Bürgerinnen«. Es war das erste Mal, dass ich das Wort
»Bürger« hörte. Bis dahin kannte ich nur Bürgersteig. Der schöne
Kommandant, noch vor seiner Verwundung, ging mit einem Stuhl
in der Hand durch die Menge auf dem Marktplatz. Hinter ihm lief
Siwanowitsch, der Offizier des Zaren, mit einem Hut auf dem Kopf,
den ich noch nie bei ihm gesehen hatte. Der Kommandant stieg auf
den Stuhl und hielt eine russische Rede, ab und zu stieß er die Faust
in den Himmel, als wollte er etwas ein für alle Mal erklären. Und
die Leute klatschten bei jeder Pause, obwohl niemand etwas verstanden hatte. Aber alle schienen bereit, der Sache zu dienen, die ihnen da angeboten wurde. Dann stieg der Totengräber auf den Stuhl,
schwenkte seinen Hut und rief: Liebe Leute, alles Gute. Er setzte
den Hut wieder auf, und zurück trug er den Stuhl.

Am Markt gab es auch ein Wettbüro, das war ein Laden, in dem
Pferdewetten angenommen worden waren. Ein kleiner magerer Zi-
vilist stand allein in der offenen Tür, keiner kam, keiner ging, oben
war ein Schild: Antifaschistische Front. Auch das waren Vokabeln,
die in meinem Leben nicht vorgekommen waren. Front war Krieg

Amerikaner verteilen in Berlin das erste Weißbrot nach dem Kriegsende, August 1945

und kein politischer Begriff. Faschismus, das war doch Mussolini, aber der konnte ja nicht gemeint sein. So hat die sogenannte Diktatur ihren Anfang genommen. Dort stand der erste für mich sichtbare Vertreter eines anderen Prinzips. Als würde er sagen: Treten Sie ein, wenn sie wollen. Kommt rein, wir sind wieder da.

Den ganzen Krieg über stand an einer Wand in Adlershof, an der wir Fußball gespielt haben: »Wählt KPD«. Liste 3. Das hat nie jemand abgewischt. Ich habe meinen Vater gefragt: »Wat heißt denn Liste? Was denn für Listen?« Ich glaubte ja, alles zu verstehen.

Als ich acht war, saß ich bei meiner Tante Martha auf dem Kohlenkasten. Die wohnte in der Eldenaer Straße, am Schlachthof, und war eine alte Sozialdemokratin. Sie sagte immer nur: Goebbels, der Klumpfuß. Sie sagte auch: Wir siegen uns tot. Und ich sagte ihr: Da irrst du dich, Tante Martha. Sieh doch mal - wir haben Polen besetzt, Dänemark, Norwegen, Frankreich, den Krieg können wir nicht verlieren. Warte mal ab, sagte sie.

Aber ich saß auf dem kleinen Kohlenkasten und hatte das Gefühl, falls die Welt erklärt werden muss, hier bei mir kann man sich die wichtigen Fragen beantworten lassen. Man vergisst beim Älterwerden, dass man mit acht alles weiß.

In Potsdam wird die »Konferenz der Großen Drei« vorbereitet, US-Präsident Harry Truman, der britische Premier Winston Churchill und der sowjetische Diktator Josef Stalin wollen über das künftige Schicksal Deutschlands beraten – und darüber, wie es mit Europa weitergehen soll.

Die Duhns sind immer noch empört über die Zumutung, in Windeseile Flaggen der vier Siegermächte nähen zu müssen. »Es bleibt uns, um uns Unannehmlichkeiten mit der russischen Kommandantur zu erspa-

Natürlich war es ein Ereignis, Ende Juni, als die Amerikaner kamen. Wir sind losgerannt, um die Neger zu sehen. Die Neger schenkten uns Schokolade, und die Welt öffnete sich ein wenig weiter.

Es gab also neben den Russen die Amerikaner. Wir nahmen mit, was zwischen den Weltmächten herumlag. Ich eroberte 100 Pakete Puddingpulver. Erst später stellte sich heraus, dass Puddingpulver ohne Milch und Zucker kein Genuss ist. Die Frauen trugen selbst geschneiderte Kleider aus Fallschirmseide, die lag gestapelt am Flugplatz.

Die Hauptfortbewegungsart war das Rennen. Rennen schaffte zu allen Dingen eine erträgliche Distanz. Das Rennen fing schon an, wenn die Stabbrandbomben fielen. Die lagen dann im Wald rum. Natürlich haben wir versucht, die an Bäume zu werfen und die Bäume in Brand zu setzen. Die brannten so weiß-grün und hatten mehrere Tausend Grad Hitze. Werfen und in jedem Fall wegrennen. Es gibt ein Alter, wo du denkst, Tod ist für die anderen. Falls hier gestorben wird, kann ich das ja nicht sein. Das hat ja gar keinen Sinn, ich bin ja erst 14. Wie viele Kinder auf der Welt mögen das denken?

Auf dem großen Verschiebebahnhof zwischen Adlershof und Oberschöneweide haben wir Kohlen geklaut. Die Polizei in Pseudo-

ren, tatsächlich nichts anderes übrig, als den Feinden in dieser Weise in den Arsch zu kriechen. Wo bleibt eigentlich die demokratische Freiheit? Aber bei den Russen haben sich die demokratischen Prinzipien wohl noch nicht herumgesprochen.«

14. Juni

Ingeborg Bachmann, die spätere Schriftstellerin, schreibt in ihr Tagebuch:»Ich bin noch ganz durcheinander. Jack Hamesh war hier.« Sie hatte den Soldaten

uniform war unbewaffnet. Die schmissen mit Kohlen, und wir schmissen auch mit Kohlen.

Ich hatte einen norwegischen Seesack, auf den ich stolz war. Dann kamen die ersten Güterzüge mit Getreide aus der Lausitz. Ich hörte noch, wie die Körner in den Sack perlten, bis ein Russe erschien und uns mit einer Latte verdrosch, aus der Nägel ragten. Ich sprang ins Gleisbett, ohne Seesack. Ich dachte, jetzt schießt es mit Sicherheit. Jetzt schießt es.

Aber jeder Tag war ein leuchtender Frühling. Ich erinnere mich, dass ich auf dem Trittbrett eines Güterzugs lag, die Abendsonne schien, und ich dachte: Das ist schon ein aufregendes Leben.

Meine Schule, die in die ferne Tschechoslowakei evakuiert worden war, traf in kleinen Gruppen wieder ein. Sicherheitshalber ging ich erst mal nicht hin.

Ich habe immer viel gelesen. Aber wir hatten keine Bücher zu Hause. Mein Vater besaß ein Lehrbuch des Maschinenbaus und meine Mutter so etwas wie »Die deutsche Hausfrau«. Hinten im Schrank entdeckte ich ein Buch, in braunes Packpapier eingeschlagen, von dem ich dachte, es sei das schönste der Welt. Es musste kein anderes geben, weil man es immer wieder lesen konnte. Es war

der 8. Britischen Armee im ersten Stock des Hotels »Kaiser von Österreich« kennengelernt, in der Field Security Section. Hamesh ist Jude und 1938 mit einem Kindertransport nach England gebracht worden. »Und auf einmal war alles ganz anders«, schreibt Bachmann in ihr Tagebuch. Die beiden reden über Thomas Mann und Stefan Zweig, über Arthur Schnitzler und Hugo von Hofmannsthal: »Ich war so glücklich, er kennt alles und er hat mir gesagt, er hätte nie gedacht, daß er ein junges Mädel finden würde in Österreich, das trotz der

»Tom Sawyer«. Ich wusste nichts von Mark Twain, aber das Buch sprach grandios für sich selbst.

Karl May hat mich nie so gefangen, Gerstäcker schon eher, der war härter. Bei Karl May hat mich gestört, dass die Schurken immer durch Gottesurteil bestraft werden. Durch das Wetter oder einen nächtlichen Sturm. Ich wollte aber, dass sie erwischt und bestraft werden.

Mit Karl May verbinde ich dennoch die Vorfreude aufs Lesen – und dass man in die Leihbibliothek in Adlershof gehen konnte und ein Buch bekam, dick und mit einem harten Deckel, und die nächsten zwei Wochen waren gesichert.

Im Krieg hatte ich immer »Der Flieger« gelesen, ein Magazin mit Bildern. Das war die Zeit, wo immer die anderen abgeschossen wurden. Die Deutschen hatten diese schicken Schiffchen auf dem Kopf und zählten die erlegten Feinde mit schwarzen Strichen an ihren Flugzeugen. Sie trugen kleine Hunde auf dem Arm und lächelten. Einmal im Monat lief ich zum Bahnhofskiosk und kaufte das jeweils neueste Heft.

Ab Sommer 45 aber habe ich anderes gelesen. Im Herbst gab es dann die ersten Zeitungen. »Die deutsche Volkszeitung« war die

Auf der Suche nach dem Sommer 1945:
Gerhart Baum sichtet alte Fotografien.

Ein Jahrhundert Leben: Georg Stefan Troller am Schreibtisch seiner Pariser Wohnung

Intendant, Fernsehjournalist, Kriegsheimkehrer: Friedrich Nowottny verwahrt
manche Erinnerungsfotos sehr klassisch, im Schuhkarton.

Aber eine Arbeit mußte noch vor dem Fest verrichtet werden: Die Entleerung unseres ... und Vergraben des Inhalts - so ... Mein Schwesterlein und ich lachten viel beim Tragen ... über die ekligen Minuten hinweg. Hinzu kam der Kampf mit der ... flachen Marschland nur mit ...

Als Zwanzigjährige flüchtete Annemarie Günther durch halb Europa nach Hamburg. Das Tagebuch als erster Schritt, für das Erlebte Worte zu finden. Das »Verarbeiten« fing damit erst an.

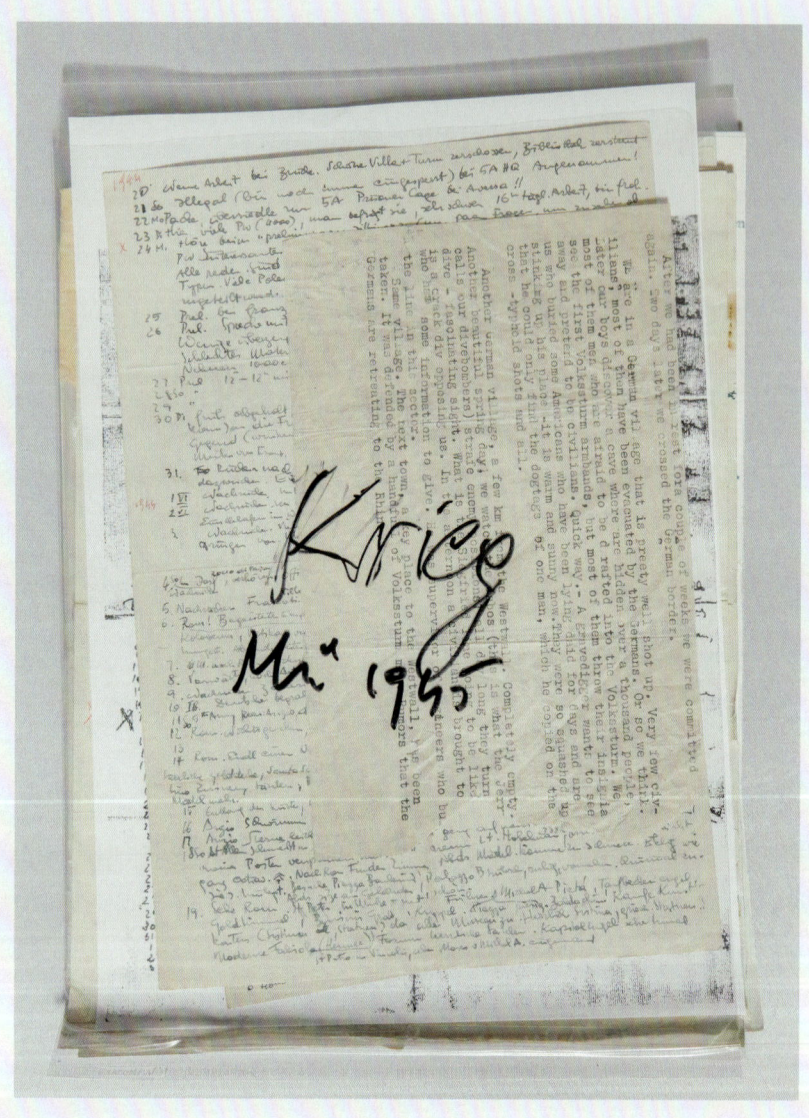

Georg Stefan Troller tippte sein Tagebuch auf Englisch, weil ihm seine Muttersprache fremd werden sollte. Das änderte sich wieder, und der Ordner mit seinen Aufzeichnungen von damals ist heute mit einem deutschen Wort betitelt.

Gerhart Baum

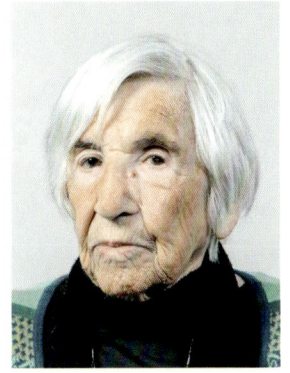

Esther Bejarano

Klaus von Dohnanyi

Irmtraud Folgner

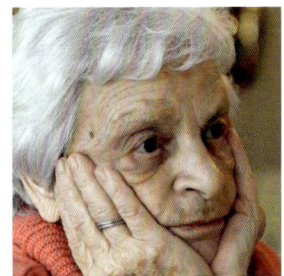

Annemarie Günther

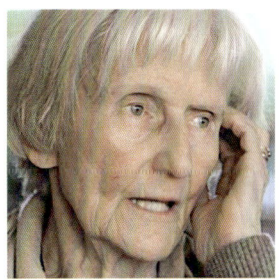

Eva Kleiminger

Burkhard Hirsch

Alexander Kluge

Wolfgang Kohlhaase

»Der Frieden von 1945 war wie eine Rekonvaleszenz nach schwerer Krankheit.«
Der Filmemacher Edgar Reitz in seinem Garten in München

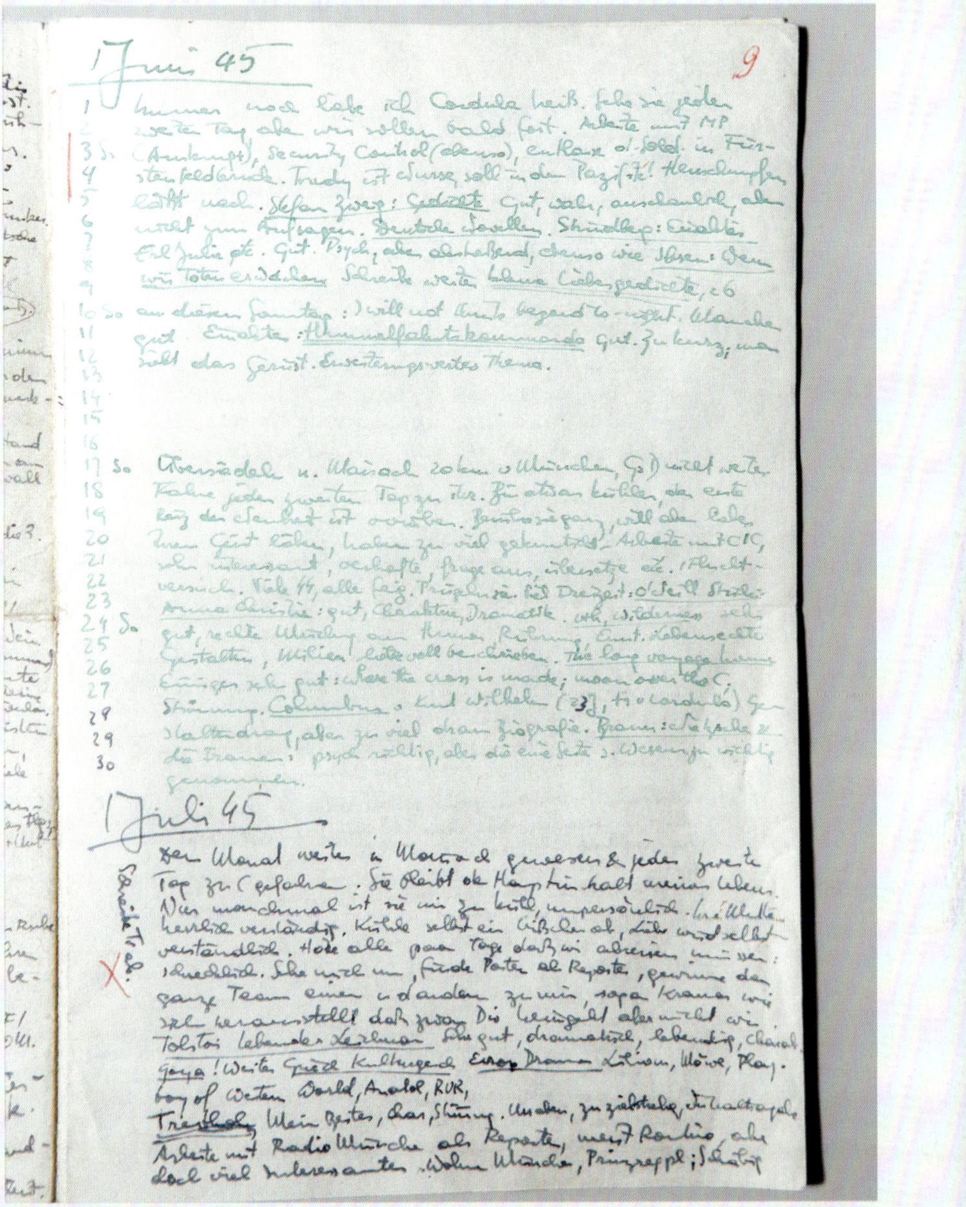

1 Juni 45

1 Juli 45

Troller führt jeden Tag Buch, notiert Stichworte zu dem, was ihm durch Kopf (und Herz) geht, was um ihn herum geschieht. Er möchte Schriftsteller werden.

Hans Modrow

Armin Mueller-Stahl

Friedrich Nowottny

Nikolaj Pudow

Edgar Reitz

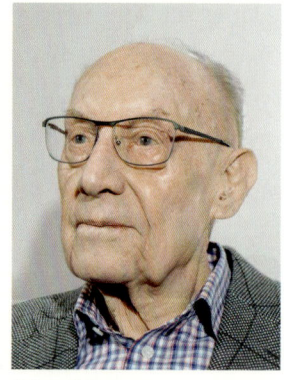

Edzard Reuter

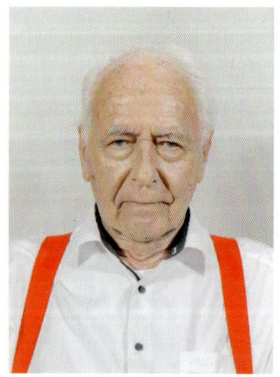

Wolf Schneider

Christian Schwarz-Schilling

Theo Sommer

Die letzten Tage der Kindheit: Irmtraud Folgner 1942 mit ihren Eltern und
dem jüngeren Bruder

Flugblatt

In keinem KZ in Deutschland so wie im Ausland hat es Gaskammern gegeben zur Vernichtung von Menschen, daher ist es eine Jahrhundert Lüge das wir Deutschen sechs Millionen Juden vergast haben sollen!

Eine erfindung

der Sieger im zweiten Weltkrieg um Deutschland für immer zuerpressen!

Ein deutscher Patriot

Eines der Schreiben an Georg Stefan Troller. Aus »Das haben wir nicht gewusst« wurde schnell »Das haben wir nicht verdient«. Selbstmitleid und Leugnung seien ihm begegnet, Reue eher selten.

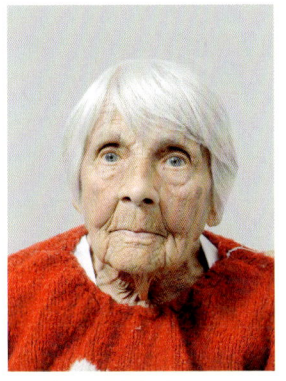

Ingeborg Triebel

Woldemar Triebel

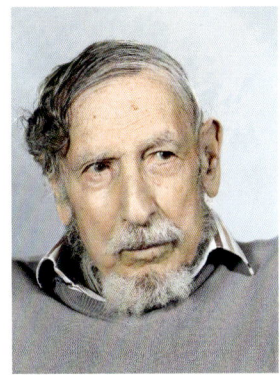

Georg Stefan Troller

Hans-Jochen Vogel

Martin Walser

Marianne von Weizsäcker

Georg Stefan Troller als junger Mann: »Ich kann gar nicht sagen, wie sehr damals die Sehnsucht nach Zugehörigkeit in mir gewütet hat. Dieses innere Gefühl, dass man eigentlich zu diesem Sprachraum gehört, dass man dieser Kultur angehört.«

Der erste Presseausweis des späteren ARD-Korrespondenten Georg Stefan Troller, ausgestellt von der US-Militärregierung. Troller wird in seinem Beruf zur Legende. Wer in den Sechziger-, Siebzigerjahren einen Namen hatte, in Literatur, Film, Kunst, Politik, wurde von Troller vor die Kamera geholt.

»Wir machten uns mühsam auf den Weg.« Für Gerhart Baum, den späteren Innenminister, waren die Gesetzlosigkeit und das Werte-Vakuum des ersten Nachkriegssommers prägend.

Der 17-jährige Gebirgsjäger Martin Walser: »Wir sind zu viert hinauf in große Höhen, wo wir sicher waren.«

Martin Walser in seinem Arbeitszimmer, ein Menschenleben später. Von ihm stammt der Titel dieses Buches: »Ein Sommer wie seither kein anderer«.

Dachau 1. Mai 1945

Tote

Verbrennungsofen. Hand mir gezittert

Am 1. Mai 1945 soll Georg Stefan Troller als Berichterstatter mit seiner Fotokamera festhalten, wie in Dachau die Verbrennungsöfen geöffnet werden. Es ist ein Blick in den Abgrund, seine Hand zittert, und so scheint auch das Foto sich gegen die Wirklichkeit zu wehren.

»Alle sagten: Lass uns bloß mit Politik in Ruhe, wir wollen nicht wissen, was da war und warum.« Edzard Reuter in seinem Haus in Stuttgart

»Manchmal bin ich nachts schweißgebadet aus dem Schlaf hochgeschreckt.«
Theo Sommer, prägender Journalist im Nachkriegsdeutschland

»Ich sehe verschlossene Arbeitszimmer, in denen die heimgekehrten Väter hocken und grübeln.« Alexander Kluge dagegen hat sein Nachdenken über das Vergehende und Jüngstvergangene in seinen Filmen und Büchern stets öffentlich gemacht.

»Ohne Bitterkeit nach Hause gekommen.« Der Schriftsteller
Wolfgang Kohlhaase zeigt auf ein Foto von ihm und seinen
Eltern aus der Kriegszeit. Es hängt so, dass er jeden Tag
daran vorbeigeht.

Nazierziehung das gelesen hat.« Er küsst ihr die Hand. Nachts klettert sie auf einen Apfelbaum und heult und denkt, dass sie »die Hand nie mehr waschen« will. Sozialdemokraten und Sozialdemokratinnen gründen die Berliner SPD. Bereits am 19. April hatte eine Gruppe um Kurt Schumacher in Hannover die Wiedergründung der SPD beschlossen und am 6. Mai den Ortsverein Hannover ins Leben gerufen. Reichsinnenminister Wilhelm Frick hatte die SPD 1933 verboten.

In Braunau am Inn, Hitlers Geburtsort, lernt Fried-

Zeitung der KPD. Auf grauem Papier und in Fortsetzungen erschien ein Roman, auf den ich dringend gewartet hatte: »Stalingrad«, von Theodor Plivier. Ich wollte wissen, was da war. Stalingrad hing wie ein schwerer Schatten über allem anderen. Zwei Jahre später war ich Volontär bei der Jugendzeitschrift »Start«. Ich habe mit 14 gedacht, alles, was gedruckt wird, stimmt. Dafür sind die Zeitungen ja da. Da steht drin, was los ist. Jetzt wurde mir klar, dass das, was da drinsteht, von anderen Leuten hineingeschrieben wird. Im »Start« gab es immer auf der letzten Seite eine Geschichte. Das war eine Art Literatur, die ich nicht kannte. Es waren die amerikanischen Short-Story-Leute.

Als die Bombe in Hiroshima fiel, ist mir die Gewalt dieses Vorgangs völlig entgangen. In den Wochenschauen, die auch in deutschen Kinos liefen, sahen wir, was niemand glauben wollte: Nürnberg, die Prozesse, die Taten, die Opfer und die Täter. Göring war groß und dick und sah nicht beunruhigt aus. Ein Mann im Publikum schrie, und er meinte die großen Banditen: »Diese Säue muss man alle aufhängen.« Ich dachte: Wird mein Vater denn nun wiederkommen, oder gehört der auch zu denen? Es dauerte ein halbes Jahr, bis eine kleine vorgedruckte Postkarte von ihm kam.

rich Nowottny, der spätere Intendant des WDR, einen
Juwelier kennen, einen Österreicher. Der hat einen
Karton voller Totenkopfringe aufgehoben. »Wenn die
Amerikaner die bei mir finden, bringen die mich um –
das sind doch SS-Ringe«, sagt er zu Nowottny. »Ich
bat ihn, mir ein paar zu geben. Und da habe ich einen
schwunghaften Handel mit angeblichen SS-Ringen angefangen. Der Schuster nebenan hatte Polierscheiben.
Da habe ich die drangehalten, dann waren die hochglanzpoliert; das sah toll aus. Die Amerikaner waren

Er hatte einen praktischen Beruf, der lebensrettend war. Obgleich
er dort noch fünf Jahre saß, ist er ohne Bitterkeit nach Hause gekommen. Er sagte immer, die hatten selbst nichts. Er ist dort in eine
Art von harter, aber erträglicher Normalität gelandet. So konnte er
als gelernter Schlosser Geld verdienen, bescheiden, aber er hatte
ein Lohnkonto. Er konnte sich eine Tüte Zucker bestellen oder ein
Stück Seife. Das Geld übergab er den sowjetischen Offizieren, die
fuhren in die Stadt und kamen mit Säcken auf der Schulter zurück.

Mein Vater sagte: Ich habe oft gedacht, welcher deutsche Leutnant hätte für mich einen Sack getragen?

Mein Vater kam 1949 aus der Gefangenschaft in Lettland. Er
hatte sehr gehungert. Als er in die Antifa-Baracke gerufen wurde,
bekam er den Fuß nicht mehr über die Schwelle. Er musste das
Knie mit den Händen anheben. Man fragte ihn, ob er einen Vater hätte, der für die Zeitung schreibe. Der »Start« wurde ja auch in
die Kriegsgefangenenlager geschickt, und Kohlhaase ist ein selte-
ner Name. Sein Vater, sagte mein Vater, sei Streckenarbeiter bei der
Eisenbahn in Pasewalk gewesen, kein Journalist. Ob er denn einen
Sohn habe? »Der heißt Wolfgang und ist 16. Das kann ja nicht sein.«
Für den Fall, dass ich es doch war, bekam mein Vater zwei Wochen

verrückt nach Nazisouvenirs. Der Kurs war ein Ring für eine Stange Zigaretten.«

In Danzig haust Brigitte Wetzel, die Mutter des Künstlers Jonathan Meese, seit Wochen im Keller eines Krankenhauses. »Wir hatten keinerlei Nachrichten, wir wussten nicht einmal, dass der Krieg vorbei war. Irgendwann wurde es uns gerüchtemäßig erzählt, aber es machte keinen Unterschied für uns, wir kamen nicht raus aus der Stadt. Meine Mutter war darüber verzweifelt, wenig später starb sie. Jemand nähte ihre Leiche

lang einen Posten in der Küche und durfte so viel Suppe essen, wie er konnte.

Die Mehrheit in der Schule wollte Pazifist werden. Ein durchreisender Englischlehrer hinterließ den Gedanken, Deutschland sollte am besten zu England gehören.

Viel später traf ich einen Schulfreund auf der Straße und fragte ihn: »Mensch, wo bist du gewesen?« – »Ach«, sagte der, »hör mir bloß uff.« Er erzählte, dass er beim Bäcker angestanden hatte und ein Zug deutscher Gefangener vorbeigezogen war. Einer von denen rannte los und versteckte sich in der Schlange der Frauen. Aber so war eine Lücke entstanden. Die Bewacher nahmen den einen für den anderen. Er blieb drei Jahre in Kasachstan. Berlin roch längst nicht mehr nach Rauch.

in einen Sack ein, meine Tante organisierte eine Schub-
karre und eine Schaufel. Wir fuhren dann zu unserem
Familiengrab, schaufelten eine Grube, legten meine
Mutter hinein und schaufelten das Grab wieder zu.«

In Belgien hört der Kriegsgefangene Helmut Schmidt
in diesen Tagen einen Vortrag: »Verführtes Volk« von
dem Ritterkreuzträger und religiösen Sozialisten Hans
Bohnenkamp. Danach, sagt Schmidt später, sei er vom
Nationalsozialismus geheilt gewesen.

Irmtraud Folgner

 **Zur Person:** Irmtraud Folgner, Jahrgang 1934, wurde in
Hannover geboren. Ihr Vater, ein gelernter Tischler, ging
1924 zur »Schwarzen Reichswehr«, einer illegalen para-
militärischen Truppe, die neben dem im Versailler Friedensvertrag
zugestandenen 100 000-Mann-Heer bestand. Er wurde als Reserve-
offizier und Ingenieur im Fernmeldewesen entlassen. Weil er Flug-
plätze ausbauen half, musste die Familie häufig umziehen; in sieben
Jahren wechselte Irmtraud Folgner zehnmal die Schule. Nach dem
Krieg machte sie eine Ausbildung zur Diätassistentin. Das Wichtigste
sei für sie gewesen, sagt sie, dass ihr nach dem Trauma ihrer Kindheit
ein normales Leben gelinge, ohne fremde Hilfe. »Ich denke, es ist mir
ganz gut gelungen.« 1956 heiratete Irmtraud Folgner, sie hat eine
Tochter und einen Sohn.

Der Sommer 1945 – alles, was in diesem Sommer passierte, ist für
mich bis heute überschattet von einem Vertrauensbruch, einem Ver-
rat durch meine Eltern.

Ich hatte einen Cousin, er war der Sohn der ältesten Schwester

Frauen beseitigen
Trümmer im Ostteil
von Berlin, 9. Juli
1945

meines Vaters. 1944 war er nach einem Angriff auf Hamburg mit seiner Kompanie abgestellt worden, um Bergungs- und Aufräumarbeiten zu erledigen. Bevor sie ausrückten, wurde der Befehl ausgegeben: Wer plündert, wird erschossen!

Dieser Cousin beging die Dusseligkeit, von einem Trümmerhaufen einen Volksempfänger mitzunehmen, seine Truppe hatte dort Tote geborgen. Er wurde erwischt, verhaftet und vor ein Militärgericht gestellt. Er erklärte, die Toten hätten den Volksempfänger doch ohnehin nicht mehr gebraucht, das Zeug wäre doch vergammelt, aber das half ihm nicht: Er wurde zum Tode verurteilt, wegen Missachtung eines militärischen Befehls.

Mein Vater war im Krieg Offizier bei der Luftwaffe gewesen. Als dieser Cousin verurteilt worden war, bat er meinen Vater, ein milderes Urteil für ihn zu erwirken. Die Offiziere zeigten meinem Vater die Prozessakten. Ihr Neffe hat einen ordentlichen Militärprozess bekommen, sagten sie. Wir können nicht morgens den Befehl ausgeben: Wer plündert, wird erschossen! – und dann den Ersten, den wir in flagranti erwischen, laufen lassen. Wir sind nicht nur für Ihren Neffen verantwortlich, sondern für die Ordnung in der ganzen Truppe. Mein Vater hat anfangs noch auf die Offiziere einge-

15. Juni

Erich Kästner, der dem Vorkriegs-Berlin mit »Emil und
die Detektive« ein literarisches Denkmal gesetzt hat,
schreibt besorgt: »Nach der Eroberung Berlins, heißt es,
sei die Stadt den russischen Truppen zu einer Dreitage-
plünderung freigegeben worden. Außerdem rücken sie
... immer weiter nach Westen und Südwesten vor! Hat
man die Demarkationslinie noch immer nicht festge-
legt? Oder hat man sie so weit westlich gezogen, daß
die Russen sie immer noch nicht erreicht haben?«

redet. Schließlich fragten sie ihn: Sie sind doch selber Offizier, wie
würden Sie denn handeln? Daraufhin sagte mein Vater: Tun Sie, was
Sie für richtig halten.

Im September 1944 wurde mein Cousin erschossen. Der Ver-
wandtschaft kam dann offenbar zu Ohren, dass mein Vater das
Urteil akzeptiert hatte. Ungefähr drei Wochen später hat mich der
Vater dieses Cousins, mein Onkel, zum ersten Mal vergewaltigt, aus
Rache an meinem Vater. Ich war zehn Jahre alt und erfolgreiche
Schülerin eines Lyzeums. Für mich brach eine Welt zusammen.

Als ich mich meiner Mutter anvertraute, erlebte ich den zweiten
Schock. Sie schützte den Täter, nicht mich. Warum? Mein Onkel
hatte meiner Mutter angeboten, uns mit Lebensmitteln zu unter-
stützen, indem unsere Verwandten meine Verpflegung übernahmen.
So hatte meine Mutter meine Lebensmittelkartenration für sich und
meinen Bruder zusätzlich. Dazu musste ich aber nach Schulschluss
ins Haus meines Onkels gehen, trotz meiner Proteste. Meine Mutter hat mich im Stich gelassen. Sie hat mich dem Mann ausgeliefert.

Kurz vor Kriegsende beschlagnahmten die Amerikaner das Haus,
in dem wir untergekommen waren. Binnen vier Stunden mussten
wir raus sein. Ich wurde angewiesen, meinen kleinen Besitz in Tor-

17. Juni
Ingeborg Bachmann ist noch immer ganz beseelt von
ihrer Begegnung mit der Siegermacht. Jack Hamesh,
der britische Soldat, bringt ihr Bücher. »Das ist der
schönste Sommer meines Lebens«, wird sie schreiben.
»Und wenn ich hundert Jahre alt werde – das wird der
schönste Frühling und Sommer bleiben.«
Sie schreibt allerdings auch:»›Vom Frieden merkt
man nicht viel‹, sagen alle, aber für mich ist Frieden, Frieden! Die Leute sind alle so entsetzlich dumm;

nister und Turnbeutel zu verstauen. Ausgerechnet dieser Onkel erklärte sich bereit, uns bei sich aufzunehmen. Er erschien mit einem
Handwagen, um unsere wenigen Habseligkeiten, die meine Mutter
in der Eile gepackt hatte, abzuholen.

In seinem Haus lebten bereits vier Familien. Für uns gab es noch
zwei freie Betten. Im Wohnzimmer wurden die Möbel in zwei Ecken
gerückt und ein Bett in die Mitte geschoben; dort schlief meine
Mutter mit meinem Bruder. Ich wurde im Zimmer meines 18-jähri-
gen Vetters untergebracht. Mit ihm kam ich gut klar. Wir trafen die
Vereinbarung, dass ich abends zuerst ins Bett ging. Nach einer Zeit
klopfte er an die Tür und fragte: Kann ich kommen? Dann habe ich
mich zur Wand gedreht, damit er sich ausziehen konnte. Wenn er im
Bett lag, sagte er zu mir: Du kannst wieder gucken.

Tagsüber lebten wir alle zusammen in der Waschküche in einem
Anbau, der über den Hof zu erreichen war. Gekocht wurde nur Ein-
topf, aus dem Garten und dem Kleinvieh unserer Verwandten.

Von meinem Vater fehlte seit vielen Wochen ein Lebenszeichen.
Meiner Mutter wurde kein Geld mehr überwiesen. Sie begab sich
in die totale Abhängigkeit dieses Onkels, konnte ihm weder für die
Unterkunft noch für die Verpflegung Geld geben. Mein Onkel be-

haben sie denn erwartet, daß nach einer solchen Katastrophe das Schlaraffenland von einem Tag zum an-
dern ausbricht!«

18. Juni
Annemarie von Duhn ist in Wannsee eingeladen:
»Wolfgang von Eckart, Sohn eines Heidelberger Profes-
sors und einer Jüdin, 1933 nach USA ausgewandert, ist
jetzt als Mitglied der amerikanischen Besatzungstruppe
hier wieder aufgetaucht und verliest die ›15 Thesen

stand dann auf Bezahlung mit Sex. Den musste ich ableisten, mit
Wissen und Duldung meiner Mutter. Damals habe ich oft gedacht:
Das ist kein Leben mehr!

Ende Juli 1945 kam mein Vater zurück. Ich stand gerade alleine
im Hof, als sich plötzlich die Tür zur Scheune einen Spaltbreit öffnete. Wie in Zeitlupe wurde das Vorderrad eines Fahrrades sichtbar,
dann wurde die Tür aufgestoßen – und mein Vater stand im Tür-
rahmen. Ich traute meinen Augen nicht: Mein Vater lebte! Er war
zurückgekommen! Laut jubelnd flog ich ihm um den Hals. Endlich
gab es wieder eine Perspektive.

Er hatte die Kapitulation auf dem Fliegerhorst in Goslar erlebt,
die Stadt fiel den Alliierten kampflos in die Hände. Entsprechend
human handelten sie; mein Vater geriet nur für 14 Tage in Kriegsgefangenschaft. Ich habe mich ihm anvertraut. Er war geschockt –
aber auch er hat nichts unternommen. Das verstand ich nicht. Ich
habe dann alleine mit diesem Onkel gekämpft. Ich habe alles Mögliche versucht, schließlich habe ich ihn mir selbst vom Hals geschafft.

Ich wollte immer eine Erklärung von meinen Eltern haben, aber
sie weigerten sich. Erst 24 Jahre später entschuldigte sich mein Vater
bei mir und gestand, dass die Vergewaltigungen ein Racheakt an ihm

Befreite russische
Zwangsarbeiter
tanzen auf dem Dach
des ehemaligen
Goebbels-Hauses in
Würzburg, August
1945

waren. Bis dahin hatten meine Eltern versucht, mir Schuldgefühle einzureden. Das hat meine Kindheit, meine Jugend, später meine junge Ehe, im Grunde mein ganzes Leben belastet.

Das Gefühl, von Mutter und Vater im Stich gelassen worden zu sein, bin ich nie mehr losgeworden. Ich habe mich dann früh von meinen Eltern getrennt, für mehrere Jahre; mit 17 Jahren bin ich aus dem Haus gegangen.

In meiner Fantasie habe ich mir andere Eltern erschaffen, um überhaupt weiterleben zu können. Ich habe gedacht, ich werde das Erlebte einfach aus meinem Leben ausklammern – aber es holt einen wieder ein.

Geholfen hat mir dann mein späterer Mann. Wir litten beide unter Depressionen, als wir uns kennenlernten. Wenn er seine Tour bekam, dann hat er geredet: über die Straßenkämpfe in Breslau, bei denen er 17-jährig mitkämpfen musste, und seine vier Jahre in russischer Kriegsgefangenschaft; über die ständigen Gehirnwäschen, denen er ausgesetzt war. Diese Zeit hatte ihm sehr zugesetzt.

Ich habe ihm zugehört, so sind wir uns nähergekommen. Wir haben uns wirklich gefunden. Er wäre ohne mich wahrscheinlich gescheitert und ich ohne ihn. Wir haben uns gegenseitig geheilt.

deutscher Selbstbesinnung‹ seines Vaters. Anschließend Diskussion.«

In München hat Karin Probst ein Kindheitserlebnis:
»Die Amerikaner, das erste Mal sah ich einen Schwarzen, der freundlich lachte und uns Kindern Sandwichs
und Kaugummi zuwarf, waren freundlich. Als ich meiner Mutter freudestrahlend davon berichtete, sagte sie,
wir dürften von den Amerikanern nichts nehmen, sie
hätten Vati in Frankreich erschossen.«

Köln ist eine ziemlich leere Stadt. Kaum mehr als

Martin Walser

 **Zur Person:** Der Schriftsteller Martin Walser, Jahrgang
1927, stammt aus Wasserburg am Bodensee, wo seine
Eltern ein Bahnhofslokal und eine Kohlenhandlung betrieben. Nach der Oberrealschule wurde Walser als Flakhelfer eingezogen, das Kriegsende erlebte er als Wehrmachtssoldat. Nach dem
Krieg studierte er Literaturwissenschaft, Geschichte und Philosophie.
1950 heiratete er Katharina Neuner-Jehle, »Käthe« genannt. Zu seinen bekanntesten Werken zählen die Romane »Ehen in Philipps-
burg« und »Brandung« sowie die Novelle »Ein fliehendes Pferd«.

Wenn ich vom ersten Friedenssommer erzähle, möchte ich damit
beginnen, warum ich überlebt habe.

Am 19. Oktober 1944 bin ich eingezogen worden, nach Garmisch.
Ich war »kriegsfreiwillig«, das hieß, ich konnte die Waffengattung
wählen. Ich habe mich zu den Gebirgsjägern gemeldet. Weil ich Bril-
lenträger bin, konnte ich nicht zu den Panzersoldaten gehen wie
mein zwei Jahre älterer Bruder Josef. Und an diesem 19. Oktober
1944, dem Tag, an dem ich nach Garmisch zu den Gebirgsjägern

175 000 Menschen leben hier noch, von vorher einer Dreiviertelmillion. Der 49-jährige Hans Diester wird seine Geburtsstadt noch lange nicht wiedersehen. Er rückt ins Kriegsgefangenenlager Moosburg ein. Als zeitweiliger Hilfsrichter am Volksgerichtshof und Parteimitglied befürchtet er Schlimmes. »Orden und Ehrenzeichen waren allgemein abgelegt, nachdem sich gezeigt hatte, dass solche von den Amerikanern fast regelmäßig abgenommen und oft verächtlich in Abfallkisten geworfen oder auch als Kriegsandenken

aufbrach, kam die Nachricht, dass Josef gefallen sei. So sagte man damals: »gefallen«. Ich war froh, dass ich von dem Schmerz meiner Mutter wegkam.

Ich kam zu dem traditionsreichen Regiment 98. Im Tal absolvierten wir eine Grundausbildung, und dann kamen wir hinauf zur Hochgebirgsausbildung aufs Kreuzeck. Die elegante Gaststätte oben war vom Militär beschlagnahmt worden und war nun ein Quartier für uns Soldaten. Als die Grundausbildung zu Ende war, hat der Oberleutnant, der im Zivilberuf ein freundlicher schwäbischer Lehrer gewesen ist, vorgelesen, welche Soldaten jetzt nach Mittenwald zur Offiziersausbildung dürften. Und da war ich nicht dabei. Ich bin nachher hin zu ihm und habe gesagt: »Ja, warum bin ich nicht dabei?« Er antwortete: »Der Oberjäger hat gesagt: Wer nicht gehorchen kann, kann auch nicht befehlen.«

Warum hatte der Oberjäger das gesagt? Ich will es erzählen: Bei diesem Oberjäger hatten wir eine Ausbildung am Maschinengewehr. Wir standen also um das Maschinengewehr herum, oben in 1000 Meter Höhe, und der Oberjäger hat gesagt, der Schnee sei schwarz. Und zu mir dann: »Walser! Wie sieht der Schnee aus?« Ich hätte antworten sollen: »Der Schnee ist schwarz.« Ich aber habe ge-

behalten wurden. Das war also das Ende der einst so stolzen deutschen Armee. Ein trauriger Anblick, diese endlosen Reihen zu entlassender deutscher Soldaten, mochten die meisten von ihnen auch erfreulicherweise sich noch so sehr bemühen, auf diesem letzten unwürdigen und schweren Gang wenigstens äußerlich gute Haltung zu zeigen.«

Diester erlebt das Kriegsende als Niederlage, nicht als Befreiung – wie die meisten Deutschen auch, die sich als Opfer sehen. »Erinnerungen an 1918 tauchten

sagt: »Herr Oberjäger, wenn Sie sagen, der Schnee sei schwarz, dann sage ich auch, der Schnee sei schwarz.« Und das war für ihn skandalös. Ich habe nicht gehorcht, jedenfalls nicht so, wie er das erwartet hatte.

Aber aus diesem Grund habe ich überlebt!

Denn die Reserveoffiziersanwärter zogen ab nach Mittenwald und von dort in die Kämpfe der Ardennenoffensive, ich aber kam im Frühjahr 1945 zu einem Ersatzhaufen in Wörgl im Inntal. Von Innsbruck her näherten sich die Franzosen und von Rosenheim her die Amerikaner, und dazwischen waren wir. Und dann kam auf einmal ein Amerikaner mit der weißen Fahne als Parlamentär auf uns zu und wollte uns sprechen. Der Major unseres Haufens – ein schrecklicher Mensch – rief: »Wer kann Englisch?« Und ich sagte: »Hier!« Da wurde ich zu dem Parlamentär geschickt, und der sagte, dass wir die Waffen auf die eine Seite legen und uns auf der anderen Seite aufstellen sollten. Das habe ich dem Major ausgerichtet. Der hat zurückgebrüllt: »Ein deutscher Soldat ergibt sich nicht, wir kämpfen weiter!« Und da hat ein Leutnant zu mir und zwei anderen gesagt: »Das wird hier nichts mehr, wir hauen ab.«

Mit diesem Leutnant sind wir desertiert. Wir sind zu viert hinauf

auf. Schmach und Schande brannten in unseren Herzen. Zum zweiten Male mussten viele von uns den ent-
setzlichen Zusammenbruch des Vaterlandes erleben,
nur unter noch viel trostloseren tragischeren Begleit-
umständen und Bedingungen.«

Georg Stefan Troller, als Jude aus Wien nach Amerika emigriert und als US-Soldat zurück nach Deutschland gekommen, fällt ein Satz auf, der typisch werden
wird für diese Zeit. Dass jetzt »auch mal Schluss sein
muss mit dem Reden über die Nazizeit«. Dieser Satz,

in große Höhen, wo wir sicher waren, und von dort aus dann Richtung Westen. Ich habe in einem Bergbauernhof meine Uniformjacke eingetauscht gegen einen Bergbauernkittel.

Manchmal sind wir von der Höhe hinuntergestiegen, haben am
Waldesrand gekauert und ins Tal gesehen. Dort sahen wir Ansammlungen deutscher Soldaten. Daraus schlossen wir, dass der Krieg
vorbei war, dass die deutschen Soldaten sich ergeben hatten und
nun amerikanische Gefangene waren. Auf den Terrassen saßen
amerikanische Soldaten und rauchten und hörten tolle amerikanische Schlager. Da haben wir gestaunt, waren aber auch froh, dass
wir nicht da drunten waren, wir wären ja gleich ins Gefangenenlager gekommen.

Oberhalb von Garmisch ist der Leutnant abgehauen. Er sagte,
unten in Garmisch hätten seine Eltern ein Hotel: »Adieu, adieu.«
Später ist der Kamerad aus Mittenwald abgehauen, und dann sind
der Richard und ich zu zweit nach Westen weitergegangen. Nachts
sind wir immer in irgendeiner Bergbauernhütte geblieben. Oberhalb von Mindelheim hat auch der Richard »Adieu« gesagt und ist
hinunter ins Tal, der lebte dort. Also war ich allein oben und stapfte
weiter.

sagt Troller, »war sofort da«. Ebenso wie die Haltung: Durch die Luftangriffe und den Mangel an Lebensmitteln hat man bereits abgebüßt für solche Dinge wie Auschwitz. »Wir unter den Bombennächten und die Vertriebenen unter dem Iwan – wir haben ja schon alles abgebüßt, was wollt ihr eigentlich noch von uns?«

Erich Kästner schreibt in sein Tagebuch: »Eine schlimme, niederdrückende Nachricht! Die Russen besetzen, bis zum 21. Juni, Thüringen, Sachsen, die Provinz Sachsen und Mecklenburg. Und die Amerikaner

In der Gegend von Füssen stand ich eines Tages plötzlich vor einem amerikanischen Jeep. Jetzt war ich gefangen. Die haben mich genommen, in den Jeep gesetzt und mit einer wahnsinnigen Geschwindigkeit zurück nach Garmisch gebracht. Das Gefangenenlager dort war im Eisstadion untergebracht. Wir kampierten auf den Bänken. Die anderen Gefangenen meldeten sich zum Arbeitsdienst, dort war man besser verpflegt. Ich habe mich aber nicht gemeldet, weil ich sah, dass sich dort die Bibliothek des Reichssenders München einquartiert hatte. Ich habe mich da zum Bibliothekar gemacht und Bücher an die Kameraden ausgeliehen, die lesen wollten. Ich habe immer auch Bücher mit hinaufgenommen auf mein Lager, also meine Bank.

Dann kam das Sonderbare: Ein schöner amerikanischer Offizier kam vorbei, der hat gesehen, dass ich immer lese, und hat gesagt: »Ich bringe Sie heim.« Ich habe dann meinen Rucksack vollgestopft mit Büchern aus der Bücherei des Reichssenders München – zum Beispiel zwei Bände Stifter und ein Riesentrumm von Buch, das hieß »Gehalt und Gestalt im Kunstwerk des Dichters« von Oskar Walzel.

Wir sind dann Richtung Bodensee gefahren in die französische

Menschen warten
in der Potsdamer
Straße in Berlin auf
den Bus

Zone, als amerikanischer Offizier durfte er das. Er hat natürlich gewusst, dass mich die Franzosen als Gefangenen behalten und mich
in ein französisches Bergwerk stopfen würden, wenn ich alleine
wäre. Solche Dinge sind ja vorgekommen. Also ist er mit mir nach
Lindau gefahren und hat auf der Kommandantur für mich einen
Laissez-passer erworben, ein Reisedokument, mit dem ich geschützt
war vor weiterer Gefangennahme. Er ist mit mir bis Wasserburg gefahren und hat mich oberhalb des Dorfes abgesetzt. Ich bin dann
alleine hinunter ins Dorf.

Mein elterliches Haus war ja die Wirtschaft vis-à-vis vom Bahnhof. Davor waren beschlagnahmte Fahrräder gestapelt. Das Haus
selber war voller französischer Unteroffiziere. Ich bin also mit klop-
fendem Herzen durch die hindurchmarschiert, sie konnten mir aber
nichts anhaben, denn ich hatte ja meinen Laissez-passer.

An der Küchentür stand ein Mädchen, von dem ich nicht wusste,
wer das ist. Die hat mich gegrüßt, und ich habe sie gegrüßt. Das war
Käthe, meine spätere Frau.

Ich ging hinauf ins erste Stockwerk zu meiner Mutter und war
endlich daheim. Es war natürlich ein toller Empfang, meine Mutter
war glücklich, dass ich wieder da war. Wir sind in die Maiandacht in

sind damit einverstanden! Es kann sich nur um ein Zu-
geständnis älteren Datums handeln. Um eine Klausel
aus der Kriegszeit. So ließe sich nachträglich auch das
amerikanische Zögern an der Elbe und vor Berlin erklären, nur so und nicht anders. Man löst ein gegebenes
Wort ein. Und man verschenkt, mit Mitteldeutschland,
Europa!«

die Kirche gegangen, und da hat der Karl Erb gesungen, das war ein
Weltklassetenor, der in den Kriegswirren in Wasserburg bei einer reichen Frau untergekommen war.

Meine Mutter war Witwe seit 1938. Als mein Bruder gefallen und
ich zu den Gebirgsjägern gegangen war, hatte sie die Wirtschaft an
einen Hotelier verpachtet, der in Friedrichshafen ausgebombt worden war und mit seiner Familie eine Unterkunft gesucht hatte. Der
betrieb nun die Wirtschaft. Und der hatte auch die Tochter, die ich
gesehen habe an dem Tag, als ich zurückgekommen war. Meine
Mutter wohnte jetzt oben im ersten Stock. Sie hatte da zwei Zimmer und eine kleine Küche, ich bekam eines der Zimmer. Auf der
anderen Seite des Ganges wohnten der Pächter und seine Familie.

Es begann ein fabelhafter Sommer. Die Franzosen waren eine
Besatzungsmacht, mit der man auskommen konnte. Sie erließen
den Befehl, die männlichen Wasserburger sollten alle Zäune streichen, und zwar mit den französischen Farben Blau-Weiß-Rot, weil
am 14. Juli, dem französischen Nationalfeiertag, der General Lattre
de Tassigny in Wasserburg landen würde. Das haben wir natürlich
gerne gemacht, und der Lattre ist an dem 14. eingezogen wie ein
Fürst.

19. Juni

Im Kriegsgefangenenlager Moosburg ist der Jurist Hans Diester, vormals Hilfsrichter am Volksgerichtshof, über die Behandlung der Gefangenen empört:»Draußen wurden wir unter Bewachung auf einen offenen amerikanischen Lastkraftwagen verladen. Die Art dieses Transportes zeigte, dass unsere Gegner offensichtlich nicht gedachten, sich an die international anerkannten Regeln der Genfer Konvention hinsichtlich der Behandlung von Kriegsgefangenen, insbesondere auch

Ich war froh, dass wir nicht mehr machen mussten, als diese Zäune zu streichen. Ich war gerettet, und es war ein Sommer wie seither kein anderer.

Käthe und ich haben einander entdeckt. Käthe wohnte auf Zimmer 10, und meine Mutter und ich hatten Zimmer 8 und Zimmer 9. Ich wollte natürlich, dass Käthe auch nachts herüberkäme, und jetzt müssen Sie sich vorstellen, was wir gemacht haben: Sie ist aus dem Fenster gestiegen und hat sich außen an der Hauswand entlang von Fensterbrett zu Fensterbrett gehangelt und ist in Zimmer 9 durchs Fenster gekommen. Natürlich war das sehr gefährlich, aber sie hat es geschafft. Und da waren wir nun zusammen glücklich in Zimmer 9. Meine Mutter in Zimmer 8 hat nichts gemerkt.

Käthe und ich sind auch abends noch hinunter an den See gegangen und haben gebadet. Käthes Bruder hatte von seinem Vater das Kochen gelernt und hat Käthe und mich, wenn wir zurück vom See kamen, noch verpflegt, und das war natürlich das höchste Glück.

In Lindau habe ich im Sommer 1945 Heinrich Heine kaufen können, und dann habe ich den ganzen Sommer Heine gelesen und war vollkommen betört von diesen Strophen. Überhaupt war der Sommer 1945 ein ungeheurer Jubel. Das ganze Dorf war selig über den

von kriegsgefangenen Offizieren, zu halten.« Und weiter schreibt der 49-jährige Rechtswissenschaftler:»Man
sah da Männer jeden Alters, vom 16-jährigen Schüler
hinauf bis zum Greis, Männer in dem einstigen Ehren-
kleid der deutschen Wehrmacht und solche im schlich-
ten Rock des Bürgers.

Was zerbrach in diesen Männern nicht alles auf jenem traurig-elenden Zug ins Lager Moosburg!

Sie waren nicht nur der Freiheit beraubt. Auch sie
waren, wie unsere ganze Nation, aus stolzer Höhe nie-

Frieden. Wir waren froh, dass wir zu essen und zu trinken hatten,
und ich war froh, dass es Käthe gab, und Käthe war froh, dass es
mich gab. Mein späterer Schwiegervater ist damals mit dem Rad ins
Oberland gefahren und hat Essen geholt für sich und die Familie,
da haben meine Mutter und ich auch immer ein bisschen etwas ab-
bekommen. Meine Mutter stammte von einem kleinen Hof ein paar
Kilometer weiter, da haben wir auch immer etwas holen können. Ja,
auch Kleidung hatten wir genug. Ich hatte ja noch, auch wenn das
traurig war, die Kleidung von meinem gefallenen Bruder. Ich war
verliebt in Käthe und Käthe in mich, alles andere war sekundär.

dergeschmettert in ein Nichts, wie nie zuvor ein Volk in der Geschichte.«

Während Klaus von Dohnanyi durch das befreite Deutschland radelt, marschieren die Russen bei seiner Familie ein. »Meine Schwester versteckt in den oberen Wandschränken, mein Bruder unter vorgehaltener Pistole gezwungen, vergeblich ein stillgelegtes Auto in Gang zu setzen, aber eben auch russische Offiziere, die voller Respekt vor dem Widerstand meines Vaters befahlen, unser Haus zu schützen.«

Hans Modrow

 **Zur Person:** Hans Modrow wurde am 27. Januar 1928 im pommerschen Jasenitz geboren. Nach einer Ausbildung zum Maschinenschlosser wurde er als 17-Jähriger in den Volkssturm eingezogen, 1945 geriet er in sowjetische Gefangenschaft. In der Sowjetunion besuchte er eine Antifaschistische Frontschule, die ihn zum Sozialisten machte. 1949 kehrte er nach Deutschland zurück. Er arbeitete als Maschinenschlosser im Lokomotivbau und machte rasch Karriere in der FDJ. 1967 wurde er Mitglied im Zentralkomitee der SED, später Erster Sekretär in Dresden. Modrow war der letzte Regierungschef der DDR. Nach der Wende gehörte er dem Bundestag und später dem Europaparlament an. Er war Ehrenvorsitzender der PDS und ist Vorsitzender des Ältestenrats der Linken. Hans Modrow lebt in Berlin.

Was für uns als Jugendliche damals im Raum stand, waren die Zerstörungen, die der Krieg brachte. Ich hatte das Gefühl: Hier ist Krieg, da kommt es auf jeden an, es herrscht Not, du bist gefordert. Wir waren in der Jugendfeuerwehr. Auch in unserem Dorf gab es

Später wird Dohnanyi sagen: »Für mich war 1945
wohl das wichtigste Jahr meines langen Lebens: Ich
hatte den Tod gesehen, gelernt, Verantwortung zu
übernehmen, und Selbstvertrauen gewonnen, ohne
mein Gottvertrauen zu verlieren. Kurz, ich war in wenigen Monaten erwachsen geworden.«

21. Juni
Marta Hillers, die Tagebuchschreiberin in Berlin, notiert: »Gestern erlebte ich etwas Komisches: Vor unse-

Tote, wir haben Leute begraben. Ich war im Feuerwehreinsatz, als
Stettin brannte.

Mit 16 waren wir davon überzeugt: Deutschland ist angegriffen.
Nicht: *Wir* haben angegriffen. Als 16-Jähriger hat man das Gefühl:
Ich werde gebraucht. Ich kann etwas beitragen. Keiner wollte bei-
seite stehen. Es war nichts Politisches, eher etwas Praktisches. Mit
derselben Haltung war ich auch in der Hitler-Jugend gewesen. In
dieser Phase des Krieges ging es gegen Briten und Amerikaner,
die Luftangriffe flogen. Die sowjetische Seite bombardierte nicht.
Sie war die Macht, die ihr Land verloren hatte und die jetzt darum
kämpfte, das eigene Land zu befreien.

Politisch wurde es erst mit dem Übergang in den Volkssturm. Da
war klar: Jetzt ist die Ostfront unsere Front. Die Ostfront war ja
für das faschistische Deutschland die Front gegen die Bolschewiki,
gegen die »Untermenschen«. Mit einem Mal war ich im Volkssturm
und nicht mehr in der Feuerwehr. Plötzlich hatte ich ein Gewehr
mit zehn Schuss. Wir wurden ausgebildet an der Panzerfaust und
am Gewehr.

Als junge Volkssturmleute haben sie uns nicht an die aktive Front
geholt. Am Stettiner Haff, dort, wo es viele Kilometer breit ist,

rem Haus hielt eine Karre mit einem alten Gaul davor, einem Tier aus Haut und Knochen. Lutz Lehmann, vier Jahre alt, kam an Mutters Hand daher, blieb vor dem Karren stehen und fragte mit träumerischer Stimme: ›Mutti, kann man das Pferd essen?‹«

Marianne von Kretschmann, die später Richard von Weizsäcker heiraten wird, ist im Sommer 1945 ein 13-jähriges Mädchen: »Nach dem Kriegsende waren wir nach Essen zurückgekehrt, zwar nicht in das Haus, in das wir gehörten, das war besetzt, wie die meis-

sollten wir aufpassen, ob die Russen kommen. Wir sollten lauschen, ob sich im Schilf etwas bewegte.

Und dann sitzt man da in der Nacht mit seiner Panzerfaust. Panzerfaust heißt: Du wirst eingesetzt, um Panzer zu vernichten. Das erforderte eine Motivation; das Motivieren spielte auf der faschistischen Seite eine ungeheuer große Rolle.

Da ist eine Zwiespältigkeit: Ich war nicht frei von dem, was die faschistischen Ideologen uns in der Ausbildung beigebracht hatten. Damals fühlte ich mich beteiligt an einem gerechten Werk. Ich hatte das Gefühl: Wir werden angegriffen, ich verteidige meine Heimat. Volksturm hieß: Wir waren keine Soldaten, die weit entfernt, bei Stalingrad oder sonst wo, eingesetzt wurden. Sondern wir sollten unsere unmittelbare Heimat verteidigen.

Ob der Krieg gewonnen werden würde, darüber haben wir uns im Januar 1945 keine Gedanken gemacht. Wir hatten das Gefühl: Wir müssen verteidigen! Nicht: Wir müssen siegen. Und wenn du mit einer scharfen Waffe noch nie geschossen hast, musst du dich ausbilden. Du musst dein Gewehr beherrschen! Das bläute uns der Feldwebel ein. Sonst wirst du totgeschossen.

Wir haben damals nicht in großen Linien gedacht. Wir kannten

ten Häuser auch. Wir zogen in eine andere Wohnung.
Schließlich öffneten die Schulen wieder. Da wurde unbeschriebenes Papier zu einer Kostbarkeit. Meistens beschrieben wir die Ränder des Zeitungspapiers.«

In Braunau am Inn sehen sich die Menschen einen
Film im Kino an, die Amerikaner wollen das so. Auch
Friedrich Nowottny ist dabei. »Es war der erste Film
über die KZs. Als ich meiner Mutter und meiner Schwester davon erzählte, haben sie mir nicht geglaubt. Ich
habe erst gedacht, was alle gedacht haben: Das kann

Menschen, die beim Bombenangriff umgekommen waren. Als junger Bursche musste ich die Gräber schaufeln. Allein bei uns im Dorf,
mit etwa 2000 Einwohnern, haben wir als junge Feuerwehrleute bei
etwa 30 Menschen die Bestattung gemacht. Das berührt einen doch!
Daher kam das Gefühl: Der Feind hat die Menschen umgebracht.
Die Opfer waren Zivilisten, keine Soldaten.

Der Hauptmann, der unsere Kompanie kommandierte, traf
gegen Ende des Krieges eine Entscheidung: Ihr schmeißt jetzt die
Waffen weg, sagte er. Dass ihr hier umkommt, kann ich gegenüber
euren Eltern nicht auf meine Schultern nehmen. Er hatte Angst,
dass wir kleine Abenteurer würden. Werwölfe. Er hat das verhindert.
Er sagte: Seht zu, wie ihr von Sassnitz nach Dänemark kommt. Es
ging nur noch ums Überleben.

Im Mai 1945 bin ich bei Greifswald gefangen genommen worden.
Wir wollten nach Hause und liefen auf einem Bahndamm, wir hatten nicht bedacht, dass die Rotarmisten auch auf den Bahnstrecken
aufpassten. Die Rote Armee nutzte die Strecken ja schon, sie musste
achtgeben, dass die Gleise nicht von Werwölfen zerstört wurden.
Das haben wir jungen Burschen gar nicht kapiert. Wir glaubten, auf
der Eisenbahn sei Ruhe.

28. August 1945:
In der 1. Berliner
Volksschule
geben Kinder
Nazi-Schulbücher
zurück, so wie es an
der Tafel steht

Als Mensch gefangen genommen zu werden, ist ein eigenes Erleben. Du weißt nicht: Lebst du weiter? Was geschieht jetzt? Du
merkst, dass du deine Würde verlierst. Erst später, um 1947 herum,
habe ich in der Sowjetunion begriffen: Wir Deutschen haben auch
Wiedergutmachung zu leisten.

In die Gefangenschaft bin ich mit der Furcht gegangen: Die erschießen uns. Das war das, was man uns eingebläut hatte. Ich habe
die Rotarmisten damals nicht als Gegner gesehen, sondern als
Feinde. Unsere Angst legte sich wenig, als wir mitbekamen, dass die
russischen Soldaten nicht auf uns schossen, sondern auf ihren Sieg:
Hitler ist weg. *Wojna konez*, der Krieg ist zu Ende.

Die Nachricht, dass Hitler tot sei, hatte uns bis dahin nicht erreicht. Das erste Mal, dass ich davon hörte, war schon in Gefangenschaft, auf einem Gutshof bei Greifswald. »Hitler kaput.«

Von diesem Gutshof wurden wir nach Stralsund gebracht, zu
einer Sammelstelle. Nach zwei, drei Tagen wurde aus rund 1000
Leuten eine Gefangenengruppe gebildet. Wir hatten nichts als
unsere Klamotten am Leib. Für uns galt es nun, zu überleben. Ich
habe es mal »ein aktives Verhältnis zum Unausweichlichen« genannt.

Wir mussten im Wald arbeiten. Ein russischer Soldat sollte uns

doch nicht wahr sein. Es ist eine gewisse Zeit vergangen, ehe man begriffen hat: Es betrifft jeden von uns.«

24. Juni
Auf Burg Wildenstein, am Rand der Schwäbischen Alb, wird im Burghof getanzt und Theater gespielt. Das philosophische Seminar hat bei der Heuernte geholfen und in den Pausen Kants »Kritik der reinen Vernunft« studiert. Der Philosoph Martin Heidegger, NSDAP-Mitglied bis zum Kriegsende, interpretiert Hölderlin: »Alles

bewachen. Er sprach mit uns. Er zeigte uns, welchen Teil des Waldes wir zu fällen hatten. Oder wo das Holz zu stapeln sei, damit der Lkw ranfahren kann. Ich hatte das Riesenglück, dass ich einen Mitgefangenen hatte, der mich als Partner aussuchte, ein Kerl in den Dreißigern, ein Bayer. Er kam irgendwo aus dem Gebirge und wusste, wie man Bäume fällt. Er legte die Stämme übereinander – und nicht nebeneinander. Bei uns klemmte keine Säge. Manchmal kam sogar der uns bewachende Rotarmist und sagte: Schluss, ihr habt eure Norm erfüllt, ihr könnt euch ausruhen.

Das Verhältnis der deutschen Gefangenen untereinander habe ich als befremdlich und unkameradschaftlich erlebt. Vor allem, als wir in Hinterpommern arbeiteten. Einmal bin ich in ein Haus gegangen, aus dem die Leute geflohen waren. Die Häuser standen ja offen. Die Menschen waren nicht von der Roten Armee vertrieben worden, sie waren vor der Front geflohen.

Ich nahm das eingeweckte Gemüse und das eingelagerte Fleisch. Ich dachte nicht an die Menschen, die hier für den Winter eingeweckt hatten, den sie nicht mehr erleben würden, sondern an die Russen, die ihre eigenen Leute versorgen mussten.

Als ich zurück bei meinen Kameraden war, kam ein Unteroffizier,

ist Schickung«. Der kommissarische Oberbürgermeister Freiburgs hatte der französischen Militärverwaltung einen Aktenvermerk geschrieben: »Heidegger gilt in der Stadt als Nazi (sein Rektorat).« Dieser Satz hatte ausgereicht, um ihn schon im Mai auf die »Schwarze Liste« der französischen Militärverwaltung zu setzen.

Im Lager Moosburg muss Hans Diester Fragen beantworten. Die Amerikaner wollen wissen, wer Täter war und wer bloß mitgelaufen ist. Diester missfällt das. »Eine außerordentliche Machtbefugnis war hier in die

sammelte alles ein und sagte: Das gibst du nicht weiter, sondern ich. Und wehe, du erlaubst dir was! Die Hierarchien bestanden in der Gefangenschaft fort. Und wir waren immer noch die Untergebenen. Mir gefiel nicht, dass ein anderer verteilen wollte, was ich besorgt hatte.

Unter den gefangenen Offizieren gab es zwei Lager: jene, die zum Nationalkomitee Freies Deutschland gingen, also ein anderes, besseres Deutschland wollten – und jene, die meinten, sie hätten ihre Ehre verloren. Wir jungen Burschen hatten damals keine Übersicht über die Ereignisse. Wir hatten keine Bilder von der Front. Wie die Kriegsführung wirklich gewesen war, habe ich erst auf der Antifa-Schule gelernt. Erst dort wurde uns die Geschichte des Zweiten Weltkriegs vermittelt. Unser Lehrer war ein Oberst, der aus den baltischen Gebieten kam. Er war ein guter Pädagoge. Er machte uns deutlich, dass wir etwas Falschem hinterhergelaufen waren – ohne uns dafür zu verachten. Auch von der Judenvernichtung habe ich erst später erfahren, im Antifa-Komitee in Breslau.

Das Leben in diesem Sommer war nur Gegenwart. Wir waren in Hinterpommern, in der Gegend von Kolberg, und haben die Ernte eingebracht. Die Polen waren ja noch nicht umgesiedelt. Die Deut-

Hände einzelner Männer gelegt worden, die nicht nur
zumeist außerordentlich jung, sondern größtenteils
jüdischer Abstammung, nicht selten sogar emigrierte
Deutsche waren, die sich nun häufig an ihrer Macht be-
rauschen und ihren Haß- und Rachegefühlen nicht nur
gegen den Nationalsozialismus, sondern gegen alles
Deutsche schlechthin und besonders gegen die deutsche Wehrmacht freien Lauf ließen.«

Dass viele Deutsche ein reines Gewissen haben,
fällt auch dem 23-jährigen US-Soldaten Georg Stefan

schen waren geflohen. Und da stand eine Ernte auf dem Halm. Die
Sowjetarmee musste Soldaten und Pferde versorgen. Als deutsche
Kriegsgefangene wurden wir eingesetzt, um die Versorgung der so-
wjetischen Soldaten zu sichern.

Eine Zeit lang war ich Fahrer für einen sowjetischen Hauptmann.
Ich kam vom Dorf und hatte ein wenig Pferdeverstand. Ich konnte
auch ein Gespann fahren: zwei Pferde, der Kutschbock vorn, der
berühmte Panjewagen. Für den Hauptmann war ich jemand, auf
den er sich verlassen konnte. Sein Pferdegespann war geputzt, alles
war in Ordnung.

Dieser Hauptmann zitierte auch deutsche Verse. Heine. Ich habe
das häufiger erlebt: dass Rotarmisten Bildung zeigten. Ansonsten
konnte er kein Deutsch. Wir konnten uns aber so weit verständigen,
dass ich wusste, wo ich hinmusste und wann ich wieder anzuspan-
nen hatte. Mein Hauptmann hatte auch eine Liebe. Ich habe oft vor
einem Haus gestanden, vier, sechs Kilometer entfernt, in dem er auf
eine halbe Nacht blieb. Der Dienst erforderte ein Stück Überwindung und Öffnung. Erst in diesem Sommer habe ich begriffen, dass
die Russen keine Untermenschen sind. Ich habe auch keine Vergewaltigungen erlebt. Ich kannte solche Berichte vom Hörensagen, sie

Troller bei seinen Fahrten durch Bayern auf: »Überall weiße Fahnen. Die Leute hatten sich ergeben und
damit für unschuldig erklärt. Man hatte sich weiß ge-
schminkt.«

Hans Diester schreibt: »Die Zählappelle bieten uns
Gelegenheit, die uns bewachenden amerikanischen
Soldaten einmal näher anzusehen und so die Haltung
der Truppe kennenzulernen, der es gelungen ist, über
unsere deutsche Wehrmacht den Sieg zu erringen.
Der Eindruck, den sie auf uns machten, ist kein guter.

erreichten natürlich auch das Kriegsgefangenenlager. Aber es war
kein eigenes Erleben.

In dieser Zeit entwickelte sich das Gefühl, missbraucht worden
zu sein. Ich spürte: Die Russen sind anders, als es dir erklärt worden war. Das Vaterland verteidigen: Das war die Seele, mit der sie im
Krieg gekämpft haben. *Rodina matj* – Mutter Vaterland.

Ich habe diesen Sommer als eher bedrückend erlebt. Man bringt
eine Ernte ein für den ehemaligen Gegner. Bin ich dazu bereit?
Oder denke ich darüber nach, den Dreschkasten zu zerstören? Man
ist nicht mehr mit sich in einer vereinfachten Gradlinigkeit. Otto
Grotewohl hat 1947 gesagt, die deutsche Jugend sei ein Wanderer
zwischen zwei Welten: Den Faschismus haben sie noch nicht ganz
hinter sich gelassen und das neue Deutschland noch nicht erreicht.
So erging es uns.

1947 habe ich das erste Mal nach Hause schreiben können. Über
das Rote Kreuz wusste ich, dass meine Familienangehörigen lebten.
Und meine Eltern wussten ab 1947, dass ich lebe. So war das damals.
Ich bin in diesem Jahr 1945 sehr schnell erwachsen geworden. Die
Kindheit war über Nacht zu Ende.

Nur wenige sympathisch aussehende Männer findet man darunter. In ihrer Mehrzahl sind und bleiben sie uns wesensfremd, diese eigenartigen, erkennbar den verschiedensten Rassen angehörenden uneinheitlichen Gestalten, deren vielfach ungeschliffene äußere Haltung und saloppes ungeniertes Benehmen auch gegenüber ihren eigenen Vorgesetzten mit unseren Begriffen von Soldatentum und militärischer Haltung nicht in Einklang zu bringen ist.

Schon der anscheinend ununterbrochene, intensive

Wolf Schneider

 **Zur Person:** Der Sachbuchautor und Sprachkritiker Wolf Schneider, 95, leistete seinen Kriegsdienst bei der Luftwaffe. Weil er Englisch konnte, arbeitete er nach dem Krieg zunächst als Dolmetscher bei der U.S. Army, bevor er sich für den Beruf des Journalisten entschied. Er war Korrespondent der Nachrichtenagentur AP, Washington-Korrespondent für die »Süddeutsche Zeitung«, Chef vom Dienst sowie Verlagsleiter beim »Stern« und 1973, für kurze Zeit, Chefredakteur der »Welt«. Von 1979 an leitete er 16 Jahre lang die Hamburger Journalistenschule, die spätere Henri-Nannen-Schule. Schneider ist Autor von 28 Büchern und lebt mit seiner Frau in Starnberg.

Mein 20. Geburtstag am 7. Mai vor 75 Jahren fiel auf denselben Tag, an dem das Oberkommando der Wehrmacht die Kapitulation an allen Fronten unterzeichnete. In den Schreibstuben unserer »Luftwaffenfelddivision« im niederländischen Ijmuiden war das ein Anlass zu allerlei Galgenhumor – vor allem aber zu unendlicher Erleichterung: Damit waren wir ja sicher, in die Gefangenschaft der

Gebrauch von Kaugummi will uns nicht gerade als eine Zierde des Soldaten erscheinen.«

Der Journalistin Ursula von Kardorff fällt dagegen etwas anderes auf. Sie bemerkt das veränderte Aussehen der Berlinerinnen: »Frauen über dreißig sehen hier alt aus, gierig und traurig. Schminke übertüncht so wenig. ›Frau, komm‹, der Ruf, der durch die Stadt hallte, als der Sieger sich das Recht nahm, zu vergewaltigen, zu plündern, zu erschießen, klingt noch jedem in den Ohren. Hitler hat mit seinem Krieg die Dämme angestochen.

gerade einrückenden kanadischen Truppen zu geraten, und nicht in die der Russen.

Weltkrieg überlebt – Zukunft möglich! Ein großer Tag. Dass ich ihn erleben konnte über zwei Kriegsjahre hinweg, dazu hatte ich rechtzeitig mit einem klaren Entschluss beigetragen, 1942, als die Einziehung drohte: Ich will diesen Krieg überleben – und sonst gar nichts. Also: Wolle nichts werden, mach dich klein! Und dazu ein kostbarer Rat, im Grunewald-Gymnasium aufgeschnappt: Melde dich freiwillig zu Görings »Luftnachrichtentruppe«. Da wirst du auf »Bordfliegertauglichkeit« geprüft, fällst natürlich durch – und darfst als Funker am Boden bleiben, meist weit hinter der Front. Es hat funktioniert.

Einen geradezu zukunftsträchtigen Beschluss aber hatte ich im Mai 1944 in Berlin beim letzten Fronturlaub gefasst: Den Krieg werden wir wohl verlieren – rüste dich für den Frieden! In Holland würden die Engländer oder die Amerikaner einmarschieren. In Englisch warst du ziemlich gut. Hier ist ein Langenscheidt mit 10 000 englischen Vokabeln – nimm ihn mit! Lerne ihn auswendig! Das tat ich, Tag für Tag, fast ein Jahr lang, bis die Kanadier kamen.

Die Waffen hatten wir abgelegt, friedlich und korrekt lenkten die

Die rote Flut, in der halb Deutschland zu ertrinken droht, ist sein Werk.«

Annemarie von Duhn versucht derweil in Potsdam, inmitten der neuen Unübersichtlichkeit ein Stück bürgerliches Selbstverständnis zu bewahren, von sich spricht sie dabei in der dritten Person:»Am 26. Juni sind wir in Wannsee im geschmackvoll eingerichteten ›Haus der Kultur‹, um ein Konzert zu hören. Annemarie hat Jo hierzu von der Straße aufgelesen, er sitzt nun in seiner Radfahrerkluft mit kurzen Hosen zwischen dem vor-

Sieger uns in ein Ruinenfeld am Rand der Stadt, verpflegten uns erstaunlich gut – und rüsteten uns für den großen Treck nach Norden. Bis zu 40 Kilometer am Tag mussten wir marschieren, eine Kolonne von 10 000 Mann – nachts mit dem Schlaf kämpfend auf sumpfiger Wiese. Dazu die Angst: Müssen wir zur Zwangsarbeit in Holland bleiben – zur Entwässerung jener riesigen Areale, die deutsche Pioniere unter Wasser gesetzt hatten? Und unter allen Brücken, die die Straße überquerten, die Panik: Johlende Holländer entleerten über unseren Köpfen ihre Nachtgeschirre.

Aber Bunderneuland – ein deutsches Dorf! Transparente:»Willkommen!« Das Schlimmste war vorüber. Wochenlange Entlassungsprozedur, von Lager zu Lager geschoben, ein bisschen verhört, leidlich verpflegt – und im September schließlich: Ihr seid frei!

Ich trampte nach Büren, einem Bauernstädtchen bei Paderborn, das ich als Entlassungsadresse angegeben hatte: Denn dort wohnten lockere Verwandte, die einen Gasthof betrieben, und in Berlin, bei meinen Eltern, hausten die Russen. Nette Leute hier, gutes Essen, bei der Stadt wurde ich als »Landwirtschaftlicher Hilfsarbeiter« eingetragen und plagte mich redlich – mein erster Beruf und gleich die übelste Schinderei meines Lebens.

Flanierende Frauen
in Berlin, Juli 1945

Mit gespreizten Beinen musste ich mich über eine Luke im Dachboden stellen, mit der Mistgabel weit unter meine Füße hinabfahren und die Garbe aufspießen, die der Sohn des Bauern mir über den Kopf entgegenstreckte. Dann schwang ich sie zwischen den Beinen hinauf und schleuderte sie dorthin, wo die beiden kichernden Töchter des Hauses sie verstauten.

Jedes dritte oder vierte Mal misslang mir das Aufspießen, die Garbe fiel auf den Wagen zurück, von unten ein Schnaufen, nächster Versuch! Oben, bei etwa 40 Grad in diesem Sommer, der Schweißfluss verdoppelt. Gehüllt in Staub und Häcksel, der auf der Visage kleben blieb, verdiente ich mir mein Essen. In meiner Erinnerung riecht dieser Sommer 45 seither nach Heu und Landwirtschaft.

Und über Hitler, die Schuld, die Zukunft sprachen wir nicht, auch nicht abends beim Bier? Nein. So war das eben in Deutschland im Sommer 1945.

Im Oktober nahm die U. S. Army mich gern als Dolmetscher auf: Zweisprachig jeden Tag vier oder fünf Stunden! Da konnte ich 1947 Übersetzer bei der berühmten amerikanischen »Neuen Zeitung« werden und dort nach zwei Jahren in die Redaktion hinüberrutschen.

Journalist war ich geworden. Der Traumberuf. Sechzig Jahre lang.

nehmen Konzertpublikum. Aber so etwas muss man in
der jetzigen Zeit eben hinnehmen.«

27. Juni
Mit ihrer Freundin Mirjam Edel, die sie in Auschwitz
kennengelernt hat, ist Esther Bejarano von Frankfurt
nach Fulda gelaufen. »Weil man uns in Bergen-Belsen gesagt hatte, es gibt dort ein Vorbereitungslager
zwecks Auswanderung nach Palästina. Dort wollten wir
hin, wir wollten nicht mehr in Deutschland bleiben. Wir

Ingeborg und Woldemar Triebel

 **Zur Person:** Ingeborg Triebel wurde am 14. Oktober 1923
in Berlin-Schöneberg als Ingeborg Auguste-Victoria von
Karmainsky geboren, ihr Vater war Berufsoffizier im Ersten wie im Zweiten Weltkrieg. Nach dem Abitur 1942 wollte sie Medizin studieren, machte dann aber kriegsbedingt eine Ausbildung
zur Krankenschwester. Später arbeitete sie als medizinisch-techni-
sche Assistentin.

 **Zur Person:** Woldemar Triebel wurde am 31. März 1923
in eine Essener Arztfamilie geboren. Triebel machte 1940
ein vorgezogenes Abitur und meldete sich im selben Jahr
zur Marine. Als Offizier fuhr er auf U-Booten, das Kriegsende erlebte
er als 1. Wachoffizier auf U-978 in Norwegen. Nach seiner Entlassung
aus britischer Gefangenschaft 1947 wurde er Industriekaufmann in
Essen und verkaufte für die Firma Heinrich Koppers Kokereien, Gas-
erzeugungsanlagen und Düngemittelfabriken in aller Welt. Ingeborg
und Woldemar Triebel sind seit mehr als 70 Jahren verheiratet. Beim

haben die Information bekommen, dass von Frankreich aus ein Schiff fahren würde. ›Mataroa‹ hieß das Schiff. In Palästina kamen wir wieder in ein Lager. Das war für uns eine riesige Enttäuschung.«

Der siebenjährige Theodor Gruschka aus Amberg notiert in ein Schulheft, was er so erlebt: »Früher haben alle ›Heil Hitler!‹ gerufen und die Hand gehoben, und jetzt darf man Hitler nicht laut sagen.« Und weiter: »Als die deutschen Soldaten weg waren, waren wir sehr traurig, weil die besser waren als die Feinde. Vielleicht

Gespräch sitzen sie eng beieinander, immer wieder springt Woldemar Triebel auf, um seiner Frau eine Decke oder die Sonnenbrille zu holen. Sie haben vier Kinder und leben in Mönkeberg an der Kieler Förde.

Woldemar Triebel: Ich bin im Februar 1942 zur U-Boot-Waffe gekommen. Schon mein Vater war Offizier, im Ersten Weltkrieg ist er als Schiffsarzt eingezogen worden. Ich habe mich freiwillig gemeldet, nach dem Motto »Join the Navy, see the world«. Die Gefahr war mir bewusst. Aber wo war man denn im Krieg schon sicher?

Einmal besuchte ich einen Kameraden auf der Marineschule in Ostpreußen. Einer der Männer in seiner Stube hatte in seiner Koje ein Foto. Ich fragte: Ist das deine Freundin? Nein, antwortete er, das ist meine Schwester. Ich habe mir das Bild angeguckt und gedacht: Die Frau musst du kennenlernen.

Zweieinhalb Jahre habe ich auf meine Chance gewartet. Ende 1943 war es so weit: Ich lernte sie kennen. Ein halbes Jahr lang haben wir uns ab und zu getroffen. Aber wir waren nicht zusammen. Ich bin während des Krieges bewusst keine nähere Bindung eingegangen; das U-Boot-Fahren war ja in den letzten Kriegsjahren keine

ist Hitler gar nicht tot, sagen viele Leute. Um Gottes willen, sagt meine Mutter. Ich habe ihn einmal in Berlin gesehen. Das hat mir gefallen. Wer jetzt Hitler sagt, flüstert dabei.«

Annemarie von Duhn führt in Potsdam weiter Buch. »Am 27. Juni rückt die russische Besatzung bis auf die NKWD ab, die ersten Amerikaner und Engländer sind da. Jo merkt es gleich, als er einen Wagen vorbeifahren hört und an der Art und Weise, wie der Fahrer schaltet, hört, dass das ein Mann sein muss, der zeitlebens das

Lebensversicherung. Aber mir war klar: Wenn der Krieg irgendwann vorbei sein sollte, dann soll sie meine Frau werden.

Ingeborg Triebel: Ich habe 1942 Abitur gemacht, danach war ich ein halbes Jahr beim Arbeitsdienst. Dann begann ich ein Medizinstudium in Königsberg. Bevor man damals als Frau studieren durfte, musste man eine Ausbildung zur Krankenschwester machen. Ich hatte dann mit dem Studium bereits begonnen und schon die ersten Leichen präpariert, als die Universität nach einem Bombenangriff geschlossen wurde.

Einen schweren Angriff auf Königsberg erlebten wir Ende August 1944. Beim Runtergehen in den Keller haben wir noch furchtbar gelacht. Eine Tante und ich trugen einen Korb, jede an einer Seite, der Korb entglitt uns und alles fiel raus. Morgen früh sammeln wir die Sachen wieder auf, sagten wir. Und dann bekamen wir einen Volltreffer. Das ganze Haus war weg. Diese Stunden im Keller, nachdem die Bombe eingeschlagen hatte, das ist die Zeit, in der man betet. Davor nicht. Aber dann. Es wird etwas aktiviert. Meine Mutter rief immer wieder »Mein Gott, mein Gott«. Das ist eine Art von Beten, die man nur dann anwendet, wenn es ganz schlimm ist. Einfach, um irgendetwas zu tun. Sonst platzt einem der Schädel. Mein Vater,

Britische Soldaten
mit deutschen
Kindern in Lüneburg

der gerade Fronturlaub hatte, fand dann ein Loch in den Trümmern, durch das wir rauskamen. Draußen brannte alles. Wir rannten zu einem nahe gelegenen Teich. Ein Haus, das einstürzt, entfaltet enorme Hitze.

Ich bekam dann eine Einberufung zu einem Lazarett im Samland, in Ostpreußen. Dieses Lazarett wurde Anfang 1945, als die russischen Angriffe stärker wurden, nach Pillau verlegt.

In Pillau lernte ich einen Marineoffizier kennen, mit dem ich mich sogar verlobte. Pfingsten 45 bekam ich die Nachricht, dass er gefallen war. Ich habe nicht lange getrauert; es musste ja weitergehen.

Woldemar Triebel: Ich hatte im Februar 1945 von einem Kameraden erfahren, dass Ingeborg verlobt war. Da war ich etwas traurig.

Ingeborg Triebel: Na, du hast gelitten.

Woldemar Triebel: Gelitten, ja.

Ingeborg Triebel: Von Pillau ging es dann auf den Dampfer »Steuben«. Ende Januar ist die »Steuben« voll mit Verwundeten von Pillau nach Swinemünde ausgelaufen. Ich war als Krankenschwester an Bord. Während der Fahrt mussten nachts alle vom medizinischen Personal, die gerade nicht gebraucht wurden, an Oberdeck. Wir saßen da bei 20 Grad Kälte, als es hieß: Die »Gustloff« ist torpediert,

Autofahren gewohnt ist und der es nicht erst, wie die
Russen, beim Militär gelernt hat. Die Wagen sehen alle
sehr gepflegt aus, und die Personenwagen sind durch-
weg amerikanische Fabrikate und nicht, wie bei den
Russen, gestohlene deutsche Wagen. Einige der Per-
sonenwagen haben die bekannten Reifen mit weißem
Rand. Kurze Zeit darauf sah man gelegentlich russische
Wagen mit weiß angemalten Reifen.«

Die Deutschen lernen in diesem Sommer viele neue
Wörter: »Womiko« (Wohnklo mit Kochnische), »Koch-

mit Tausenden Flüchtlingen an Bord. Das war am 30. Januar, wir haben gezittert und gehofft, dass wir die Fahrt überstehen.

In Swinemünde ging ein Teil des Lazaretts an Land, ich bin mitgegangen. Bei der nächsten Fahrt ist die »Steuben« dann tatsächlich torpediert worden und mit vielen Tausend Menschen gesunken. Das Lazarett wurde nach Hamburg verlegt, in die alte Schule in
Blankenese. Dorthin kam ich als Krankenschwester.

Woldemar Triebel: Bei Kriegsende waren wir in Norwegen,
nördlich von Trondheim, wir lagen mit unserem U-Boot in einem
Fjord, in Wartestellung. Die Nachricht von der Kapitulation hörten
wir im Radio. Ich fuhr daraufhin nach Trondheim, zum Flottillen-
chef. Ich wollte wissen, wie wir uns verhalten sollten. Sollten wir an
Bord bleiben? Oder unser Boot versenken? Als ich in die Flottille
komme, sitzt da eine Schreibkraft: Der Chef ist mit seiner Freundin
im Gebirge zum Skilaufen.

Zwei Tage später lief ein englischer Zerstörer in den Fjord ein.
Sie bleiben hier liegen, hieß es, bis Sie nähere Anweisungen bekommen. Die kamen dann etwa 14 Tage später; Ende Mai fuhren wir mit
insgesamt 15 U-Booten von Trondheim nach England. Am 31. Mai
liefen wir in Scapa Flow ein. An den Hebriden vorbei ging es nach

Hexe« (eine Blechdose mit kleinem Rost, in der mit
Holzspänen ein Feuer gemacht werden konnte), »Kar-
toffelstoppeln« (Abgrasen der Kartoffeläcker nach
der Ernte), »Hamsterfahrt«. Sie sammeln Bucheckern
und pressen sie, um ein wenig Öl zu haben. Das Wort
»fringsen« kam erst später, nach der Silvesterpredigt
des Kölner Erzbischofs Josef Kardinal Frings 1946/47,
in Umlauf, als er das siebte Gebot den Zeiten anpasste
und Mundraub aus Not für zulässig erklärte.

Theodor Gruschka, der Siebenjährige, schreibt: »Ich

Strenrea, einem kleinen Fährhafen. Dort wurden die Boote ange-
bunden. Per Zug wurden wir dann nach London transportiert. Zurück blieben je drei Mann Besatzung. Bevor die Boote versenkt wurden, bedankte sich der englische Admiral bei diesen Leuten.

Am 5. oder 6. Juni kamen wir in London an. Wir mussten uns ausziehen und alles, was wir hatten, auf den Tisch legen. Ich bin split-
terfasernackt hinter einem Offizier hergelaufen, der meine Leica in
der Hand hielt. Ich sagte: That's my personal property! Ich bekam
eine Quittung. Als ich nach zwei Jahren entlassen wurde, habe ich
die Kamera tatsächlich wiederbekommen.

Ingeborg Triebel: In Blankenese hatten wir nur Verwundete
zweiten Grades, nicht die schlimmsten Verletzungen, Gott sei Dank.
Es gab Leute, die kamen aus dem Krieg wie ein Haufen Matsch.
Zweiten Grades hieß: über den Bruch hinaus, aber kein Verlust von
Gliedmaßen. Eines Tages bekamen wir zu den deutschen Soldaten
jede Menge Russen in die Lazarettstube. Sie hatten in der Nähe ein
Fass mit Methylalkohol geknackt und sich daran gütlich getan. Die
Russen wurden halb lebend, halb tot eingeliefert – den ganzen Tag
über, bis keine Betten mehr frei waren. Draußen wartete der Lei-
chenwagen. Der Sommer 1945 riecht für mich nach Methanol.

habe keine Angst vor den Amerikanern, weil ich ja Englisch kann. Dem Russen traue ich nicht. Die Mädchen gehen nur mit den Amerikanern. Bei den Russen laufen sie weg. ›Kiss me, Belami‹, singen die Ami-Schicksen.«

29. Juni
In Potsdam sinkt die Stimmung des Physikers Johann von Duhn weiter: »Es ist ganz gleichgültig, ob der Bürgermeister für sein Amt geeignet ist oder nicht. Wichtig ist nur, dass er Kommunist ist. Das ist ja genau wie

Nach der Kapitulation ging das Leben überall weiter. Auch bei den Engländern. Hamburg gehörte zur britischen Zone. Wir haben die Engländer gehasst: Die hatten alles, wir hatten nichts. Dann fingen die englischen Offiziere, die bei uns in Blankenese wohnten, an, die deutschen Mädchen zu umwerben. Die Schwestern, die frei hatten, schlichen abends ganz harmlos um deren Quartiere herum, sie haben hier und da geguckt, so stellte man Kontakt her. Die Engländer hatten Musik, die Häuser waren erleuchtet, sie sagten: Kommt rein, hier gibt's alles. Es ist der Wille zum Überleben, der ist groß und sehr ausgeprägt. Dieser Sommer war auch eine Zeit der Freude, des Aufbrechens. Primitiv ausgedrückt: Wir wollten leben. Wir hatten's überstanden. Wir waren noch mal davongekommen.

Woldemar Triebel: Nach ein paar Tagen wurden wir von London in den Norden transportiert, an den Hadrianswall, Featherstone Park, Camp 18. Man brachte uns in Baracken unter, sogenannten Nissenhütten. Wir hatten alle möglichen Dienstgrade da, auch Generäle. Ich kam anfangs mit Stabsoffizieren in eine Baracke. Jeden Morgen wurde die »Times« ins Lager gebracht. Die Stabsoffiziere waren alle humanistisch gebildet, sie konnten Französisch und Latein, aber kein Englisch. Da ich ein neusprachliches Gymnasium

Menschen
verlassen Berlin
zum »Hamstern«,
dem Organisieren
von Lebensmitteln,
August 1945

besucht hatte, war ich derjenige, der morgens die wichtigsten Nachrichten übersetzte. Ich bin nur einmal gescheitert: beim Bericht über den Abwurf der ersten Atombombe über Japan. Was da passiert war, verstand ich nicht. Die Ausdrücke kannte ich nicht.

Wir lagen mit etwa 30 Mann in einer Hütte. Im Lager war es windig und kühl. Holz hatten wir allerdings genug. In den Baracken standen runde Kanonenöfen, um die wir Stacheldraht gespannt hatten. Auf die Pieker steckten wir Brot, zum Rösten, auf der Ofenplatte wurde Wasser gekocht. Wir spielten nächtelang Bridge. Das Spiel wurde nur unterbrochen, wenn einer rief: Brot brennt, und Wasser kocht.

Die Gefangenschaft hat meinen Gesichtskreis enorm erweitert. Wir haben über Philosophie, über Kunst, über alles Mögliche geredet. Vorträge wurden gehalten; es waren ja genügend Leute im Lager, die gebildet waren und berichten konnten.

Der Christliche Verein Junger Männer kümmerte sich sehr um das Lager. Es wurde sogar eine Zeitung herausgegeben, die »Zeit am Tyne«, wir hatten ein Orchester und einen Chor, wir konnten sogar ein Studium beginnen. Da ich nicht wusste, was ich werden sollte, habe ich gesagt: Sprachen kann man immer gebrauchen. Und habe

bei den Nazis und gerade das was man an ihnen immer auszusetzen hatte. Auch in den Zeitungen liest man immer dasselbe. Die Deutschen selbst sind es, die den deutschen Wiederaufstieg erschweren oder unmöglich machen.

Wenn die Feinde irgendwelche Maßnahmen zur Verhinderung des deutschen Wiederaufstieges treffen, so ist das eben Schicksal, man kann es nicht ändern, und es bleibt die einzige Hoffnung, dass man die Sache nach dem Abzug der Feinde wieder in Ordnung brin-

im Englischen den Dolmetscher gemacht und Spanisch gelernt. Wir haben uns beschäftigt und gebildet, um die Zeit zu nutzen.

Und wir haben in diesem Sommer etwas über Demokratie gelernt. Einmal kam der Abgeordnete für Northumberland ins Lager. Wir beklagten uns bei ihm: Den deutschen U-Boot-Leuten, die in Trondheim eingestiegen waren, war zugesagt worden, dass sie nach Hause könnten, sobald sie ihr Boot abgeliefert hätten. Nur aufgrund dieser Zusage haben wir die Besatzung ausgewählt: Verheiratete und Familienväter. In der »Times« gab es die Spalte »News of Parliament«. Darin fragte dieser Abgeordnete den Kriegsminister: Stimmt es, dass diese Zusage gemacht worden ist? Der Kriegsminister antwortete: Wir werden die Sache prüfen. Nach sechs Wochen kam die Bestätigung: Die Zusage ist gemacht worden.

Zusatzfrage des Abgeordneten: Was gedenkt der Minister zu tun? Antwort: Wir werden die Leute bevorzugt entlassen.

Das ist Demokratie! Das hat mir sehr gefallen.

Die Judenvernichtung war in den Wochen nach Kriegsende noch kein Thema. Als wir in London ankamen, hatten wir zwar Fotos an den Wänden gesehen, Aufnahmen aus dem Konzentrationslager Bergen-Belsen. Da war uns zum ersten Mal klar geworden, was da

gen kann. Solche Selbstvernichtung der deutschen Existenz durch Deutsche findet man überall. Es ist trostlos.«

Selbst ein von den Nazis verfemter Autor wie Erich
Kästner schreibt an diesem Tag in sein Tagebuch: »Die
anständige deutsche Bevölkerung muß als jenes Volk
dargestellt werden, das als erstes, am längsten und am
nachhaltigsten von den Nazis ausgepowert und mal-
trätiert worden ist. Heute habe ich mir einen Tennis-
schläger gekauft. Für sechzig Mark. Na ja. Das Leben
geht, wie gesagt, weiter.« Es ist eine fatale Tendenz

überhaupt passiert war. Das war natürlich ein Schock, man konnte
sich das eigentlich gar nicht vorstellen. Im Lager erzählte dann einer,
der eine Zeit lang im Stab von Admiral Karl Dönitz gewesen war, er
habe gesehen, wie in Berlin am Großen Stern morgens um acht Uhr
Juden von SS-Leuten zusammengetrieben und auf Lastwagen verladen wurden. Dönitz habe sich daraufhin bei Himmler beschwert,
wie man Menschen so behandeln könne. Das würde abgestellt, hieß
es. Wie wurde es abgestellt? Die Leute wurden nicht mehr um acht
Uhr, sondern nachts um vier aus dem Bett geholt.

Aber näher haben wir uns nicht damit beschäftigt. Wir mussten
erst mal selbst mit uns ins Reine kommen. Welchen Beruf soll ich
ergreifen? Was wird aus Deutschland werden?

Irgendwann in diesem Sommer hat einer von uns damit begonnen, die Verluste der U-Boot-Flotte zusammenzustellen. Er be-
fragte die Mitgefangenen: Auf welchem Boot warst du? Wann bist
du in Gefangenschaft geraten? Dabei stellte sich heraus: Das Boot,
auf dem der Verlobte von Ingeborg gefahren war, war mit sämtlichen Leuten gesunken. Er war gefallen.

Aha, habe ich mir gesagt. Ich habe dann von England aus meine
Fühler ausgestreckt, vorsichtig rumgehorcht: Wo kann Ingeborg ge-

vieler Deutscher, sich als etwas Besonderes zu sehen
und das eigene Leiden als Trost zu nehmen.

1. Juli

Annemarie Günther, die vor der Roten Armee aus dem
ostpreußischen Allenstein Richtung Westen geflüchtet ist, arbeitet in einer zum Lazarett umgewandel-
ten Schule im Hamburger Stadtteil Othmarschen. Sie
ist zwölf Stunden am Tag im Einsatz.»Ich hatte immer
schrecklichen Hunger. (...) Die Soldaten haben mir dann

blieben sein? Ich hatte Marinekameraden, die für mich rumgefragt
haben. Einer schrieb zurück, sie sei in Blankenese gewesen, im Lazarett. Von dort sei sie mit ihrer Mutter verlegt worden, nach Rheda
bei Bielefeld. Sogar die Adresse hatte er rausbekommen.

Ingeborg Triebel: Der Fahrer meines Vaters kam aus Rheda. Er
hatte behauptet, dass das Leben auf dem Land angenehmer sei als
in der Großstadt Hamburg. Daraufhin entschied meine Mutter, dass
wir uns umsiedeln lassen. Zwei Tage lang sind wir im offenen Gü-
terwaggon nach Herzebrock gefahren, fünf Kilometer nordwest-
lich von Rheda.

Woldemar Triebel: Später, als ich aus der Gefangenschaft entlassen worden war, habe ich an sie geschrieben, Telefon gab es ja nicht:
Ich komme dich besuchen, schrieb ich. Sie war einverstanden, anfangs war sie allerdings etwas zurückhaltend:»Meine Eltern würden
sich freuen, Dich zu sehen«, schrieb sie zurück. Und dann bin ich
hin. Wir haben dann festgestellt, dass wir den damaligen lockeren
Kontakt etwas vertiefen könnten. Im vergangenen Jahr haben wir
unseren 70. Hochzeitstag gefeiert.

Frauen kochen in
den Trümmern von
Nürnberg

Eva Kleiminger

Zur Person: Eva Kleiminger wurde am 20. Mai 1931 in
Schwerin als einziges Kind von Emeline und Paul Bauer
geboren. Ihr Vater war Direktor bei der Mecklenburgi-
schen Hypotheken- und Wechselbank, ihre Mutter Hausfrau. Nach
dem Abitur studierte Eva Medizin in Greifswald und Rostock, in der
gerade gegründeten »Deutschen Demokratischen Republik«. Nachdem ihrem Verlobten Dietrich Kleiminger 1957 die Flucht nach Westdeutschland gelang, durfte sie selber 1958 legal in die Bundesrepublik ausreisen. Sie wurde Kinderärztin und spezialisierte sich später
auf Naturheilverfahren. Eva Kleiminger hat zwei Kinder und lebt mit
ihrem Mann in Ahrensburg bei Hamburg.

Ab Anfang 1945 kamen immer mehr Flüchtlinge aus dem Osten zu
uns nach Schwerin: mit dem Zug, zu Fuß oder mit Pferd und Wagen, ein Treck nach dem anderen. Überall in der Stadt wurden sie
untergebracht, im Schloss, in den Turnhallen, in den Schulen. Je näher die Russen rückten, desto weiter zogen die Flüchtlinge Richtung
Westen. Wenn sie schon ihre Heimat verlassen mussten, dann woll-

aus der Küche rohe Steckrübenscheiben geklaut. Die
habe ich in meine Kittelschürze gesteckt, und immer,
wenn mein Magen gar nicht mehr wollte, habe ich
eine Scheibe geknabbert.«

Der Vater des kleinen Theodor Gruschka hat bei der
Abwehr gearbeitet und ihm ein paar Brocken Feindes-
sprache beigebracht. »Ein kleines Mädchen auf dem
Sebastianibergl hat so lange Nigger geschrien bis der
Neger es umgebracht hat. Dann haben sie ihn ab-
geführt und nach Amerika ins Gefängnis gebracht«,

ten sie wenigsten dort leben, wo die Amerikaner oder die Engländer
waren. Den Russen eilte ein grausamer Ruf voraus.

Ich war damals in der Spielschar, einer eher unpolitischen musika-
lischen Vereinigung innerhalb des BDM. Später mussten wir Dienst
an der Bahn machen. Wir sollten Mütter und Kleinkinder versorgen. Oft wurden uns die Leichen kleiner Kinder aus den Waggons
gereicht. Die meisten waren an Hunger gestorben. Mütter konnten
ihre Säuglinge nicht stillen, weil sie keine Milch hatten. Wir reichten
die toten Babys an die Sanitäter weiter, die dafür sorgten, dass sie
beerdigt wurden.

Die meisten Frauen waren völlig apathisch. Viele waren bereits
wochenlang unterwegs gewesen, in Güterwagen, die mit Stroh aus-
gelegt waren. Zwischendurch wurden die Waggons auf Abstellgleise
geschoben, weil die Truppentransporte durchfuhren, die hatten natürlich Vorfahrt. Es war ein furchtbares Chaos.

Nach diesen Einsätzen bin ich völlig fertig nach Hause gegangen.
Mich hat das unglaublich mitgenommen. Ich war ja erst 13 Jahre alt.
Trotzdem war es für mich selbstverständlich, dass ich dort half. Jede
Hilfskraft wurde dringend gebraucht.

Die meisten Flüchtlinge waren sehr still. Ich denke, sie stan-

schreibt der Junge. »Man darf niemals Nigger sagen.
Dann werden sie wütend. In Amberg gibt es eine Ne-
gerkaserne. Wenn eine Frau vorbei geht und dann
machen Sie die Hose auf und zeigen den Frauen den
›Hampelmann‹. So sagt nämlich der Kare. Das hat er
auch in der Schule gesagt. Er hatte vom Freulein eine
Ohrfeige bekommen.«

den unter Schock. Viele hatten versteinerte Mienen. Einige Mütter
weinten, aber die meisten waren nur darauf bedacht, ihre verbliebenen Kinder am Leben zu erhalten. Das kann man sich heute nicht
mehr vorstellen: Diese Menschen hatten ihre Heimat verloren, ihr
Haus und meist auch Angehörige. Und sie wussten nicht, wo ihre
Männer waren, ob sie überhaupt noch lebten. Die Feldpost wurde
zum Kriegsende längst nicht mehr zugestellt.

Und dann kamen auch noch die geflohenen KZ-Häftlinge nach
Schwerin. Sie standen in ihren gestreiften Anzügen vor der Tür und
baten um Hilfe. Wir haben alles an Kleidung zusammengesucht und
ihnen gegeben. Die meisten zogen gleich weiter, einige suchten aber
auch Unterschlupf in unbewohnten Häusern, die vom Krieg zerstört waren, in denen sie aber wenigstens ein Dach über dem Kopf
hatten.

Kurz vor Kriegsende marschierten die Russen auf die Ostseite
des Schweriner Sees zu, die Amerikaner auf die Westseite. Von beiden Seiten hörten wir den Geschützdonner. Wir saßen im Keller.
Keiner wusste: Kommen die Russen? Oder die Amerikaner? Plötzlich kam unser Nachbar in den Keller gestürmt und rief: Es sind die
Amerikaner! Ihr könnt alle rauskommen!

2. Juli

Annemarie von Duhn fährt zum ersten Mal nach
Kriegsende wieder mit der Eisenbahn. Die Eisenbahnen
unterstehen jetzt russischer Regie. »Die Russen mon-
tieren bei sämtlichen doppelgleisigen Fernstrecken das
zweite Gleis ab, auf anderen Strecken wird das zweite
Gleis auf russische Spur (die russische Spurweite; Anm.
der Hg.) umgenagelt. Eines Tages taucht in Babelsberg
unter fürchterlichem dampferähnlichem Getute eine
original russische Lokomotive auf, mit großen Sowjet-

Wir stellten uns an der Straße auf. Etwas entfernt von mir stand
Herr Krille, der in Schwerin ein Brillengeschäft besaß. Sein Wer-
bespruch lautete: »Ist's die Brille – geh zu Krille!« Alle hoben die
Arme und jubelten, die Amerikaner guckten oben aus ihren Panzern heraus. Plötzlich schoss einer auf Herrn Krille. Er war sofort
tot. Wir schrien alle auf. Wahrscheinlich dachte der amerikanische
Soldat, dass Herr Krille den Arm gehoben hatte, um zu schießen –
dabei wollte er nur winken.

Die Amerikaner und Russen standen sich an der schmalsten Stelle
des Sees an einer kleinen Brücke gegenüber, dort, wo der Störkanal
beginnt, der den See mit der Elde verbindet. Die Amerikaner blieben nur einen Monat lang in Schwerin. Sie waren sehr generös. Uns
Kindern schenkten sie immer Schokolade. Einmal holten sie einen
Sessel aus einer Wohnung, stellten ihn mitten auf die Kreuzung und
regelten ganz entspannt den Verkehr.

Allerdings waren sie nur anfangs deutschfreundlich. Als sie die
ersten Konzentrationslager gesehen hatten, mit den ausgezehrten
Menschen und den Leichenbergen, wurden sie böse. Da erst begriffen sie das Ausmaß und die Brutalität der Judenvernichtung. Sie trieben die Soldaten in Fußballstadien zusammen. Wenn jemand krank

sternen verziert und in schreienden Farben bemalt.
Auch die erbeuteten deutschen Lokomotiven werden
schön angemalt und die Führerstandfenster, ebenso
wie bei den Autos, mit Fransen und Sofatrotteln be-
hängt. Autositze werden in der Regel mit mehr oder
minder echten Teppichen belegt.«

4. Juli

Johann von Duhn, der Physiker ohne Labor, sortiert
seine Unterlagen. Er entwirft und berechnet neue

wurde, ließen sie ihn sterben. Sie sagten: Nun büßt ihr für das, was
ihr verbrochen habt.

Nach den Amerikanern kamen die Engländer für einen Monat zu
uns. Sie waren ein bisschen strenger, aber auch sie benahmen sich
zivilisiert.

Dann kamen die Russen. Bei ihrer Ankunft herrschte Ausgangssperre. Von unserer Wohnung aus konnten wir runter auf die
Hauptstraße blicken. Nachts um drei zogen die Russen ein. Sie wirkten sehr primitiv, wie aus dem vorigen Jahrhundert – mit ihren Panjewagen und ihren Wickelgamaschen, in denen sie noch nicht einmal Strümpfe trugen. Und diese furchtbare Uniform! Meine Mutter
sagte: Die sind ja noch schlimmer, als ich mir das vorgestellt habe!

Hinter unserem Haus lag das Standortlazarett, die Russen nutz-
ten es für ihre Soldaten, aber auch als normales Krankenhaus. Für
ihre Offiziere brauchten sie geeignete Quartiere, möglichst in der
Nähe des Lazaretts. Sie gingen von Haus zu Haus und prüften, wo
sie ihre Leute unterbringen könnten. Die Villen am Schweriner See
wurden komplett beschlagnahmt, das Gebiet abgeriegelt, dort kamen alle hochrangigen Russen unter. Die Bewohner mussten ihre
Häuser umgehend räumen, die Russen zogen ein.

Neutronenmessgeräte für die kommende Friedens-
zeit – und besucht einen Kollegen, der nach der Zerstörung und Ausräumung seines Instituts nichts mehr
tun kann und mit dem Gedanken umgeht, einer »Einladung« der Russen nach Moskau zu folgen. »Einige
Berliner Wissenschaftler, wie (Gustav) Hertz, (Adolf)
Thiessen und (Manfred von) Ardenne sollen schon dort
sein«, notiert seine Frau Annemarie. In Sochumi an der
Schwarzmeerküste werden sie an der Entwicklung der
sowjetischen Atombombe mitwirken.

In unsere Wohnung wurde eine russische Familie einquartiert,
Herr Mischin mit seiner Frau und seiner kleinen Tochter. Sie hieß
Swetlana – das bedeutet das Licht. Ich lernte zwar Russisch in der
Schule, habe mich aber geweigert, mit der Familie Russisch zu sprechen. In meiner Klasse haben sich alle dagegen aufgelehnt, Russisch
zu lernen. Wir wollten Englisch und Französisch sprechen, aber um
keinen Preis Russisch.

Herr Mischin war Zahlmeister, das entsprach etwa dem Rang
eines Leutnants. Die Familie wohnte drei Jahre lang in unserem
Wohn- und Esszimmer. Meine Eltern mussten ihr unsere Möbel
und Betten überlassen.

Wenn Herr Mischin betrunken war, wurde er sehr unangenehm.
Dann schoss er mit der Pistole überall rein, ins Fenster, in die Wand,
in die Decke. Einmal legte er auf meinen Vater an und schrie: Du
Faschist! Er drückte ab, zum Glück war keine Kugel mehr im Magazin, sonst hätte er meinen Vater über den Haufen geschossen.

Ein anderes Mal war seine Frau mit der Tochter unterwegs. Sie
hatte die Tür abgeschlossen und den Schlüssel mitgenommen. Als
Herr Mischin nach Hause kam, konnte er nicht ins Zimmer. Er
nahm seine Pistole und schoss ins Türschloss. Dann holte er die

Schriftsteller, Künstler, Wissenschaftler und Lehrer gründen in Berlin den »Kulturbund zur demokratischen Erneuerung Deutschlands«. Der Bund soll überparteilich sein, seine Mitglieder wollen zum »antifaschistisch-demokratischen Neuaufbau« beitragen. Johannes Becher, der spätere Kulturminister der DDR, verliest ein Manifest, das die »Erziehung unseres deutschen Volkes im Geiste der Wahrheit im Geiste eines streitbaren Demokratismus« fordert. Die Mitglieder nehmen sich vor, »Geist und Macht« miteinander zu versöhnen.

Kiepe, in der wir das Holz zum Heizen lagerten, und schlug damit so lange gegen die Tür, bis sie auseinanderbrach.

Ich sang damals im Jugendchor, unsere Proben gingen immer bis abends um zehn. Vom Probenraum musste ich die Hauptstraße entlang nach Hause gehen. Plötzlich hörte ich hinter mir die Kanonenstiefel eines Russen, der von Weitem brüllte: Frau! Frau! Ich dachte: Um Gottes willen!

Ich rannte zu unserem Haus und hoffte, dass die Tür noch nicht abgeschlossen war – aber das war sie. Ins Haus führte ein Torweg, durch den früher die Kutschen hineingefahren waren. An der Seite gab es Fenster; eines war zerbrochen und noch nicht repariert. Ich kletterte hindurch, ein Bein war bereits drinnen, das andere hing noch draußen. Das kriegte der Russe zu fassen. Ich zog so sehr, dass ich drinnen auf den Fliesenboden knallte. Ich rannte die Treppe hoch und klingelte Sturm an unserer Haustür. Der Russe folgte mir. Herr Mischin öffnete. Es war das erste Mal, dass ich mit ihm Russisch sprach. Ich sagte: »Ich werde verfolgt!« Herr Mischin schob mich ins Zimmer und ging ins Treppenhaus. Ich hörte einen lautstarken Disput und kurz darauf einen furchtbaren Knall – und einige Minuten später ein Martinshorn. Dann war Stille.

Ehrenpräsident wird der Dramatiker und Nobelpreisträ-
ger Gerhart Hauptmann.

9. Juli

Erich Kästner ist am Schliersee angekommen. Weitsich-
tig beobachtet er, wie andere sich den neuen Gege-
benheiten anpassen: »Wenn unbekannt bleibt, wo man
wohnt«, notiert er in sein Tagebuch, »ist man heute un-
auffindbar. Man ist verschollen. (…) Das wird sich so
mancher zunutze machen, der die Vergeltung fürch-

Am nächsten Morgen entdeckte ich einen großen Blutfleck an der
Kante der Fensterbank und sehr viel Blut auf dem Boden. Offenbar hatte Herr Mischin den Mann rückwärts die Treppe hinunter-
gestoßen, sodass er mit dem Kopf auf die Marmorplatte geknallt
war. Wenn Herr Mischin nicht da gewesen wäre, wäre der Russe in
die Wohnung eingedrungen. Auch meine Eltern hätten ihn nicht
aufhalten können.

Besonders am Anfang gab es sehr viele Übergriffe. Sehr viele
Frauen haben in dieser Zeit Selbstmord begangen.

Schon damals wussten wir, dass unsere Armee den Russen sehr
viel angetan hatte. Mein Patenonkel, ein Neffe meines Vaters, war
als Soldat an der Ostfront gewesen. Während seiner Fronturlaube
erzählte er vom Kriegsgeschehen. Als er mit seiner »Nachrichten-
truppe« in die Ukraine einmarschierte, sagte er, hätten die ukrai-
nischen Frauen sie mit Essen und Blumen begrüßt. Sie seien den
Deutschen um den Hals gefallen und hätten sich gefreut, dass sie
von Stalin erlöst waren.

Doch hinter der Wehrmacht kam die SS. Die SS-Leute wüteten
und mordeten in der Ukraine. Und die Menschen in der Ukraine
sagten: Wenn wir es bei euch genauso schlecht haben, dann bleiben

tet. Er bringt sich um und lebt weiter. Nichts ist leichter. Er taucht in einem Dorf auf, hat keine Papiere, lügt sich einen belanglosen Namen und Lebenslauf zusammen, und schon ist der Schinder und Henker, der er war, mausetot. Statt seiner, den man richten, wenn nicht gar hinrichten würde, existiert ein andrer, freundlicher Mann, der heiraten und Kinder schaukeln wird, obwohl er verheiratet und ein Mörder ist.«

wir lieber unter unserem alten Regime. Viele Ukrainer gingen dann in den Untergrund.

Anfangs, in den ersten Monaten nach Kriegsende, waren alle erleichtert, dass die Nazizeit endlich vorbei war. Wir atmeten auf. Auch in die FDJ gingen alle mit Begeisterung. Wir dachten: endlich können wir uns selbst verwirklichen. Aber spätestens nach einem halben Jahr merkten wir: Das ist dasselbe wie in der Hitler-Jugend Alles wurde von oben diktiert, wir hatten keinerlei Freiheit. Wieder konnten wir unsere Meinung nicht frei äußern. Nachdem wir gerade die Drangsal der Nazizeit hinter uns hatten, ging es wieder los: Jedes Wort, das man sagte, musste man auf die Waagschale legen, weil man sonst verhaftet wurde. Das war die Diktatur des Proletariats.

12. Juli

Der ehemalige Gebirgsjäger Martin Walser ist wieder zu Hause, in Wasserburg am Bodensee. »Es begann ein fabelhafter Sommer. Die Franzosen waren eine Besatzungsmacht, mit der man auskommen konnte. Sie erließen den Befehl, die männlichen Wasserburger sollten alle Zäune streichen, und zwar mit den französischen Farben Blau-Weiß-Rot, weil am 14. Juli, dem französischen Nationalfeiertag, der General de Lattre de Tassigny in Wasserburg landen würde. Das haben

Edgar Reitz

Zur Person: Edgar Reitz wurde am 1. November 1932 in Morbach im Hunsrück geboren. Sein Vater war Uhrmacher und führte im Ort ein Uhren- und Schmuckgeschäft, seine Mutter war Modistin. Nach dem Abitur 1952 ging Reitz nach München und studierte Germanistik, Publizistik, Kunstgeschichte und Theaterwissenschaft, erste Erfahrungen mit dem Film machte er bereits 1953 als Kamera-, Schnitt- und Produktionsassistent. Reitz hat das Konzept des deutschen Autorenfilms wesentlich mitgestaltet, sein Spielfilm »Mahlzeiten« wurde 1967 auf dem Festival in Venedig ausgezeichnet. International bekannt wurde er durch das Filmepos »Heimat«, das im Hunsrück spielt und deutsche Geschichte in der Provinz zwischen 1919 und 1982 abbildet. Reitz lebt mit seiner Frau in München. Auch das Gespräch wurde über mehrere Telefonate geführt, erweitert und ergänzt.

In jede Erinnerung mischt sich das Fiktive, denn die Sprache hat ihre eigene Logik. Man erzählt sich einem Gegenüber oder imaginiert sich einen Zuhörer und möchte ihn beeindrucken. Ich habe

In der Nähe von
Xanten trägt ein
ausgebombtes
Ehepaar seinen
ersten Besitz durch
die Trümmer

vor mehr als 40 Jahren »Die Stunde Null« gedreht und darin viele eigene Erinnerungen verarbeitet. Jetzt, in der Corona-Abgeschiedenheit, schreibe ich meine Autobiografie, das ist also quasi eine zweite Welle der Fiktionalisierung meines Lebens.

Aber versuchen wir, nur die Erinnerung sprechen zu lassen:

Mein Sommer 1945 trägt den Geruch der amerikanischen Soldaten, ihrer fein gebügelten Uniformhemden, des Minzgeschmacks der Wrigley's-Kaugummis, der Schokolade und der Pulvermilch, die sie in ihren Rationen hatten und gelegentlich mit uns Kindern teilten. Für uns hungernde Kinder war das ein paradiesischer Duft, der alle Natureindrücke überdeckte. Er durchzog alles und blieb noch lange mit dem Gefühl eines Neubeginns verbunden. Auch die *Re-Education* schmeckte danach, 1946, als die Schule wiederbegann, auch die ersten D-Mark-Scheine 1948 – eigentlich ging das bis zum Vietnamkrieg. Dann schmeckte Wrigley's nicht mehr, jedenfalls nicht nach Frieden.

Meine Eltern hatten ein Uhren- und Schmuckgeschäft in Morbach, wir wohnten im ersten Stock über dem Laden. Die letzten zwei Wochen des Krieges mussten wir in den Keller ziehen, aus Vorsicht vor angekündigtem Artilleriebeschuss. Mein Vater hatte vor

wir natürlich gerne gemacht, und der Lattre ist an dem
14. eingezogen wie ein Fürst. Ich war froh, dass wir
mehr nicht machen mussten, als diese Zäune zu streichen. Ich war gerettet, und es war ein Sommer wie seither kein anderer.«

13. Juli

In Los Angeles, am anderen Ende der Welt, erfreut sich
Thomas Mann an einem schönen, sonnigen Tag mit
Meeresbrise: »Ging Amalfi Drive im weißen Anzug.«

dem Krieg einen schweren Motorradunfall erlitten und war deshalb
nicht kriegstauglich. So war er die ganze Zeit bei uns. Ich weiß noch,
wie er einmal zu Verwandten nach Frankfurt gefahren ist und dort
die Zerstörungen sah. Er sprach noch tagelang darüber. Ich erinnere mich an einen Satz: »Da werden wir noch hundert Jahre brauchen, bis wir das wieder aufgebaut haben.« Diese hundert Jahre sind
noch nicht um.

Die Amerikaner kamen sechs Wochen vor der Kapitulation in
unsere Gegend, im März. In unserem Keller hörten wir, wie draußen
auf der Straße ein Gerenne war, wir hörten Rufe: »Sie kommen! Sie
kommen!« Am Kirchturm hing ein weißes Betttuch aus dem Glo-
ckenstuhl. Wir rannten zur Hauptstraße, und da rollte der erste amerikanische Panzer auf uns zu. Die Soldaten hielten die Maschinen-
gewehre auf uns gerichtet. Die Dorfbewohner winkten mit weißen
Taschentüchern und versuchten, möglichst friedlich zu gucken und
zu lächeln. Ich winkte mit. Da fiel mir plötzlich ein, dass ich eine
Uniformmütze der HJ auf dem Kopf hatte. Ich riss mir die Mütze
herunter, rannte nach Hause und vergrub sie im Keller unter den
Kohlen.

Die Amerikaner bauten ihre Antennen auf und fingen an, ihr

Über die Nachrichtenlage notiert er: »Erörterungen über die Unschädlichmachung des deutschen Generalstabs. Auffindung einer Schatzhöhle voller staatlichen Raubgutes in Frankfurt a/M. Auffindung von Dokumenten zur deutschen Weltbeherrschungs-Planung (I.G. Farben). Das Macht-Deutschtum ist etwas Grauenhaftes und muß zerstört werden.«

Dem fast 17-jährigen Reinhard Schmoeckel fällt etwas anderes auf: »Anfang Juli passierte in einigen Teilen Berlins etwas, was es vorher in Deutschland nicht

merkwürdiges Kauderwelsch in die Funkgeräte zu sprechen. Wir Kinder waren neugierig und trauten uns immer näher heran. Die Schwarzen waren die nettesten unter den Soldaten. Nach zwei, drei Tagen hatte jeder seinen Freund bei den Amis und kannte ihre Namen.

Die Parteibonzen waren schon Mitte Februar über den Rhein geflohen. Unser Dorf hatte keinen Bürgermeister und keinen Polizisten mehr. Es gab keine Autoritäten. Auch die Wehrmacht hatte sich an den Rhein zurückgezogen. Wir sind als Zivile besetzt worden.

Unerwartet tauchte an einem der letzten Kriegstage der Neffe meiner Mutter bei uns auf. Er war noch kurz vor Schluss, mit 16 Jahren, eingezogen worden und hatte sich in Trier von der Truppe abgesetzt. Jetzt stand er bei uns in der Tür. Meine Mutter war kreidebleich, als sei mit dem Jungen der Tod eingetreten. Es ging ja die Rede von SS-Kommandos, die nicht nur Deserteure einfingen, sondern auch alle erschossen, die Deserteuren Hilfe leisteten. Es war kein Mut, es war schiere Angst, die meine Eltern dazu brachte, den Neffen zu verstecken. Das Verstecken geschah reflexartig als Maßnahme gegen die Todesangst. Es hätte gereicht, dass ein Kind etwas in der Nachbarschaft ausplaudern würde.

gegeben hatte: amerikanische Panzer fuhren in den Sektor Berlins ein, der den USA zugeteilt worden war, und wurden von den Deutschen begeistert als ›Befreier‹ begrüßt: als Befreier von den russischen Besatzern, nicht von den Nazis.« Schmoeckel wird später das persönliche Büro des ehemaligen Bundeskanzlers Kurt-Georg Kiesinger leiten und dessen Memoiren herausgeben.

Gleich am ersten Tag ihres Einmarsches hatten die Amerikaner meine Eltern aus ihrem Haus gejagt. Wir Kinder waren zu einer Tante gekommen. Meine Eltern hatten bei Nachbarn gewohnt und zugesehen, wie ein Feldlazarett in ihrem Haus eingerichtet worden war. Als wir im Juli wieder zurückkommen durften, war alles verwüstet, wie nach einem Bombenangriff. Wir hatten nur das, was wir auf dem Leibe trugen. So auch keinen Schmuck, keine Wertgegenstände, um sie bei Bauern gegen Nahrung einzutauschen. Es ging uns nicht gut. Unser Dorf hatte zwar keine Bombenangriffe erleiden müssen, alle Häuser standen noch, aber wir hatten Hunger. Wir haben wirklich gehungert in diesem Sommer 45. Im Krieg nicht, danach sehr.

Andererseits erinnere ich mich an das schöne Wetter im Sommer 1945. Der Himmel war klar, die Luft heiß. Auf allen Fotos aus diesen Wochen ist immer gutes Wetter zu sehen.

Jemand hat das Eigenartige dieser Wochen als »utopisches Vakuum« beschrieben. Für mich hat es dieses Gefühl der totalen Offenheit zweimal gegeben. Das waren zum einen die drei Wochen vor dem Einmarsch der Alliierten. Es war eine Kinderanarchie. Meine Freunde und ich sind in den Wäldern umhergestreift. Dort fanden

14. Juli
Im niederschlesischen Bad Salzbrunn hängen Plakate
in deutscher Sprache:»Sonderbefehl. Die deutsche Bevölkerung wird in das Gebiet westlich des Flusses Neiße
umgesiedelt. Jeder Deutsche darf höchstens 20 kg Rei-
segepäck mitnehmen. Alle Wohnungen müssen offen bleiben, die Wohnungs- und Hausschlüssel müssen
nach außen gesteckt werden.«
Für viele Erwachsenen ist die neue Zeit eine Tragö-
die; Kinder erleben sie oft als Abenteuer.

wir Dinge von der Wehrmacht, ganze Fahrzeuge, die dort einfach
abgestellt und zurückgelassen worden waren. Auch Motorräder
ohne Sprit. Wir Jungen waren unglaublich clever im Besorgen von
Mangelwaren. Unsere Quelle für Benzin waren die abgeworfenen
Zusatztanks der Spitfire-Bomber, die wir Tiefflieger nannten. Die
Tanks sollten die Reichweite erhöhen und wurden manchmal ausge-
klinkt. Die waren nie ganz leer. In den Leitungen und Ecken war oft
noch genug Benzin für einen 20-Liter-Kanister. Das war eine hoch
begehrte Tauschware.

Ich weiß noch, wie wir zehn- bis zwölfjährigen Steppkes auf den
Motorrädern über den Marktplatz gekurvt sind. Die Väter waren
nicht da, es gab keine Polizei, keine Lehrer, keine Schule. Jeder von
uns hatte ein eigenes Motorrad von der Wehrmacht.

Als die Amerikaner dann einrückten, entdeckten sie in unserer
Garage sofort die Militärmaschinen. Und dann waren es die schwar-
zen amerikanischen Soldaten, die mit denselben Maschinen wie die
Kinder auf dem Marktplatz herumfuhren. Ich habe diese Szene in
meinem Film »Stunde Null« nachgezeichnet, aber mit russischen
Soldaten.

Das ist meine erste Stunde Null gewesen.

Ein Peter Wägner erzählt: »Wir liefen kilometerweit zur Hauptstraße, wo die von den Tieffliegern zusammengeschossenen Fahrzeuge lagen, trafen später russische Reiterpatrouillen (unvergesslich in der Erinnerung: bei den Sowjetsoldaten, ob zu Pferde oder zu Fuß, klapperte immer irgendetwas: Kochgeschirr, Helm, Spaten – man hörte sie).

Wir begegneten Gruppen von heimatlosen, hilflos umherziehenden ehemaligen Kriegsgefangenen, Zwangsarbeitern oder KZ-Häftlingen, etwas, was wir

Wir Kriegskinder waren cleverer als unsere Eltern, wir hatten weniger Angst. Wir trauten uns in die Wälder hinein, obwohl uns gesagt wurde, da seien noch Landminen und Blindgänger. Wir hatten ein Spiel. Wir sägten von Blindgängern den Kopf ab, nahmen das Schießpulver heraus und sammelten es in Säckchen, um damit ein Feuerwerk zu machen. Einer von uns hat damit sogar eine Rakete konstruiert und auf dem Hof abgeschossen. Sie flog brennend auf ein Hausdach, und wir bekamen einen furchtbaren Schrecken. Aber es ist zum Glück nichts Schlimmes passiert. Kindliche Fantasien können gefährlich sein, sie waren oft ein spielerischer Umgang mit dem Tod. Wenig später begreift man das. Der Schrecken kam erst im Jahr danach. Als Ruhe eingekehrt war, wurde ich ein folgsames Kind. Diese Kinderanarchie von 1945 war eine sehr wichtige Erfahrung für mich, eine Umkehrung der natürlichen Chronologie: zuerst die Rüpeljahre, dann die Kindheit.

Meine zweite, die »kleine Stunde Null«, hatte sich nach dem Abzug der amerikanischen Truppen und der Einrichtung der französischen Besatzungszone westlich des Rheins ereignet. Auch da gab es ein paar Wochen ohne Autoritäten, diesmal aber in passiver Gelassenheit. Die Bevölkerung reagierte sehr zurückhaltend auf den

überhaupt nicht begriffen. Wir wichen wild gewordenen Kuhherden aus, die brüllend über die Wiesen zogen, weil sie nicht gemolken wurden. Alles war Abenteuer, neu, aufregend, dramatisch.

Munition, wir waren verrückt danach. Gewehrmunition klopften wir vorsichtig an einem Stein auf, bis das Geschoss herausfiel und wir das Pulver hatten. Noch kostbarer war die Leuchtspurmunition, die farbigen Kapseln. Was wir damit machten? Kleine Feuerwerke. Spuren aus Schwarzpulver legen, dazwischen

---

Wechsel. Sosehr wir die Amerikaner wegen ihrer Überlegenheit, ihres Geruchs, ihrer Lebensart bewundert hatten, so wenig gönnten wir den Franzosen den Status des Siegers. Das rein verwaltungstechnische, eher frostige Verhältnis zwischen deutscher Zivilbevölkerung und französischer Besatzung wandelte sich erst nach Jahren. Die Franzosen hatten ja auch ihre Probleme mit uns Deutschen. Wer mit den Deutschen redete, galt leicht als deutschfreundlich, also als Kollaborateur. Erst mit dem Europa-Gedanken in den Fünfzigerjahren veränderte sich das. Man kann sich heute kaum noch vorstellen, wie tief der Graben war. Das ist der Grund, weshalb ich seitdem ein so überzeugter Europäer bin und so sehr für die deutsch-französische Freundschaft kämpfe.

Die Menschen erleben das Zeitgeschehen nicht vom Kopf her, sondern aus dem Körper. Der Unterschied zwischen Krieg und Frieden wird nicht intellektuell erfahren, sondern körperlich, wie Gesundheit oder Krankheit: Etwas ist anders, im Wachstum, in der Atmung, im Stoffwechsel. Der Frieden von 1945 war wie eine Rekonvaleszenz nach schwerer Krankheit.

die Leuchtspurkapseln platzieren und das Ganze an-
zünden. Das war ein Spaß – bis uns eines Tages ein
Ami-Offizier erwischte und uns gehörig die Leviten las.
Schließlich schwebte ja noch der Werwolfmythos in der
Luft, und jeder Knall löste Aufregung aus.«

Annemarie Günther, aus Ostpreußen nach Hamburg
geflüchtet, erlebt im Lazarett ein ungekanntes Gemein-
schaftsgefühl. Alle sind froh, dass der Krieg vorbei ist,
es herrscht »eine unglaubliche Aufbruchsstimmung«.

Sie empfindet sich in diesem Sommer als Teil einer

Marianne von Weizsäcker

 **Zur Person:** Marianne von Weizsäcker, Jahrgang 1932,
kam als Marianne von Kretschmann in Essen zur Welt. Ihr
Vater war Kaufmann und Direktor beim Benzol-Verband
in Hamburg. Während des Krieges wurde sie mit Mutter und Geschwistern für einige Zeit nach Bayern evakuiert. Nach dem Abitur
besuchte sie in Hamburg die höhere Handelsschule und erhielt eine
kaufmännische Ausbildung. 1953 heiratete sie Richard von Weizsäcker, der 1981 Regierender Bürgermeister von Berlin und 1984 Bun-
despräsident wurde. Seither engagierte sie sich unter anderem für
das Müttergenesungswerk, UNICEF und die Nationale Aids-Stiftung.
Seit dem Ausscheiden ihres Mannes aus dem Präsidentenamt 1994
konzentriert sich Marianne von Weizsäcker auf die Arbeit für ihre
Stiftung zur Integrationshilfe für ehemals Suchtkranke, deren Schirm-
herrin sie bis heute ist. Sie lebt in Berlin.

1945 – da war man mit 13 noch viel mehr Kind, als man es heute ist.
Man kann das gar nicht vergleichen. Es war ja eine Welt ohne Inter-
net, ohne Fernseher. Wir Kinder lebten ganz aus uns selbst heraus,

Schicksalsgemeinschaft. Die Nachrichten über die deutschen Verbrechen erreichen sie deshalb umso mehr wie ein Schock. »Wir erfuhren von Auschwitz, von der Judenvernichtung, von all den Gräueltaten. Das war entsetzlich. Es war ein Zusammenbruch unserer ganzen Welt, in der wir bisher gelebt hatten. Es war so grauenhaft, dass wir uns am liebsten nur noch verkrochen hätten.« Halberstadt war, wie andere deutsche Städte auch, ergriffen von einem neuen, sehr ansteckenden Eigentumstrieb. Alexander Kluge kann sich dem nicht ent-

aus unserer Fantasie, fast unbeeinflusst von außen. Ich spielte mit der Puppe und dem Teddybären, ich zog Perlen auf Schnüre und machte Ketten daraus.

Unsere Bälle bastelten wir aus Stroh zusammen, um die kleinen Ballen haben wir Stoffreste gewickelt. Wenn wir Kreide hatten, malten wir Kästchen auf die Straße und spielten dann Kästchenhüpfen. Wir kletterten auf Bäume. Manchmal spielten wir Kinder auch Bombenangriff auf Ameisen und Käfer. Ich war ja erst sieben Jahre alt, als der Krieg ausgebrochen war, in meinen Erinnerungen damals war es immer Krieg.

Das Kriegsende erlebte ich in Bayern, wir waren nach Oberstdorf evakuiert worden, als im Ruhrgebiet, wo wir herkamen, die Städte bombardiert und die Schulen geschlossen wurden. Wir wurden nicht gefragt, ob das, was passierte, uns irgendwie beschäftigte. Man stellte als Kind auch keine Fragen. Man hatte zu gehorchen, kannte die Regeln, dadurch war man auch beschützt. Erwachsene zogen uns auch nicht in politische Gespräche hinein, das war viel zu gefährlich, wir Kinder hätten das, was da gesagt wurde, ja unbedacht ausplaudern können.

Schuhe waren zu klein, Hosen waren zu kurz, ich hatte immer

ziehen: »Wir Kinder richteten uns in den Kellern der abgebrannten Häuser ein. Ich hatte eine Kiste mit Zigarrenstumpen aus der Flughafenkantine, sagen wir, entdeckt und mir angeeignet. Auch eine Kiste deutschen Sekts.« Die Kisten gehörten zu den Vorräten, die der Luftwaffenintendant für sich angelegt hatte, um sie in der Nachkriegszeit zu nutzen. Die Nachkriegszeit hat er nicht mehr erlebt. Das Material verwendete Kluge zum Tausch gegen Stacheldrahtzaun, »ein Riesenfehler, wie sich herausstellte. Denn daraufhin dach-

denselben Rock und denselben Pullover an, auch im Sommer dachte man nicht darüber nach, so ging es allen Kindern. Nur auf das Bändchen für die Haare, das ich hatte, war ich stolz.

Nach dem Kriegsende waren wir nach Essen zurückgekehrt, zwar nicht in das Haus, in das wir gehörten, das war besetzt, wie die meisten Häuser. Wir zogen in eine andere Wohnung.

Schließlich öffneten die Schulen wieder. Da wurde unbeschriebenes Papier zu einer Kostbarkeit.

Über das Essen durfte man sich nicht beschweren, darauf kam man gar nicht. Eine Weile lang gab es immer nur Mais, den Amerikaner geliefert hatten, Maisbrot, Maispfannkuchen. Meine jüngste Schwester, 1943 geboren, war eine schlechte Esserin. So musste ich sie, selber noch ein Kind, immer füttern. Noch heute sage ich ihr immer, es sei nur etwas aus ihr geworden, weil ich sie großgezogen hätte.

Und an eines erinnere ich mich noch. Als man mir als Kind in Oberstdorf, wo ich eben immer nur Krieg kannte, sagte, der Krieg sei zu Ende, da glaubte ich fest, nun sei das Paradies ausgebrochen. Ein Paradies, das hieß, ein Leben ohne Angst. Ohne Angst um die Großeltern, die in Essen geblieben waren und um die ich mich immer gesorgt hatte. Also wirklich ein Paradies.

ten alle: Da ist etwas zu holen, in dieser umzäunten Ruine. So wurde mir auch eine gefundene Briefmarkensammlung wieder enteignet.«

16. Juli
Je länger Georg Stefan Troller in Deutschland ist, desto weniger versteht er die Deutschen:»Wir hatten erwartet, dass sie in Sack und Asche auf den Kirchenstufen beten würden. Aber nein, nicht im Geringsten. Wir haben es ja schon abgebüßt, das war die Haltung.«

Edzard Reuter

 **Zur Person:** Edzard Reuter, 1928 geboren, ist der Sohn des früheren Berliner Regierenden Bürgermeisters Ernst Reuter. Nach der Machtübertragung an die Nationalsozialisten ging die Familie nach Ankara ins Exil, wo Edzard Reuter seine Kinder- und Jugendjahre verbrachte. So ist sein deutscher Sommer 1945 kein direkt erlebter, sondern ein von außen, in der Emigration beobachteter. Nach der Rückkehr nach Deutschland 1946 studierte er zunächst Mathematik und Physik und später Rechtswissenschaften. Nach Stationen bei der Ufa und bei der Bertelsmann Fernsehproduktion wechselte er zur Daimler Benz AG, deren Vorstandsvorsitzender er 1987 wurde. Reuter wollte Daimler in einen»integrierten Technologiekonzern« verwandeln. In seine Amtszeit fallen die Übernahme des Luft- und Raumfahrtunternehmens Dornier und des Elektrokonzerns AEG. Reuter, inzwischen»Ehrenbürger von Berlin«, lebt zusammen mit seiner Frau in Stuttgart, in einem modernen Wohnbau oberhalb der Stadt. Im Flur steht gleich und zentral eine Bronzebüste des Vaters.

Martin Heidegger schreibt an den Freiburger Oberbürgermeister:»Ich erhebe gegen diese Diskriminie-
rung meiner Person und meiner Arbeit den schärfsten
Einspruch.« Er habe in der Partei niemals ein Amt inne-
gehabt.

Bei Alamogordo, in der Wüste von New Mexico, wird
an diesem Tag zum ersten Mal eine Atombombe ge-
zündet. Der Physiker Robert Oppenheimer beobachtet aus einiger Entfernung, wie über der Wüste ein
riesiger Rauchpilz in den Himmel wächst. Ein anderer

Wie ich den Tag der Kapitulation erlebt habe, kann ich nicht genau
sagen. Wir haben in Ankara gelebt, da gab es nur das Radio. Die
Nachrichten bekam man vorzugsweise von der BBC. Die deutschen
Nachrichtenquellen hat mein Vater nicht genutzt, weil jeder wusste,
dass die lügen. Und die türkischen Nachrichten hinkten immer etwas hinterher. Deswegen ist mir dieser Tag nicht im Gedächtnis geblieben. Die Kapitulation war allerdings auch keine Überraschung
mehr. Seit Wochen und Monaten war völlig klar, dass die Zeit der
Nazis zu Ende gehen würde. Wir waren nur noch neugierig, unter
welchen Umständen das passierte. Wir wussten, dass der Hitler tot
ist. Wir wussten, dass der Goebbels tot ist. Wir wussten, dass Göring noch irgendwo herumläuft, aber gefasst werden würde.

Für meinen Vater war dieser Tag keine Erleichterung. Er fragte
sich vor allem: Was wird jetzt aus Deutschland, was wird aus den
Menschen dort? Ein großer Teil Deutschlands und insbesondere
Berlins war ja russisch besetzt. Die westlichen Alliierten waren noch
nicht in Berlin einmarschiert, ihre Sektoren bekamen sie erst später.
Das Grundgefühl war: Gott sei Dank, es ist zu Ende – aber es ist ein
Aufbruch, der schwer, um nicht zu sagen: schrecklich schwer wer-
den würde. Wie werden die Deutschen auf die neue Lage reagieren?

Wissenschaftler ruft aus:»Mein Gott, das verdammte Ding funktioniert.« Die Sprengkraft der neuen Waffe entspricht 21 Kilotonnen TNT.

17. Juli
Im Schloss Cecilienhof in Potsdam wird die Konferenz eröffnet, auf der Premierminister Winston Churchill, der sowjetische Diktator Josef Stalin und US-Präsident Harry Truman Europas Teilung besiegeln werden. Eigentlich war Berlin als Tagungsort vorgesehen, aber die Stadt

Es gab durchaus Zuversicht. Mein Vater war immer überzeugt davon, dass die Deutschen zum Teil verführt worden seien. Er war gewiss: Wenn sie vernünftig angesprochen und in Verantwortung genommen werden, sind sie genauso zur Demokratie und zur Freiheit fähig wie alle anderen Völker auch. »Freiheit« war das Kernwort, noch vor dem Stichwort »Demokratie«.

Für mich war da natürlich eine freudige Erwartung: Jetzt werden wir nach Deutschland gehen, und du junger Kerl kannst endlich mit dem Studieren anfangen. Und mit deinen jungen Landsleuten daran arbeiten, etwas Vernünftiges aufzubauen in Deutschland.

Die Befürchtung, die Deutschen könnten trotz allem nicht vernünftig geworden sein, habe ich nie gehabt. Die habe ich erst bekommen, als wir hier waren, Ende 1946. Da war ja auch schon deutlicher, wie die Reaktion in Deutschland sein würde. Dass im Land keine Aufbruchsstimmung zu registrieren war außer einer: Jetzt geht es wirtschaftlich wieder aufwärts, und wir haben den Krieg hinter uns. Was ja völlig verständlich ist. Man darf bei aller kritischen Betrachtung dieser ersten Nachkriegszeit nicht vergessen, dass die Menschen eine schreckliche Zeit hinter sich hatten.

Allerdings habe ich den Satz, jetzt müsse auch mal Schluss sein

war zu zerstört. Um 17 Uhr schlägt Stalin den amerikanischen Präsidenten Truman als Leiter der Konferenz vor. Der bekommt damit die Gelegenheit, den Ton vorzugeben: »Entnazifizierung, Demokratisierung, Entmilitarisierung« Deutschlands, »… um damit für immer der Wiedergeburt oder Wiederaufrichtung des deutschen Militarismus und Nazismus vorzubeugen.« Annemarie von Duhn schreibt dazu: »Alle Straßen sind gesperrt, der ganze Verkehr ergießt sich an unserem Hause vorbei.« Weltgeschichte ist wichtig, aber auch lästig.

mit dem Gerede über die Nazizeit, schon früh gehört, nach unserer Rückkehr nach Deutschland ständig. Mit der physischen Erfahrung, wie dieses Deutschland, in meinem Fall Berlin, konkret aussah, war diese Haltung der Leute ziemlich verständlich: zu sagen, das war so schrecklich, davon wollen wir nichts mehr hören. Dass man darüber nachdenkt und die Zusammenhänge erkennt, das kommt erst später.

Ich habe 1947 einen Abitur-Sonderkurs machen müssen, ein sogenanntes Notabitur für die Kriegsheimkehrer. So saß ich da mit einem Haufen Gleichaltriger, die in den Krieg geschickt worden waren. Alle sagten: Lass uns bloß mit Politik in Ruhe, wir wollen nicht wissen, was da war und warum. Was wir erlebt haben, war alles so schrecklich. Wir wollen jetzt nach vorne schauen und Geld verdienen und aufbauen. Viele hatten keinen Arm mehr oder waren sonst wie verletzt. Wer weiß, was die alles erlebt hatten. Da war die Mentalität, die sich in diesem Satz »Jetzt muss auch mal Schluss sein« widerspiegelt, durchaus vorherrschend.

Das politische Leben hat sich dann trotzdem sehr schnell belebt. Der Austausch war da, es gab die ersten politischen Formationen. Klassisch war, wie uns Emigranten unterstellt wurde, wir wären Faulpelze, mehr oder minder aus Deutschland geflohen, um

Churchill, Truman und Stalin während der Potsdamer Konferenz, Juli 1945

uns der Verantwortung zu entziehen. Wir hätten ein gutes Leben im Ausland gelebt, während Deutschland gelitten hat. Diese Mentalität war sehr spürbar, allerdings kaum oder gar nicht in Berlin.

Es waren allerdings nicht erst die Kinder der Kriegsgeneration, die 1968 fragten: Was habt ihr gewusst? Das begann durchaus schon früher. Die Alliierten hatten angefangen, die Bevölkerung mehr oder minder zwangsweise in die Lager, in die KZs und auch in die Vernichtungslager zu bringen. Da wurden Zwangsführungen veranstaltet, insbesondere die Amerikaner haben das sehr stark gemacht. Das war schon bekannt. Auch die Nürnberger Prozesse haben eine gewaltige Rolle gespielt.

Ob wir, ob meine Familie vor 1945 etwas wusste, weiß ich nicht. Ich glaube nicht. Selbst in den alliierten Nachrichten wurde es nicht sehr konkret. Die wussten es ja angeblich auch nicht. Obwohl die Geheimdienste es sehr genau wussten. Die hätten ja auch einige Dinge, was Auschwitz angeht, verhindern können. Nach meiner Kenntnis ist das erst nach der russischen Befreiung von Auschwitz konkret bekannt geworden. Ich wüsste nicht, dass mein Vater davon schon vor 1945 auch nur etwas geahnt hat.

Er hatte natürlich Kontakte, besonders zu amerikanischen Quä-

18. Juli
Churchill stellt die Frage, was »Deutschland« heute be-
deute. Stalin: »Deutschland ist das, was es nach dem
Kriege geworden ist. Es gibt kein anderes Deutschland.« Truman hingegen antwortet: »Es hat 1945 alles
eingebüßt. Deutschland existiert jetzt faktisch nicht.«

21. Juli
Die Großen Drei konferieren weiter. Für die Duhns
bleibt alles sehr unerfreulich: »Am 21. Juli in Wannsee

kern. Aber wer konnte sich genau diese Einzelheiten vorstellen, wie
so ein Transport in Auschwitz ankam und die Kerle selektiert haben? Wer konnte sich das damals vorstellen? Ganz zu schweigen
von der Zahl der Menschen, die sie umgebracht haben, der Art und
Weise, wie sie umgebracht wurden. Dass die Nazis zu allem fähig
waren, war immer bekannt. Dass sie Menschen sinnlos umbringen,
ist nicht neu gewesen. Die Haltung war aber: Es bringt nichts, das
jetzt im Augenblick zu vertiefen. Für uns war die Vergangenheitsbewältigung nicht das vorderste Thema der Tagesordnung, sondern
wir wollten dazu beitragen, in Deutschland eine freie Gesellschaft
aufzubauen. Das ist eine andere innere Einstellung als die, die zu
Recht später, 1968, aufgekommen ist.

Im Ausland zu bleiben, das kam für uns damals ganz eindeu-
tig nicht infrage. Die ganze Emigrationszeit über hatten wir den
Wunsch, nach Deutschland zurückzukommen, so schnell wie es nur
irgend geht. Am Beginn war die allgemeine Meinung, ach, das dauert sowieso nicht lange mit dem Hitler. Deshalb bin ich nie auf eine
türkische Schule geschickt worden. Wir gehen nach Deutschland zurück. Das Sehnen und Denken meiner Eltern war immer: Wir sind
Deutsche, wir wollen nach Deutschland zurück und helfen.

zweimal Verkehrssperre, Churchill fährt durch. Anne-marie fühlt sich schlapp und müde, haben wir doch seit 3 Monaten kein Fleisch und, abgesehen von den 250 g Butter, auch kein Fett erhalten.«

Hans Modrow, seit Mai in russischer Kriegsgefangen-schaft, muss in Hinterpommern bei der Ernte helfen, zur Versorgung der sowjetischen Armee. Weil er sich mit Pferden auskennt, fungiert er eine Weile als Fah-rer für einen sowjetischen Offizier. Russen, das hat er in der Hitler-Jugend gelernt, sind keine Gegner, sondern

Theo Sommer

 **Zur Person:** Theo Sommer wurde am 10. Juni 1930 als Sohn eines Reichswehrsoldaten und einer Kranken-schwester in Konstanz geboren. Von August 1942 bis Mai 1945 besuchte er die Adolf-Hitler-Schule, Ordensburg Sonthofen. Nach dem Abitur studierte er Geschichte und politische Wissenschaf-ten und promovierte an der Tübinger Universität. Von 1952 bis 1955 arbeitete er als Lokalredakteur bei der »Rems-Zeitung« in Schwäbisch Gmünd, 1958 wurde er politischer Redakteur bei der Hamburger Wo-chenzeitung »Die Zeit«, die er 1973 bis 1993 als Chefredakteur leitete. Theo Sommer hat zahlreiche Bücher geschrieben. Er ist in dritter Ehe verheiratet und hat fünf Kinder. Sommer lebt in Hamburg.

Die wichtigste Frage in diesem Sommer 1945 war: Was wird aus uns? Ich war ja bis zum Kriegsende Adolf-Hitler-Schüler auf der Ordensburg Sonthofen gewesen. Dort hatte man uns darauf gedrillt, für »Führer« und Reich zu sterben. Ich war damals zum Partisanen-krieg bereit. Wäre ich schon 17 gewesen, hätte ich mich wahrschein-lich auch zur SS-Division Großdeutschland gemeldet, das glaubten

Feinde. Der Russe, den er mit dem Pferdegespann kut-
schiert, zitiert Heine. »Erst in diesem Sommer habe ich
begriffen«, sagt Modrow, »dass die Russen keine Untermenschen sind.«

Im Pazifik wird immer noch gekämpft, unter großen Verlusten, die Amerikaner müssen Insel um Insel
von den Japanern erobern. In Kalifornien notiert Thomas Mann in sein Tagebuch, die Friedensbedingungen
für Japan seien offenbar derart, »daß die Verteidigung
lang und zäh sein muß«.

wir uns und dem geliebten »Führer« schuldig zu sein. Aber wir hatten überlebt und waren auch nicht an die Wand gestellt worden.

In den Weihnachtsurlaub 1944 waren wir noch in der Annahme
gefahren, dass die Ardennenoffensive in einen großen Sieg mün-
den würde. Als sie fehlschlug und im Januar abgebrochen wurde, da
wurde uns nach und nach klar, dass der Krieg wohl nicht mehr zu
gewinnen war.

Im Januar und Februar arbeiteten wir vormittags in der Firma
Graf Hagenburg, wo wir im Akkord Steuerungsteile nieteten für
des »Führers« Wunderwaffe, die V2-Rakete. Im März wurden wir
14- und 15-Jährigen zum Volkssturm eingezogen. Die Sonthofener
Gebirgsjäger bildeten uns am Karabiner 98, am Maschinengewehr
und an der Panzerfaust aus. Sie nahmen uns gehörig ran. Das zwölf
Kilo schwere MG auf dem Rücken, mussten wir mit offenem Mün-
dungsschoner auf Skiern durchs Gelände robben – wehe, da kam
Schnee rein, dann gab's einen Anschiss.

Ende April sollten wir noch Ulm verteidigen. Wir kamen jedoch
zu spät. Daraufhin trennten wir uns den Volkssturmstreifen vom
linken Ärmel und ließen uns als eine Art Kinderlandverschickungs-
lager in einer Almhütte nieder. Im Radio hörten wir dort die letzte

Dabei hat Japan noch nicht einmal kapituliert.
Und sonst? »Nürnberg als Schauplatz der Prozesse
gegen die deutschen Kriegsverbrecher ausersehen«,
schreibt Thomas Mann. »Goering soll der Erste an der
Reihe sein.«
US-Präsident Harry Truman ordnet, fünf Tage nach
dem erfolgreichen Test bei Alamogordo, den Einsatz
von Atomwaffen im Krieg gegen Japan an.

Goebbels-Lüge: dass der »Führer« im Kampf gegen die Bolschewiken auf den Stufen der Reichskanzlei gefallen sei. Wir hielten dann eine kleine Trauerfeier ab.

Am 8. Mai, dem Tag der Kapitulation, bin ich mit zwei Kameraden auf die Rotspitze gestiegen. Es war ein herrlich warmer Sonnentag. Als wir abends zurückkamen, war die Almhütte leer. Die anderen waren von den Franzosen abgeholt worden. Sie wurden Richtung Bodensee in Marsch gesetzt und kamen in Lothringen ins Bergwerk.

Ich schlug mich dann nach Sonthofen durch. Einige Wochen lang arbeitete ich noch einmal bei Graf Hagenburg. Die Firma baute inzwischen Bewässerungsanlagen für Gärtnereien.

Nach sechs Wochen holte ich mir auf der französischen Ortskommandantur einen Passierschein. Ich wollte zu meiner Familie nach Schwäbisch Gmünd. Auf meinem Passierschein stand: »À pied, avec sa bicyclette«, zu Fuß, mit seinem Fahrrad. In der gesamten französischen Zone war den Deutschen das Radfahren untersagt. Ich musste mein Rad also bis Kempten schieben, wo die amerikanische Besatzungszone anfing. Dann durfte ich endlich aufsteigen.

Dort sah ich die ersten riesigen Bildtafeln am Straßenrand, Fotos

22. Juli

Insa Radomski, die immer erst Ruhe findet, wenn die
Kinder im Bett sind, schreibt wieder einmal an ihren
Mann Peter, von dem sie erst am 30. Dezember ein Lebenszeichen erhalten wird: »Solange ich die Hoffnung
habe, daß du eines Tages wiederkommst, lass' ich den
Mut nicht sinken. Was sollen denn die sagen, deren
Mann gefallen ist? Der Herrgott bürdet uns nicht mehr
auf, als wir tragen können. Sollen wir es da nicht willig
tragen? Allmählich, wo man zur Ruhe kommt, sehe ich

von Leichen aus einem KZ, wahrscheinlich aus Dachau. Ich war
überzeugt, dass es sich um Feindpropaganda handelte. Meine Haltung änderte sich allerdings mit dem Beginn der Nürnberger Prozesse im Oktober 1945. Was ich für Feindpropaganda gehalten hatte,
entpuppte sich als niederdrückende Realität. 1947 bekam ich dann
Eugen Kogons Buch »Der SS-Staat« in die Hand, für mich war das
der wohl wichtigste Meilenstein an meinem Weg zu Klarheit und
Wahrheit.

In diesem Sommer lebte ich in einem Zwiespalt: Ich war zu jung,
um Täter zu sein. Ich trug keine persönliche Schuld, deshalb lebte
ich nicht im Unfrieden mit mir. Aber trotzdem überkam mich bald
eine tiefe Scham für das, was von Deutschen an Entsetzlichem verbrochen worden war. Manchmal bin ich nachts schweißgebadet aus
dem Schlaf hochgeschreckt, erwacht aus dem Traum, das »Dritte
Reich« habe den Krieg doch noch gewonnen. Der Alltag widerlegte
den Traum.

Auf meinem Weg nach Hause kam ich durch das total zerstörte
Ulm. Am Hohenstaufen gab es ein Lager für russische Zwangsarbeiter. Kurz vorher war dort ein Junge meines Alters, der mir offenbar
ähnlich gesehen hatte, umgebracht worden. Meine Mutter erfuhr

Eine wohnungslose,
verzweifelte Frau mit
ihrem Sohn in Berlin,
Juni 1945

davon. Tagelang war sie mit meinem fünf Jahre jüngeren Bruder
unterwegs, um nach mir zu suchen. Sie kehrte nach Hause zurück
in der Überzeugung, dass ich nicht mehr lebte.

Als ich wenig später in Gmünd ankam, spielte meine kleine
Schwester auf dem Rasen. Als ich die Gartentür aufstieß, guckte
sie mich entgeistert an, drehte sich um und rief in Haus: »Mutti, der
Theo ist gar nicht tot!«

Irgendwann in diesem Sommer kam auch mein Vater heim. Er
hatte als Kriegsgefangener auf den Rheinwiesen gelegen, wo Hunderttausende deutscher Soldaten im Schlamm oder am Hunger krepierten. Als Offizier hatte er in Rommels Afrikakorps gedient und
war auf dem Rückzug bei Tunis in einen Luftangriff geraten: Bauchschuss. Mit dem letzten Lazarettschiff war er über Italien ins Hospital in Altötting gekommen. Niemand glaubte 1945, dass er das Jahresende erleben würde. Er schaffte noch 24 Jahre, aber ich kann
mich an keinen Tag erinnern, an dem er keine Schmerzen hatte.

Vater war 36, als er nach Hause kam. Alle waren froh, dass er wieder da war. Vor allem: dass er nicht in russische Gefangenschaft
geraten war, vor dem Afrikaeinsatz war er ja ein paar Monate lang
an der Ostfront gewesen. Habe ich mit ihm je über den Krieg ge

auch die Dinge, die den Zusammenbruch brachten, anders: Ich kann nicht an ein Verbrechen glauben. Sicher, es sind viele Fehler gemacht worden, dazu kam großes Unglück. Aber daß der Nationalsozialismus im Kern gut war und daß der Führer das Beste gewollt hat, glaube ich nach wie vor. Vielleicht wird eine spätere Zeit den Führer doch als Vorkämpfer gegen den Bolschewismus würdigen. Hoffentlich werden die Westmächte mit diesem fertig!«

sprochen, über das, was er erlebt hatte? Ich habe ihn nie danach gefragt. Man stellt keinem Menschen Fragen, der sich vor Schmerzen krümmt. Hätte ich mehr gefragt, wenn er unverwundet gewesen wäre? Ich bin mir nicht sicher. Man musste damals ja vor allem den Alltag bewältigen. Die Vergangenheitsbewältigung fing viel später an. Zu essen und zu heizen zu haben, überhaupt halbwegs durch die Zeit zu kommen, darum ging es.

Vaters Uniformen wurden umgefärbt; aus ihnen schneiderte Mutter Joppen und Mäntel. Mit ihr und meinem Bruder fuhr ich in die Wälder, jede Familie durfte eine bestimmte Menge Holz einschlagen; damit konnten wir heizen. Bei den Bauern sind wir hamstern gegangen. Beim einen gab es zwei Eier, beim anderen ein Netz Kartoffeln. Viele Wege haben wir zu Fuß erledigt, manche mit dem Fahrrad, man musste ja die Schläuche und die Reifen schonen.

Ich fand in diesem ersten Nachkriegssommer sogar einen Job. Schwäbisch Gmünd ist eine Gold- und Silberstadt. Die Firma Rettenmaier produzierte nun keinen Schmuck, sondern Abzeichen, wie sie die Amerikaner als Kennzeichen ihrer Einheiten am Revers oder am Kragenspiegel tragen; diese *badges* waren aus Aluminium oder Tombak, einer Legierung aus Kupfer und Zink. Ich saß an einer

23. Juli

Martin Heidegger, der Philosoph, sitzt zur Vernehmung vor dem »Bereinigungsausschuss« der französischen Militärregierung. Er hat Angst vor dem Gefängnis, sein Kollege, der Romanist Hugo Friedrich, ist bereits in Haft genommen worden. Heidegger sagt, er habe sich bei der nationalsozialistischen Revolution nur für kurze Zeit engagiert, weil er sie für eine metaphysische Revolution gehalten habe.

In Hamburg-Fuhlsbüttel denkt der Gaststätten-

Presse, punzte, stempelte und stanzte: Werkstück einlegen, Tritt auf den Fußschalter, der Stempel saust herunter auf die Punze, Werkstück herausholen, dann das Ganze von vorn, acht Stunden am Tag. Neben mir stand ein hübsches Mädchen. Einmal schielte ich zu ihr hinüber und betätigte dabei aus Versehen den Fußschalter – so verlor ich einen Teil der Kuppe meines Zeigefingers.

Ein andermal wurde ich mit einem amerikanischen Jeep nach Pforzheim geschickt, um neues Material zu holen. Pforzheim hatte 60 000 Einwohner, rund 18 000 waren bei den Bombenangriffen umgekommen. Etwa 98 Prozent des Stadtzentrums lagen in Schutt und Asche. Es war das erste Mal, dass ich massenhaft Ruinen gesehen habe. Da erst begriff ich, was totaler Krieg war.

Allerdings begann auch der Wiederaufbau des Landes praktisch sofort. Ehemalige Parteimitglieder mussten dabei extra Aufräumstunden leisten. Auch bei der Kleidersammlung im Herbst wurde von ihnen erwartet, dass sie zwei Stücke mehr abgaben als die anderen, darunter einen Mantel. Die Entnazifizierung hing bald wie ein Damoklesschwert über vielen. Sie fragten sich: Habe ich eine Zukunft? Darf ich überhaupt je wieder arbeiten?

Bemerkenswert ist, dass es so gut wie keine Trauer über Hitlers

betreiber Alois H. darüber nach, seinen Namen ändern zu lassen. Wenige Monate später wird er sich an die Polizei wenden: »Mit diesem Schreiben bitte ich den Herrn Oberst und Kommandeur der Polizei Hamburg, meinen Familiennamen Hitler in Hiller umändern zu wollen.« Als Begründung führt er an: »Für die Zukunft erscheint es mir unmöglich, meinen Familiennamen Hitler weiterzuführen, der Name erschwert mir, meinen Beruf weiter auszuüben, und stellt eine Belastung im Umgang mit dritten Personen dar.«

Tod gab. Gleichsam über Nacht gab es keine Nazis mehr. Es war, als hätte jemand an einer elektrischen Herdplatte den Strom ausgeschaltet. Dennoch wurde das Kriegsende nicht als Befreiung empfunden, dafür war der Alltag zu beschwerlich. Man war froh, dass es vorbei war. In Kategorien von Tätern oder Opfern wurde noch nicht gedacht. Dass wir Täter waren, ehe wir Opfer wurden, wurde uns erst langsam klar. Dies bestimmte mich, Geschichte zu studieren. Ich wollte wissen: Wie konnte unser Volk diesem Verführer auf den Leim gehen?

Damals wohnten wir in Schwäbisch Gmünd nur eine Straße entfernt vom US-Quartier. Die Soldaten brachten ihre Hemden zu meiner Mutter, zum Bügeln. Manchmal gab's dann eine Dose Ananas. Mitunter brachten sie auch große Töpfe zum Spülen, in denen noch ausreichend Essen für eine Mahlzeit war. Ich sammelte auch die Taschenbücher der G.I.s, die diese nach der Lektüre wegwarfen. Sie passten in Hosen- oder Jackentaschen. Ich lernte Englisch, indem ich Hunderte mir unbekannter Wörter nachschlug. Bald sprachen wir Jungen besseres Englisch als unsere Englischlehrer, wiewohl mit starkem amerikanischem Akzent.

Neben den *pocket books* sah ich zum ersten Mal auch gebrauchte

Gegen eine Gebühr von 50 Reichsmark gibt die Polizei dem Gesuch statt.

Die britische Militärregierung hat unterdessen keine Einwände gegen Adolf Hitlers Stiefbruder, sie wird ihn später als »Entlasteten« einstufen. Hitler hatte in Berlin einen Szenetreff für SA- und SS-Leute betrieben. Seine Frau wird 1948 zu Protokoll geben, es habe »absolut keine Verbindung irgendwelcher Art zu Adolf Hitler« bestanden.

Martin Walser trifft in diesem Sommer seine spätere

Kondome, mit denen die G.I.s die Gehwege reichlich bepflasterten. So schützten sich die Soldaten vor Geschlechtskrankheiten, *venereal disease* auf Englisch, abgekürzt VD. Im Volksmund wurde daraus bald »Veronika Dankeschön«.

Es gab auch ein Amerika-Haus in Schwäbisch Gmünd. Die Amerikaner hatten in einer requirierten Fabrikantenvilla eine kleine Bibliothek eingerichtet, drei- oder viertausend Bände. Da habe ich all die amerikanischen Autoren entdeckt, von denen ich vorher gar nicht wusste, dass es sie gab: Hemingway, Faulkner, F. Scott Fitzgerald, Dos Passos. Die Lektüre stieß mir das Fenster auf zu einer Welt, die mir bis dahin verschlossen gewesen war.

Bis heute verbinde ich den Sommer 1945 mit einem bestimmten Geruch: dem Frühmorgengeruch nach frisch gebrühtem amerikanischem Kaffee. Und dem süßlichen Geruch von Chesterfield-Zigaretten – amerikanische Gerüche, die ich später in den USA in den Greyhound-Busstationen wiederfand.

Ab und an gab es auch Hungergerüche. Man riecht ja nicht sehr gut, wenn man hungert. Irgendwie faulig, wie Mundgeruch. Und manchmal haben die Menschen sicherlich auch ungewaschen gerochen. Damals war es üblich, dass die Männer ein Hemd eine Woche

Frau Käthe. »Wir waren froh, dass wir zu essen und zu trinken hatten, und ich war froh, dass es Käthe gab, und Käthe war froh, dass es mich gab.« Er muss nicht hungern, er hat etwas anzuziehen, es ist Sommer, er lebt. »Ich war verliebt in Käthe (...), alles andere war sekundär.«

25. Juli
Der aus Deutschland vertriebene Drehbuchautor und Filmregisseur Billy Wilder kommt Ende dieses Monats

lang trugen. Viele Hemden hatten anknöpfbare Kragen, dann hat man alle zwei Tage einen frischen Kragen umgebunden. Es gab weder Deo noch Waschpulver, kaum jemand besaß eine Waschmaschine oder einen Trockner. Büstenhalter und Höschen und Hemden hingen zum Trocknen in der Sonne an der Leine.

Und der Klang dieses Sommers? Das Röhren der Jeeps. Und AFN, American Forces Network, der Soldatensender. Er brachte uns Bing Crosby und Frank Sinatra, Glenn Millers »Chattanooga Choo Choo« und Tommy Dorseys »Swing Low, Sweet Chariot«. Überhaupt Jazz.

In gewisser Hinsicht reichte dieser erste Nachkriegssommer bis 1989/90. Währungsreform, Gründung der Bundesrepublik und der DDR, Kalter Krieg bestimmten die neue Realität. Nach der Berlinblockade 1948/49 und dem Beginn des Koreakonflikts rückten die Deutschen langsam in die Kohorte der Gastsieger. Von Parias wurden sie zu Partnern, in Ost wie West. Doch vier Jahrzehnte lang blieben die Grenzen in Deutschland und Europa, wie sie sich im Sommer 1945 eingeschliffen hatten. So gesehen, endete der Sommer 1945 erst 1990.

Zerstörtes Hamburg,
Spätsommer 1945

Christian Schwarz-Schilling

 **Zur Person:** Christian Schwarz-Schilling wurde am 19. November 1930 in Innsbruck geboren, sein Vater war Komponist, die Mutter Pianistin. Nach dem Studium der Geschichte, der Ostasiatischen Kultur- und Sprachwissenschaften übernahm Schwarz-Schilling gemeinsam mit seiner späteren Frau die Geschäftsführung der Accumulatorenfabrik Sonnenschein im hessischen Büdingen.

Von 1982 bis 1992 war er Bundesminister für das Post- und Fernmeldewesen, seit 1989 Post- und Telekommunikation. In seine Amtszeit fiel die Einführung des Kabel- und Privatfernsehens und die Privatisierung der Bundespost. Aus Protest gegen die Haltung der Bundesregierung im Bosnienkrieg trat er 1992 als Minister zurück; zwischen 2006 und 2007 war Schwarz-Schilling der Hohe Repräsentant für Bosnien und Herzegowina. 2020 erschien sein Buch »Der verspielte Frieden in Bosnien«. Christian Schwarz-Schilling ist verheiratet und Vater zweier Töchter. Er lebt in Büdingen.

wieder nach Deutschland zurück, landet in Frankfurt
und reist dann nach Berlin, wo er vor der Machtergrei-
fung Hitlers seine Filmkarriere begonnen hatte:»Ich
kam mit einem Kameramann, wir flogen über Berlin, und ich sah die Trümmerwüste. Es sah aus wie das
Weltende.«

Wolf Schneider, der den Krieg als Funker überlebt hat, wird bei der Stadt Büren nahe Paderborn als
»Landwirtschaftlicher Hilfsarbeiter« eingetragen. In seiner Erinnerung riecht dieser Sommer nach Heu.

Die Zeit ab Frühjahr 1945 war für unsere Familie eine Art Befreiung.
Wir hatten zunächst die Hoffnung gehabt, dass die Amerikaner kämen. Die US-Truppen waren ja bis Dessau vorgestoßen. Dort blieben sie aber stehen, und so kamen die Russen.

Wir wohnten damals in Geltow bei Potsdam, am Schwielowsee.
Mein Vater war offenbar durch die Protektion eines Verwandten davor bewahrt worden, in den Krieg ziehen zu müssen. Er sollte 1944
als Panzergrenadier an der Westfront eingesetzt werden, da war er
immerhin schon 40 Jahre alt. Meine Mutter hat es dann mit einer
unglaublichen Anstrengung erreicht, dass er zum Militärischen Mu-
sikcorps Potsdam kam. Man holte ihn in Brandenburg aus dem Zug
und beorderte ihn nach Potsdam zurück.

Ende April 1945 kam er zu uns nach Potsdam-Geltow. Er habe
einen Marschbefehl erhalten, sagte er. Er solle wertvolle Instru-
mente nach dem Westen bringen, eine Oboe, zwei Trompeten und
anderes. Er setzte mit einem Schlauchboot über die Elbe und kam
so erst in amerikanische und später in britische Kriegsgefangen-
schaft, aber eben nicht in russische. Als er im Sommer 1945 entlassen wurde, lief er in umgekehrter Richtung von Hannover nach Geltow. An einer Brücke fiel er einem russischen Wachkommando in

Frauen stehen in
Berlin nach Essen an,
17. August 1945

die Hände. Bei denen entdeckte er ein Klavier. Er setzte sich daran
und spielte. Die Russen kamen hinzu, fragten, ob er auch russische
Lieder könne – und ließen ihn laufen. Wir hatten seit seiner Abreise
keine Nachricht von ihm erhalten; dann, im August, stand er eines
Abends am Tor.

Während des Sommers kümmerte sich meine Mutter um mich
und meinen jüngeren Bruder Fridolin. Sie war in Polen geboren
worden und sprach Polnisch und Russisch; sie hat dafür gesorgt,
dass ein polnischer Offizier, der in der Roten Armee diente, in unser
Haus kam. Er beschützte meine Mutter und auch die Flüchtlings-
familie, die mit ihren neun Kindern bei uns einquartiert worden war.
Die russischen Soldaten waren nicht bösartig, aber wenn sie getrunken hatten, drohte Gefahr. Sie brachen in die Häuser ein und nahmen sich, was sie wollten. Als sie zu uns kamen, herrschte meine
Mutter sie auf Russisch an: Was sie machten? Wir hätten lange auf
die Russen gewartet – und jetzt führten sie sich in einer solchen
Weise auf.

Ein andermal wäre ich beinahe von zwei Russen abgeführt worden, weil ich Radioprogramme abgehört hatte. Technisch war ich
nicht unbegabt. Wir hatten zwei große Kastanienbäume im Garten,

29. Juli

Erich Kästner hat in Schliersee mittlerweile die erforderliche Aufenthaltsbewilligung bekommen, ebenso
die Lebensmittelkarte, die Haushaltskarte und die Son-
derzuteilungskarte für Arbeitende. Und sonst? »Das
Leben zu fristen, frißt Zeit. Manchmal werden wir grö-
ßenwahnsinnig, opfern eine Fleischmarke und essen,
als herrschten normale Zustände, im ›Fischerstüberl‹ zu
Mittag. Manchmal pilgern wir zum gegenüberliegenden Ufer, schwimmen im See, hocken faul in der Sonne

und da habe ich mit einem Detektor eine T-Antenne gebaut. So
konnte man relativ gut mehrere Sender empfangen.

Unser altes Radio war noch von den Nazis beschlagnahmt worden: ein Nordmende-Gerät, ein Zeiger wies auf die Ziffern, die die
Frequenzen anzeigten. Ich lag davor, als die Gestapo über die Terrasse hereinkam. Sie schrien mich an: Halt, nicht bewegen! Damit
ich nicht den Feindsender verstellte, den ich angeblich gerade gehört hatte. Das war aber nicht so. Ich hatte den Flaksender eingestellt, der auch sogleich wieder Nachrichten über anfliegende Bom-
ber brachte. Ich war nämlich im Rahmen des Jungvolks in Potsdam
zu einer Spezialabteilung gegangen, dem sogenannten Flugzeug-
erkennungsdienst. Dort lernte man die verschiedenen Flugzeugmo-
delle zu unterscheiden, auch am Geräusch.

Den Rundfunkapparat musste ich allerdings trotzdem auf einem
Leiterwagen, rechts und links von zwei Polizisten eskortiert, auf die
Wache bringen.

In diesem Sommer 1945 beschützte meine Mutter uns und andere,
ich war damals sehr stolz auf sie. Als Polin war sie in Deutschland
oft schlecht behandelt worden. Jetzt, wo die Naziherrschaft vorbei
war, war sie plötzlich in einer anderen Position. Auf einmal traten

Bei Tangermünde überqueren Flüchtlinge die Elbe im Mai 1945. Die Wehrmacht hatte die Eisenbrücke in den letzte Kriegstagen gesprengt

Frauen und Familien an sie heran, sie hofften darauf, durch meine Mutter und ihre Kontakte beschützt zu werden.

Ich erinnere mich, dass wir damals wenig zu essen hatten. Ab und an brachten uns Bauern eine Kiepe Obst. Einmal bekamen wir eine große Fuhre von einem Mann, der Parteigenosse gewesen war und der meine Eltern während des Krieges bei der Gestapo angezeigt hatte: Wir würden Feindsender hören, hatte er behauptet, außerdem würden wir nie »Heil Hitler« sagen, wenn wir ein Geschäft betraten. Drei- oder viermal hatten meine Eltern zum Gestapo-Verhör nach Potsdam gemusst. Das war immerhin so ernst, dass sie unseren Nachbarn, zu denen wir ein sehr gutes Verhältnis hatten, unsere Lebensmittelkarten gaben und sie baten, auf uns Kinder aufzupassen, falls sie nicht wiederkämen. Auch meine Schwester wurde vorgeladen und sechs Wochen lang im Gestapo-Gefängnis in Potsdam festgehalten. Die Gestapo-Leute warfen ihr vor, ein Verhältnis mit einem polnischen Zwangsarbeiter gehabt zu haben.

Ich war deshalb entsetzt, dass meine Mutter Obst von diesem Mann annahm. Menschen, die uns so behandelt hatten und die sich jetzt als opportunistisch erwiesen, verachtete ich, ich wollte mit ihnen nichts zu tun haben – wie man als 14-Jähriger so denkt.

und tun das Übliche: Wir warten. Wir warten, daß etwas geschehe. Aber es geschieht nichts. Nichtstun, gerade jetzt, ist eine anstrengende Beschäftigung.«
Von Amerika aus verfolgt Thomas Mann missmu-
tig die Konferenz der alliierten Sieger in Potsdam. »Die
Völker Deutschlands und Japans auf ungenügendem
Raum zusammengedrängt und zur Dezimierung durch
Hunger verurteilt. Kein Schritt zu dem Ziel, die Erde allen nutzbar zu machen. Die 3 weltordnenden Häupter
machen nichts als Unsinn und spielen Klavier.«

Meine Mutter sagte nur: Wir haben nichts mehr zu essen.

Was ich bis dahin nicht wusste, was ich in diesem Sommer nicht
erfuhr und auch lange Zeit danach nicht: Meine Mutter war Jüdin.
Das muss für meine Eltern furchtbar gewesen sein. Mein Vater,
auch das erfuhr ich erst viel später, war 1938 nach Polen gefahren
und hatte meiner Mutter einen neuen Namen verschafft. Mit einer
Fälschung des Ahnenpasses. Er hat alle Namen geändert, Geburts-
schein, Taufschein, die Angaben wurden dann durch die katholische
Kirche bestätigt.

Der Geburtsname meiner Mutter war Blatt. Daraus wurde Blondowicz Blatjowna. Blondowicz ist ein polnischer Adelsname, mein
Vater wählte ihn, damit man, wenn man den Namen hörte, gar nicht
auf die Idee kommen konnte, dass das eine jüdische Familie ist. Das
war unglaublich klug gemacht: Blatjowna hat er dazugesetzt, um ge-
gebenenfalls die Ähnlichkeit zu »Blatt« erklären zu können. Bis dahin hatte die Musikhochschule, an der er lehrte, immer gemahnt, er
müsse seinen eigenen und den Ahnenpass meiner Mutter einreichen.
Er legte also den gefälschten Pass vor – und konnte seine Stelle antreten.

Meine Mutter muss ständig in der Angst gelebt haben, dass die

2. August

Endlich haben sich Truman, Stalin und Clement Attlee, der als Sieger der Unterhaus-Wahlen am 28. Juli Churchill abgelöst hatte, geeinigt. Die Potsdamer Dreierkonferenz, die für Annemarie von Duhn ein einziges Ärgernis darstellte, ist beendet. »Die Feinde fassen ihre Beschlüsse über unsere Köpfe hinweg. Man denkt besser jetzt nicht daran, dass man mal ein Bürger eines freien Staates war.«

Das Potsdamer Abkommen sieht unter anderem die

Fälschung aufflog. Natürlich sprach sie nie darüber. Ich hatte lange keine Ahnung, was die Eltern bewegt haben musste. Einmal hörte ich, wie mein Vater meiner Mutter eine Art Hitler-Unterricht gab: wann er geboren war; wann er an die Macht kam – damit meine Mutter wenigstens Grundkenntnisse hatte.

Meine Eltern haben mir bis zu ihrem Tode nicht von der jüdischen Herkunft meiner Mutter erzählt. Ich habe ihnen das sehr übel genommen, weil unsere Familie für mich immer eine Art Trutzburg war. Ich habe später erfahren, dass es viele, die in einer ähnlichen Situation waren, so gemacht haben. Vermutlich aus Sorge, dass es irgendwann neuen Antisemitismus geben könnte.

Hinzu kam: Meine Mutter, das habe ich erst später herausgefunden, hatte sich in dem neuen Pass jünger gemacht. Sie war 1896 geboren worden, hatte aber 1904 eintragen lassen, das Geburtsjahr meines Vaters. Das sollte wohl nicht bekannt werden.

Die meisten Blatts sind von den Nazis umgebracht worden. Einige haben überlebt, das Familiensuchteam fand sie später in Israel. Ernsthaft habe ich mich erst auf die Suche nach meinen Verwandten gemacht, als ich aus dem Bundestag ausgeschieden war und mich dieser Aufgabe wirksam widmen konnte.

»geordnete und humane Überführung« der Deutschen
aus Polen, der Tschechoslowakei und Ungarn vor. In
den vier Besatzungszonen leben bald über zehn Millionen Flüchtlinge. Sie werden in Baracken, den halb-
runden »Nissenhütten« aus Wellblech und anderen
Notunterkünften untergebracht. Es ist eine bis dahin
beispiellose Völkerverschiebung.

Der Bereinigungsausschuss in Freiburg kommt zu
dem Votum, Heidegger sei seit 1934 kein Nazi mehr gewesen. Er solle nicht verhaftet, sondern nur vorzeitig

Für uns war das Ärgste überstanden, als mein Vater wieder da war.
Als er heimkam, konferierten Attlee, Stalin und Truman gerade in
Potsdam. Ich erinnere mich, dass Stalin mit dem Zug aus Moskau
kam – und dass die Gleise dafür auf die russische Spurbreite umge-
stellt werden mussten.

Mein Vater hat sich dann bei seiner alten Hochschule für Musik
gemeldet. Er wurde als Dozent eingestellt, das brachte uns die offi-
zielle Genehmigung, nach West-Berlin zu gehen. Damit hatte unser
Leben wieder eine Ordnung bekommen. Er fand sogar ein Haus, im
April 1946 zogen wir um. Wir organisierten für den Umzug einen
Wagen, unseren Hausrat hatten wir in Kisten verpackt dabei. Wir
passierten die Glienicker Brücke – aber kaum, dass wir hundert Meter im amerikanischen Sektor waren, hatten wir einen Platten.

Wir waren sehr erleichtert, dass uns das nicht in der Sowjetischen
Besatzungszone passiert war. Es war das erste Mal, dass wir keine
Angst vor der Polizei zu haben brauchten – das erste Mal, dass wir
uns sicher fühlten. Der Umzug in den amerikanischen Sektor war
für uns die wahre Befreiung.

emeritiert werden. Der kleine Theodor Gruschka währenddessen notiert: »Jetzt ärgert sich die Frau Lieret dass wir alle silbernen und goldenen Papierhackenkreuze vernichtet haben bevor die Amerikaner kamen, denn jetzt könnte man ein gutes Geschäft machen hat sie gesagt. Weil die Amis sowas als Andenken mitnehmen. Sie sagen sie erschießen einen, wenn sie was finden, weil man dann ein Nazi ist. Ich habe aber welche heimlich weggenommen und versteckt.«
Dem Siebenjährigen fällt in diesen Sommertagen

Gerhart Baum

Zur Person: Gerhart Baum wurde am 28. Oktober 1932 in Dresden geboren. Nach der Bombardierung seiner Heimatstadt in der Nacht vom 13. auf den 14. Februar 1945 floh seine Mutter mit ihren drei Kindern nach Bayern an den Tegernsee. 1950 zog die Familie nach Köln um, wo Baum bis heute lebt. Nach dem Abitur 1953 studierte er – wie schon sein Vater und Großvater – Rechtswissenschaft und arbeitete danach als Anwalt. 1954 trat er in die FDP ein und hatte verschiedene Spitzenämter inne, unter anderem das des Innenministers von 1978 bis 1982 unter Helmut Schmidt. Als das Gespräch zu Ende ist, holt er eine Kiste mit Fotos aus seiner Jugendzeit aus dem Nebenzimmer, die er auf dem Tisch ausbreitet.

Was mich angeht, so kann man den Sommer 1945 nicht verstehen ohne Dresden. Ich war damals zwölfeinhalb Jahre alt. Man wusste, der Krieg ist verloren. Wir hatten nicht damit gerechnet, dass die eigene Stadt noch zerstört werden würde. Der Angriff war eine tiefe Zäsur in meinem Leben. Das gewohnte soziale, persönliche Umfeld,

noch etwas anderes auf: »Immerfort machen die Amis
Razzia. Ich renne hin, weil das spannend ist. Dann kommen Sie mit den Jeeps an und springen raus. Manchmal kommen sie mit nakerten Weibern raus. Die haben
eine Decke umhängen. Oder Männer mit geklauten Zigaretten. Manchmal klauen die Amis auch was. Meine
Mutter sagt die dürfen das, weil sie die Sieger sind.
Wenn ich zu nah bei der Razzia stehe, schreit einer:
Hau ab you facken boy. Meine Mutter sagt das ist was
unanständiges.«

alles, was meine Jugend ausgemacht hatte, war weg. Nicht durch
permanente Angriffe wie in Hamburg und anderen Städten, sondern durch einen Feuersturm in einer einzigen Nacht. Ich ging an
dem Tag noch in die Schule, hatte für den nächsten Tag Hausaufga-
ben gemacht, alles lag bereit, auch mein Faschingskostüm.

Und dann saßen wir nachts verängstigt im Luftschutzkeller. Die
Balken, die ihn stützen sollten, wankten – und dann brannte das
Haus über uns in hellen Flammen.

Dieses Erlebnis war für mich auch ein Angriff auf alles, was ich
unter Moral verstand. Von da an lebten wir in einem ziemlich un-
geordneten, manchmal gesetzlosen Zustand. Man nahm alles, was
man kriegen konnte, um zu überleben.

Sie müssen sich vorstellen: Man geht aus dem Haus, und dann liegen vor dem Bahnhof Tausende von Toten. Weil es so viele waren,
wurden sie zum Teil verbrannt.

Diese verstörenden Eindrücke konnte ich gar nicht verarbeiten.
Ich stand vor dem Flammenmeer der Stadt, nach dem ersten Angriff,
als wir noch versuchten, in die Innenstadt zu kommen, und dachte:
Das kann doch nicht wahr sein! Die Hitze; der Feuersturm; das ist
das Ende. Menschen krochen irgendwo aus den Kellern. Und ein

Billy Wilder kommt in diesen Tagen auf dem Kurfürstendamm mit einer Trümmerfrau ins Gespräch. Sie hatte einen Zigarettenstummel von ihm aufgehoben. Ihr Mann, erzählt sie ihm, sei gefallen. »Ich bin so froh, daß ihr Amerikaner endlich gekommen seid.« – »Warum?« – »Weil ihr uns helfen werdet, das Gas wieder in Ordnung zu bringen.« Das sei das Einzige, worauf sie und ihre Mutter warten würden. Wilder meint, es sei schön, mal wieder eine warme Mahlzeit zu haben. »Es ist nicht wegen des Kochens«, sagt die Frau, und Wil-

paar Tage zuvor musste man noch Strafe zahlen, wenn man ohne Fahrschein in der Straßenbahn fuhr.

Ein paar Tage später stand der Entschluss meiner Mutter fest, Dresden zu verlassen. Sie stammte aus einer russischen Emigrantenfamilie, hatte als junges Mädchen nach der Oktoberrevolution 1917 Moskau fluchtartig verlassen und mit ihrer Familie in Berlin Zuflucht gefunden. Wir wussten nach der brennenden Nacht, dass die Russen anrückten. Da wollte sie einfach weg. Die Stadt bot keine Zuflucht mehr. Die Freunde waren in alle Richtungen verstreut. Mein Vater, der sich beharrlich geweigert hatte, Kriegsgerichtsrat zu werden und an Todesurteilen mitzuwirken, war als Schütze Baum an der Ostfront. Meine Mutter hatte Verantwortung für ihre drei Kinder, also für mich und meine sechsjährigen Zwillingsgeschwister. Wir hatten die drei Koffer aus dem Luftschutzkeller und kein Geld mehr, um irgendetwas zu bezahlen.

Es gab einen Fluchtpunkt: einen Freund in Bayern. Wir machten uns mühsam auf den Weg. Es gab ja keine Verkehrsmittel. Wie kommt man aus so einer chaotischen Stadt heraus? Auch die Züge fuhren nicht mehr. Per Anhalter! Irgendwie hatte meine Mutter es schließlich geschafft, dass wir uns in einem Flüchtlingszug nach

der hofft, sie würde jetzt nicht weiterreden. Umsonst:
»Wir würden es aufdrehen, aber nicht anzünden. Verstehen Sie? Wir wollen es nur einatmen, ganz tief.« Die
Deutschen hätten nichts mehr, wofür es sich zu leben
lohnte.

Friedrich Nowottny hat einen Job als Dolmetscher
beim Stadtkommandanten von Braunau gefunden.
Er erinnert sich, wie er die Armeezeitung »Stars and
Stripes« in die Hände bekam und das Ergebnis von
Potsdam sah. Als Zeichnung. Eine Federzeichnung, in

Bayern befanden. Ich erinnere mich, dass der Zug einmal abrupt
stehen blieb. Wir hörten Tiefflieger. Damals wurde jedes Trans-
portmittel dem Kriegsgeschehen zugeordnet. Wir sind aus dem
Zug rausgestürzt in eine Bahnunterführung, und oben flogen die
Jagdflugzeuge und beschossen den Zug. Ich bin als kaum 13-Jäh-
riger gefährlich ins Feuer geraten, unter Beschuss. Noch heute er-
schreckt mich jedes Feuerwerk, und ich muss mir bewusst machen,
dass keine Gefahr droht.

Ein paar Tage blieben wir in München. Auch dort fanden Bombenangriffe statt. Wieder waren wir im Luftschutzkeller. Eines Tages gab es die Möglichkeit, mit der Bahn aus der Stadt herauszu-
kommen. Es war eine fauchende Dampflok. Irgendwann hielt die
Maschine an und wir blickten, ich erinnere mich gut daran, auf den
Tegernsee. Vorfrühling, idyllisch. Aber das Tegernseer Tal war nicht
unberührt vom Krieg: Sehr viele Lazarette gab es, alle Hotels waren in solche umgewandelt. Unendlich viele Verletzte. Viele Männer
hatten Kopfverbände, amputierte Gliedmaßen. Aber verglichen mit
den zerstörten Städten war es eine Idylle.

Wir fanden dort Zuflucht, bei einem prominenten Freund, der Intendant der Wiener Staatsoper gewesen war. Er hatte ein Sommer-

Alliierte mit ihren Panzern prägen 1945 überall das Straßenbild, hier die 5. Infanteriedivision auf dem Vormarsch in Bayern

häuschen direkt am See. Als der See Hochwasser bekam und das Haus unter Wasser geriet, wurden wir eingewiesen in ein Lager, stacheldrahtbewehrt. Danach begann eine Odyssee, wir wurden eingewiesen in verschiedene Häuser rund um den See. Da wurden eben mal Häuser und Wohnungen beschlagnahmt. Darin wohnten biedere Bayern, die vom Krieg nicht viel mitbekommen hatten, und plötzlich kam eine Familie, Mutter mit drei Kindern, und sie mussten ihr Schlafzimmer räumen. Das war für beide Seiten natürlich höchst befremdlich: Flüchtling zu sein! Im eigenen Land! Später haben wir im Süden des Ortes Tegernsee auf dem Weg nach Rottach ein Haus gefunden neben der Villa einer Schriftstellerin, die heute keiner mehr kennt, sie hieß Hedwig Courths-Mahler und hatte Millionenauflagen mit Groschenromanen gemacht.

Wir hatten eine Villa am See, etwas oberhalb. Unten war die Seestraße, dort erwarteten wir die Amerikaner, die sich dem Tegernseer Tal näherten. Die Flüchtlingstrecks, vor allem Soldaten, zogen sich über die Alpen zurück, ließen alles liegen und stehen. Es wurde Widerstand geleistet ohne Sinn und Verstand: Bäume wurden gefällt, es wurden die Brücken über die Bäche zerstört, es gab gefährliche Konflikte. In unserem Garten sollte ein Standort für

der die Zonen eingetragen waren. »Meine Heimat –
Oberschlesien ebenso wie Pommern und Ostpreußen – war alles nicht mehr auf dieser Karte. Es war die
Entscheidung über die Teilung des Großdeutschen Reiches. In diesem Moment war mir bewusst: Die Heimat
siehst du nie wieder. Es ist eine Erkenntnis, die man fast
ungerührt hinnimmt.«

Währenddessen hat Hans-Jochen Vogel in Gießen seine Eltern wiedergefunden. Zuletzt hatte er sie
bei einem kurzen Urlaub Weihnachten 1944 gesehen.

den Maschinengewehrbeschuss der Uferstraße eingerichtet werden. Mühsam wurde das verhindert. Üblicherweise reagierten die
US-Truppen auf solche Gefährdungen mit sofortigem Artilleriebeschuss. Gegenüber, in Bad Wiessee, signalisierten Ärzte mit weißen
Tüchern die Übergabe des Ortes. Sie wurden sofort von der SS erschossen, wenige Tage vor dem Einmarsch der Amerikaner. Die
Lage war höchst angespannt. Die alten Nazis in der Polizeistation,
der Ortsgruppenleiter, alle waren noch da. Als die Amerikaner näher kamen, verschwanden sie über Nacht. Mit ihnen verschwand
diese Stimmung einer ängstlichen Geducktheit in einem Willkür-
staat, wie ich sie schon aus Dresden kannte.

Die Ankunft der Amerikaner war dann sehr eindrucksvoll. Die
Menschen bildeten ein Spalier auf der Uferstraße: In der Mitte roll-
ten die Panzer, links und rechts marschierte die Infanterie. Wir standen da, erwartungsvoll, aber auch voller Angst. Was machen die mit
uns? Ich war Pimpf gewesen, Jungvolk hieß das, und ich hatte eine
Uniform, die ich merkwürdigerweise mitgenommen hatte. Am Tag
vor dem Einmarsch habe ich das alles im See versenkt. Die amerikanischen Soldaten verbreiteten eine freundliche Stimmung und haben uns Kaugummi geschenkt. Aber die Angst blieb zunächst.

»Damals hatte meine Mutter noch schwarze glänzende Haare, als ich wiederkam, waren sie weiß.«

3. August

In Kalifornien ist Thomas Mann, Deutschlands exilierter großer Dichter, missgestimmt. Nachts plagen ihn Mückenstiche, am Tage studiert er das Schlussdokument der Potsdamer Konferenz. »Erschüttert, trotz allem, von den Verfügungen über Deutschland.« Die Vergrößerung Polens bis zur Oder findet Mann »unsinnig«, die

Und dann kam die Zeit der Besatzung – auch eine ziemlich rechtlose Zeit. Man nahm, was man kriegen konnte. Ich weiß noch, wie wir in eine verlassene Bäckerei gegangen sind und einfach einen Sack Zucker mitgenommen haben. Man musste ja irgendwie überleben. Wir haben Holz geklaut. Das an sittlichen Maßstäben orientierte erlernte Wohlverhalten war suspendiert. Man musste essen. Die Bayern hatten genug zu essen, wir nicht. Lebensmittelkarten gab es erst später, als es wieder etwas zu kaufen gab.

Eines Tages kam meine Mutter, die eine sehr tatkräftige Frau war, mit einem Pferd nach Hause. Die deutschen Truppen hatten, bevor sie über die Alpen nach Süden gezogen sind, Hunderte Pferde einfach stehen lassen. Was machen wir damit?, fragten wir. Na, sagte sie, das wird geschlachtet. Bei uns waren zwei Landser, die sich versteckt hatten. Wir Kinder wurden weggeschickt, und dann wurde das Pferd geschlachtet. Es gab Sauerbraten satt. Danach wieder Hunger.

Mit Vorliebe habe ich amerikanische Zigarettenkippen gesammelt. Ich ging immer mit gesenktem Blick, um etwas zu finden. Die Amerikaner rauchten die Zigaretten nur bis zur Hälfte und warfen sie dann weg. Eine amerikanische Zigarette war Gold wert. Wir haben den Tabak herausgelöst, eigene Zigaretten daraus gedreht

Reduzierung Deutschlands auf einen Agrarstatus »cho-
ckant«. Es bleibt: Resignation. »Deutschland hat Va-
banque gespielt und verloren. Vielleicht war dies Reich
genötigt, das Schicksal auf Alles oder Nichts herauszu-
fordern. Es hat für Nichts entschieden, denn Alles, obgleich momentweise in greifbarer Nähe, war immer
unmöglich.«

und gegen Nahrung getauscht. Der Besitz einer amerikanischen
Zigarette bedeutete damals einen Tag Haft. Ein anderes beliebtes
Sammelobjekt waren Orangenschalen. Meine Mutter machte daraus
eine Art Marmelade. Es gab in der Nachbarschaft ein Haus, das von
Amerikanern besetzt und wieder freigegeben worden war. Ich war
als Erster drin, und was ich alles fand! Eine halbe Tube Milchkon-
zentrat – süß, wunderbar. Oder Zigarrenstumpen. Alles war wertvoll. Jedes Blatt Papier. Im Tegernseer Bahnhof stand ein verlasse-
ner Zug, ein Prominentenzug, den haben wir auf alles Mitnehmbare
durchsucht: Papier, Bleistifte. Man war eben auf sich selbst gestellt,
und der Schwarzmarkt blühte noch lange.

Um nicht zu verhungern, haben wir Wertsachen weggegeben, so
auch die Uhr meines Vaters. Wir hatten nicht genügend Kleidung.
Wo konnte man damals etwas kaufen? Meine Mutter hatte Wollde-
cken bekommen, in die wir ein Loch hineingeschnitten haben. Damit hatten wir eine Art Poncho. Der war warm, aber wenn es reg-
nete, war er voller Nässe. Meine Mutter hatte Lebertran organisiert,
eine große Flasche, davon mussten wir jeden Tag einen Löffel essen. Schrecklich. Aber außerordentlich hilfreich. Der Sommer 45
schmeckt für mich bis heute nach Lebertran.

5. August

An diesem Sonntag fährt Johann von Duhn zu einem Kollegen nach Zehlendorf.

Er könnte dort die Entwicklung von Elektronenröhren übernehmen. Das ist nicht sein Spezialgebiet, aber er ist geneigt anzunehmen: »Es ist immerhin ein produktives Warten. Und mit der Atomphysik ist ja vorläufig doch nichts zu machen.«

Kurz vor Mitternacht europäischer Zeit entdeckt das japanische Frühwarnsystem das Radarecho des US-

Später haben wir dann auf der anderen Seeseite, in Abwinkl, dauerhaft ein Haus bekommen, direkt am See. Ein schönes Haus, aber nur für den Sommer eingerichtet. Es war nicht zu heizen, es gab nur Kanonenöfen; wenn das Feuer aus war, wurde es bitterkalt. Eines Tages kam jemand von der Gemeinde und wies uns im Wald, ziemlich weit oben in den Bergen, einen Baum zum Heizen an. Der wurde markiert und von ehemaligen Soldaten gefällt und zerkleinert. Nur: Das Holz brannte nicht, es war nass. In diesen Jahren gab es sehr harte Winter, wir haben jämmerlich gefroren.

Diese Zeit war geprägt von Improvisation. Wir sind in die Berge gegangen und haben Himbeeren gesammelt und Pilze. Wir haben aus Brennnesseln Salat gemacht. Freunde aus Dresden, die Familie Madaus, bekamen Alkohol für ihr Pharmaunternehmen. Ab und zu zweigten sie etwas ab. Aus den Schnapskontingenten wurde Gin gemixt. Wenn die Amerikaner abends Durst hatten, tauschten sie eine Flasche Gin gegen Zigaretten.

Plötzlich war ich kein Großstadtkind mehr. Ich lebte auf dem Lande. Dazu gehörten die Berge, das Wasser, der See. Vor dem Haus fanden wir ein Boot, das wurde unser Verkehrsmittel. Mein Freund Franz Negele und ich sind jeden Morgen über den See gerudert, in

amerikanischen Bombers »Enola Gay«. Das Flugzeug
hat eine Uranbombe an Bord, »Little Boy« genannt.
Das Flugzeug fliegt weiter, mit Kurs auf Hiroshima.

6. August

Die »Enola Gay« wirft über der japanischen Industrie-
und Hafenstadt Hiroshima die erste jemals auf be-
wohntes Gebiet eingesetzte Atombombe ab. 70 000
Menschen sind sofort tot, weitere 70 000 sterben bis
zum Jahresende an den Folgen der Verstrahlung.

die Schule, sommers wie winters. Der Großstadtjunge, der ich gewesen war, befand sich jeden Morgen bei Wind und Wetter, bei Eis,
Nebel und Schnee und bei heftigen Fallwinden auf dem Tegernsee.

Mein Vater, das erfuhren wir im Sommer 1945, war auf einem
Transport gestorben. Bis dahin hatten wir keine Nachricht von ihm.
Ein Kamerad von ihm kam eines Tages und brachte sein Soldbuch
und die Plakette, die jeder Soldat bei sich tragen musste. Sie hatten
ihn bei einem Halt des Zuges neben dem Bahndamm begraben, irgendwo in Tschechien. Wir wissen bis heute nicht, wo. Sein Tod hat
mich, da ich ihn noch erlebt und schon eine Vorstellung von ihm
hatte, tief getroffen.

Ein großes Glück für mich war, dass ich in der Schule einen Lehrer hatte, der mich nachhaltig geprägt hat. Ein Privatgelehrter, der
dem Stefan-George-Kreis nahestand. Ein Mann des Widerstands.
Er hatte eine umfangreiche Bibliothek, an der ich teilhaben durfte.
Ich habe viel gelesen. Im Sommer 45 saßen abends oft mein Freund
und ich bei ihm, und er las uns »Tonio Kröger« von Thomas Mann
und dessen Ansprachen an Nazideutschland über BBC, »Deutsche
Hörer«, vor. Später initiierte er einen Briefwechsel, den ich mit Thomas Mann hatte, über die Wurzeln der deutschen Katastrophe. In

»Krieg« steht
auf dem Rücken
der hellgelben
Aktenmappe, in der
Georg Stefan Troller
Tagebuchnotizen,
Erinnerungen und
Fotos gesammelt hat

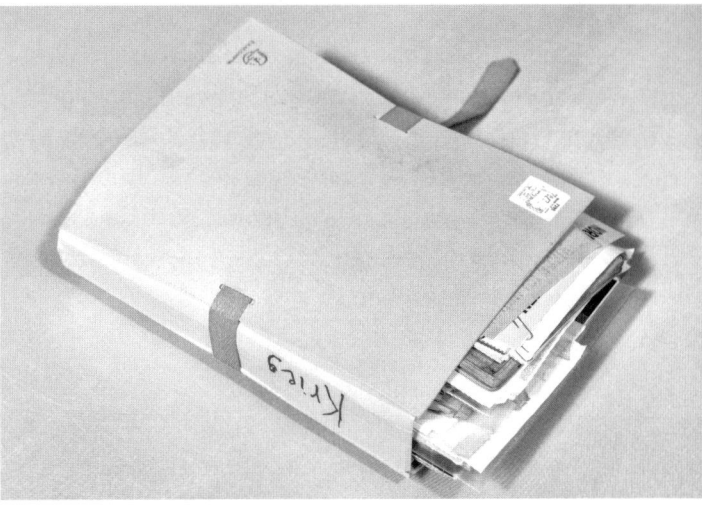

den folgenden Jahren lasen wir die »Duineser Elegien« von Rilke oder die frühe Lyrik von Hofmannsthal – wer hat schon die Gunst, jemanden zu finden, der einen so prägt? Dazu Philosophie, Nationalökonomie, Geschichte.

Auch auf dem Feld der Politik hat er mich nachhaltig beeinflusst. Meine Leidenschaft für die Politik ist in jener Zeit geweckt worden. Schon damals, während der Tegernseer Schulzeit, habe ich gegen die alten Nazis gekämpft, wie später im Studium in Köln – immer wieder, bis heute. Dieser Lehrer in Tegernsee hat in mir das Feuer für ein kämpferisches Freiheitsbewusstsein geweckt und für den Aufbau unserer neuen Demokratie.

Aus Scham habe ich mir damals eine Zeit lang gewünscht, Schweizer zu sein. Andererseits: Was für eine enorme Überlebenskraft hatten die Menschen in Deutschland. Essen, Kleidung, Wohnung, Arbeitsplätze: Alles musste neu geschaffen und sortiert werden. Man musste kämpfen. Aber es gab auch Hoffnung und Lebensmut. Die Notwendigkeit, sich in völlig neuer Situation zurechtfinden zu müssen, stellte sich auch für meine Mutter. Sie hatte keinen Beruf gelernt. Sie musste für sich und ihre Kinder eine Existenz aufbauen. Das ist ihr nach 1950 in Köln nach und nach gelungen.

Thomas Mann notiert in Pacific Palisades: »In West-
wood zum Einkauf von weißen Schuhen u. farbigen
Hemden. – /Erster Angriff auf Japan mit Bomben, in
denen die Kräfte des gesprengten Atoms (Uran) wirksam./ Das Geheimnis ist also heraus. Auch die Deutschen waren dicht daran, aber die Amerikaner haben
das Rennen gewonnen.«

Aber die Zeit der Not hat Spuren hinterlassen. Noch heute esse
ich das Brot bis zum Kanten auf und schmeiße keine Lebensmittel
weg. Das Bewusstsein, dass Lebensmittel nicht verschwendet werden dürfen, ist tief eingedrungen. Noch heute habe ich auch eine
Abwehr, mich in eine Menschenschlange einzureihen, selbst beim
Boarding am Flughafen. Es waren viel zu viele Schlangen, in denen
ich nach 1945 oft vergebens angestanden bin. Es bleibt eine Be-
scheidenheit, die ich später in unserem Lande oft vermisst habe.

Heute wundere ich mich, wie die Menschen das alles durchge-
standen haben – auch im Bewusstsein dafür, dass nicht verhindert
worden ist, eine Verbrecherclique an die Macht zu bringen, die für
schlimmste Menschheitsverbrechen verantwortlich wurde. Heute
würde man einem jungen Menschen nach all den Erlebnissen wohl
eine Behandlung gegen diese traumatischen Belastungen angedei-
hen lassen. Zur Verarbeitung von Schmerz und Verlust war damals
aber keine Zeit, im Übrigen auch nicht für die Probleme eines Jungen in der Pubertät. Es musste gehandelt werden. Und das hat mein
Leben geprägt.

Alexander Kluge

Zur Person: Alexander Kluge wurde am 14. Februar 1932 in Halberstadt als Sohn eines Arztes geboren. Als 13-Jähriger erlebte er den schweren Luftangriff auf Halberstadt am 8. April 1945 und die Zerstörung seiner Heimatstadt. Sein Abitur machte er in Berlin-Charlottenburg, ab 1950 studierte er Rechtswissenschaften, Geschichte und Kirchenmusik in Marburg und Frankfurt am Main, u.a. bei Theodor Adorno. Er ließ sich 1958 zwar als Rechtsanwalt nieder, erst in Berlin, dann in München, begann jedoch bald damit, Geschichten zu schreiben sowie Kurz- und Langfilme zu drehen; Kluge ist einer der Initiatoren des »Oberhausener Manifests«, das 1962 den deutschen Film erneuern wollte. Alexander Kluge ist als Filmemacher (»Abschied von gestern«), Fernsehproduzent, Schriftsteller, Drehbuchautor und Philosoph bekannt. Er hat zwei Kinder und lebt mit seiner Frau in München. Das Gespräch wird per Skype geführt, was bei einem Menschen der bewegten Bilder nur passend ist. Kluge sitzt in seinem Büro und beugt sich nach vorn, voller Aufmerksamkeit und Neugier am Gegenüber.

Sie waren in jenem Sommer 1945 dreizehn Jahre alt, ein Jahr älter also als das »Tausendjährige Reich«. Ihre Heimatstadt Halberstadt lag in Trümmern, und die Zeiten spielten Kobolz, wie Sie einmal geschrieben haben. Vieles ging durcheinander. Ihnen hat sich der 1. Juni 1945 eingebrannt. Sie kamen an einem kalten Regentag vom Unkrautziehen auf dem Rübenacker nach Hause, und Ihre Mutter stand dort, völlig unerwartet …

Steht in der Tür und umarmt mich. Ich erinnere mich an eine junge Frau, wie sie in den Kleidern dieser Zeit vor mir steht, in

Vorkriegsmode, zigmal umgeschneidert. Meine Eltern waren ja seit 1942 geschieden. Für meine Schwester und mich ist diese Scheidung schlagender und vernichtender als die Tatsache, dass unser Elternhaus bei dem Bombenangriff vom 8. April abbrennt. Das war nicht so schlimm wie das Auseinandergehen dieser Ehe.

Wir Schüler wurden auf Lastwagen geladen und aus der Stadt entfernt, damit wir keinen Unsinn machten. Auf einem Rittergut bei dem Dorf Emersleben befreiten wir unter Aufsicht unseres Latein- und Mathematiklehrers die Rübenäcker von Unkraut. Es war kalt im Mai, es kamen die sechs Tage der »Kalten Sophie«, mit harten Winden, die vom Harzgebirge herabwehten. Ich komme also ganz durchgefroren nach Hause und sehe den liebsten Menschen, der von Berlin gekommen ist.

Man hörte ja nichts voneinander. Die Telekommunikationsnetze, Telegramm und Telefon, funktionieren nicht. Mit einer Ausnahme: Von einigen Telefonen der Stadtverwaltung konnte man über eine Leitung des ehemaligen Flugplatzes Halberstadt ein »Führer-Blitzgespräch« nutzen. Eine übrig gebliebene Verbindung des Deutschen Reichs, die die Alliierten nicht unterbrochen hatten. Das war eine Stöpselung, die ging von Halberstadt über Magdeburg und Potsdam bis nach Berlin. »Führer-Blitzgespräch« bedeutete natürlich nicht, dass Hitler telefonierte, sondern dass in seinem Namen höhere Offiziere einst untereinander wichtige Gespräche führen konnten: »Schicken Sie bitte eine Kiste Champagner ...«

Über solch ein »Führer-Blitzgespräch« hatten wir einmal einen Kontakt, ein Lebenszeichen, wie man sagte: Sie lebt. Mehr wussten wir von ihr nicht. Meine Mutter ist eine Woche geblieben und hat dann mit viel Hamsterware die Rückreise angetreten.

Sie waren selbst Hamsterer und, wie kleine Füchse, unterwegs in den Trümmern Halberstadts. Einmal fanden Sie in der Nähe des Junkers-Werks, im Wald, noch flugbereite Maschinen, deren Ledersitze man demontieren konnte. Im Keller eines Warenhauses entdeckten Sie ungebrannten Kaffee aus der Vorkriegszeit.

Was mir einen anerkennenden Blick meines Vaters einbrachte. Er hob den Finger und sagte: Belobigung. Das war die höchste Ehre, das Ritterkreuz. Für Klauen und Plündern gab es endlich mal eine positive moralische Bewertung.

Was Sie aber in Ihrer Berufswahl nicht entscheidend bestimmt hat.
Nein, aber die ganze Stadt war ergriffen von einem neuen, sehr ansteckenden Eigentumstrieb. Der Feuersturm nach dem Bombenangriff hatte alle Besitzverhältnisse vernichtet oder durcheinandergeworfen. Die Erwachsenen dachten: Wo kann man etwas organisieren? Organisieren hieß: auskundschaften und an sich nehmen. Oder: finden und reparieren. Wir Kinder richteten uns in den Kellern der abgebrannten Häuser ein. Ich hatte eine Kiste mit Zigarrenstumpen aus der Flughafenkantine, sagen wir, entdeckt und mir angeeignet. Auch eine Kiste deutschen Sekt. Die Kisten gehörten zu den Vorräten, die der Luftwaffenintendant für sich angelegt hatte, um sie in der Nachkriegszeit zu nutzen. Die Nachkriegszeit hat er nicht mehr erlebt. Das Material benutzte ich zum Tausch gegen Stacheldrahtzaun, ein Riesenfehler, wie sich herausstellte. Denn daraufhin dachten andere Beutemacher: Wenn Ruine und Garten, also der Ort, in dem ich mich eingerichtet hatte, so umzäunt sind, dann wird da etwas zu holen sein. So wurde mir auch eine »gefundene« Briefmarkensammlung wieder enteignet. Mit meinem Freund Fritz hatte ich 80 Satz Weihnachtsbaumschmuck und 40 Mensch-ärgere-dich-nicht-Spiele aus einem der Wehrmachtslazarette angesammelt. Die Spielsteine waren dann meine Truppen. Mit denen habe ich nachträglich im Keller den Zweiten Weltkrieg gewonnen. Einmal räumte ein Kommando deutscher Kriegsgefangener die Straße vor meinem Keller, bewacht von einem Briten. Den habe ich in meinem Schülerenglisch heruntergebeten und ihm mein Schlachtengelände gezeigt: Hier ist der Kaukasus, dort die Ostfront, usw. … Er fand das – seltsam, möchte ich sagen.

Sie saßen also im Keller eines zerstörten Hauses und spielten die gerade vergangene Gegenwart nach und führten sie weiter?

Wir hatten 1940 die Kolonnen gesehen, wie sie von Westen, von Frankreich aus nach Osten fuhren. Wie die Soldaten aus den Häusern bewirtet wurden. Das macht Eindruck auf Kinder, da war Stolz. Panzerwagen sind die Nachfolger der Kavallerie. In unserem Keller hatten wir Bleilettern aus einer Druckerei, die sahen mit Farbe und etwas Fantasie wie Schiffe aus, man konnte die Lettern zu Flugzeugen oder zu Menschen ernennen. Das haben wir, Freunde und Mitschüler und ich, schon in der Kriegszeit gespielt, vor allem wenn man Latein in der Schule und gerade Cäsars »Bellum Gallicum« gelesen hatte. Das hieß nicht, dass man Militarist oder Nationalsozialist war. Auch Walter Benjamin hat mit Zinnsoldaten gespielt.

Hatten Sie als 13-Jähriger keine Angst vor dem, was jetzt vielleicht kommen würde?

Ein junger Mensch denkt zunächst einmal, dass die Welt es gut mit ihm meint. Und dann kommt plötzlich ein Bombenangriff. Da haben Sie von einer Minute zur anderen extrem widersprüchliche Gefühle. Natürlich haben Sie Angst, wenn eine Bombe etwa zehn Meter von Ihnen entfernt in das Nachbarhaus kracht. Man hatte gehört, dass durch den Luftdruck der Bombe die Lunge zerreißt. Also versuchte ich auszuatmen, den Atem anzuhalten, den erwarteten Luftdruck gar nicht erst hereinzulassen. Kurz bevor die Bomben fallen, stellt das Elektrizitätswerk seinen Dienst ein, und alle Lichter gehen aus. Ich falle von der Bank, auf der wir im Luftschutzkeller sitzen, über die Beine meines Vaters, eine Respektsperson. So nahe komme ich ihm sonst nicht. Und gleichzeitig denke ich: Die Klavierstunde um 14 Uhr wird ausfallen. Nichts, weder die Angst noch das, was durch den Kopf geht, passt zusammen. Als ich später hörte, dass es am nächsten Tag keine Schule geben würde, war ich sehr enttäuscht. Ich hatte ja gehofft, in der Schulpause vom Luftangriff erzählen zu können.

Es war Abenteuer, ein Erlebnis, endlich mal etwas Besonderes ...

... und gleichzeitig haben wir furchtbare Angst gehabt. Ich habe

meine Schwester an die Hand genommen, und wir sind in die Bade-
anstalt geflohen, um zwischen uns und der brennenden Stadt Wasser zu haben. Das ist keine Überlegung, sondern intuitive, bauchmä-
ßige Angst. Niemand reagiert in solch einer Katastrophe bewusst.

Dieses Erlebnis im Keller hat aber nicht dazu geführt, dass Sie, wie viele andere,
später Panikattacken beim Besuch eines Kinos bekamen?

Ich studiere immer genau, wo die Notausgänge sind. Diesen In-
stinkt verliere ich nicht – und wir vergessen trotzdem. Sie glauben,
dass Sie gerettet werden, dass auch der Vater gerettet wird, und
gleichzeitig fürchten Sie sich und erwarten, dass die Lunge zerreißt.
Diese Erfahrungen begleiten einen als Basisgefühl ein Leben lang.
Erst als mein Vater 1979 starb, habe ich damit begonnen, den »Luftangriff auf Halberstadt« literarisch zu beschreiben. Wir hatten unseren Vater zuvor lange gepflegt. Ich habe in dieser Zeit erst angefangen zu verstehen, was es bedeutet, dass quasi eine ganze fliegende
Industrie oben am Himmel eine Stadt überfällt. Man kann unten in
den Kellern nicht einmal kapitulieren. In unserer Zeit sind es am
Osthimmel von Aleppo oder von Idlib Jagdflieger, die das Unheil
über eine Stadt bringen, silberne Pfeile am farbenfrohen morgen-
ländischen Himmel Syriens, den schon Homer beschrieb. Für mich
ist das genauso Gegenwart wie der 8. April 1945.

Wie riecht Halberstadt nach dem Bombenangriff?

Die Stadt stinkt. Sie hat einen ganz spezifischen Geruch nach
Brand und auch nach Leichen. Nach dem dritten Tag setzte sich der
Leichengeruch durch. Wir riechen nicht nur mit der Nase, sondern
auch mit der Fantasie. Selbst wenn der Wind den Geruch längst
fortgeweht hat, riechen Sie das noch.

Wie sah die Stadt dann im Sommer 1945 aus?

Allmählich werden die Trümmer geräumt. Langsam wird dieses
Ruinengelände durch Pfade überzogen. Die Pfade folgen dem alten Straßennetz, das nicht mehr da ist. Man traut sich anfangs noch

nicht, Abkürzungen zu gehen. In den Trümmern arbeiten kriegsgefangene deutsche Soldaten. Vor allem aber arbeiten Frauen. Sie rei-
nigen die Straßen und schichten Karrees von geputzten Backsteinen
auf. Auch werden NS-Lehrer, Parteibeamte, Postbeamte rekrutiert,
die Straßen mit Schaufeln und Spaten räumen. Erst in meinem Alter, wenn Sie diese Zeit an sich vorbeilaufen lassen, stoßen Sie auf
die Erzählungen von damals. Die Erzählung einer Frau, deren Mann
jetzt zurückkehrt, recht früh, weil die Amerikaner sehr rasch ihre
Gefangenen entlassen haben. Die Männer waren 1939 stolz ausgezogen, jetzt kommen sie ohne jedes Selbstbewusstsein zurück und
haben nichts zu erzählen. Sie können nicht einmal mehr in einem
weichen Bett schlafen, legen sich die ersten Wochen auf den Boden,
um einzuschlafen. Jene Frau musste ihren Mann nach Rückkehr erst
noch »reparieren«, moralisch putzen, so wie sie Backsteine geputzt
hat. Das hat ein halbes Jahr gedauert. Ein Jahr darauf war ein Kind
da. Doch bis dahin hatte diese Trümmerfrau mit dem Backstein-
mann viel Arbeit.

*Sie interpretieren einmal einen Gedanken von Michel de Montaigne, der als Be-
dingung eines dauerhaften Friedens nicht das Abgeben der Waffen, sondern das
gemeinsame Vergessen sehe. Nur die Generosität des Siegers, der den Gegner in
eine neue Realität aufnimmt, könnte eine Kapitulation in so etwas wie Frieden
fortführen.*

Mir macht es großen Eindruck, wie diese »Republik des Sommers
1945« von Frauen regiert wird und deren Töchtern und Söhnen, die
ihnen helfen und beistehen. Das ist eine vollkommen andere, eine
anarchische Naturalwirtschaft, in die erst langsam wieder die Poten-
taten, die Männer, einsickern. Ich sehe im Sommer Null, wenn ich
meine Freunde und Mitschüler besuche, verschlossene Arbeitszimmer, in denen die heimgekehrten Väter hocken und grübeln. Mein
Vater ist als Arzt davon nicht betroffen. Als Arzt war er am Tag nach
den Bombenangriffen schon wieder notwendig. Er bezieht die Wohnung des geflohenen Kreisleiters und macht dort seine Praxis auf.
Die Vorstellungswelt meines Vaters begann ohnehin mit Friedrich

dem Großen und Napoleon, er war immer rechts von den Nationalsozialisten.

Wie kann man sich diese anarchische Naturalwirtschaft im Harz vorstellen?
Im Juni bricht bei uns aus, was man später wohl ein Westwunder genannt hätte, ein Vorbote des Wirtschaftswunders. Wer im Kriege etwas mit dem Nachschub- und Verteilungssystem zu tun hatte, brachte jetzt seine Lager in den Verkehr. Die Handschuhfabrik Funger, die Schrottfirma Kraux, die Kleiderfabrik Hausbrandt – alle hatten sie schon in der Kriegszeit geheime Vorräte angelegt für die Zeit nach dem Krieg, wenn das Zeug wieder einen Wert haben würde. Es ist ein Erlebnis, als wenn ein Garten blüht: Gründermoment einer freien Wirtschaft, und das wurde von den Amerikanern sehr begünstigt. Das gute Klima änderte sich, als die Russen im Juli in Halberstadt einrückten.

Können Sie sich an entlassene Gefangene erinnern?
In den Bergen südlich von Halberstadt gab es das KZ-Außenlager Langenstein-Zwieberge. Das war nicht nur ein Lager für Juden, sondern auch für Homosexuelle und andere verfolgte Gruppen. Gefangene hatten wir schon während des Krieges gesehen.
In der Gärtnerei Dohmeyer gab es sogenannte Fremdarbeiter, Franzosen, hocherfahrene Gartenbautechniker. Die konnten alles reparieren. Die waren im »Dritten Reich« kriegswichtige Personen und wurden nicht wie Gefangene behandelt. Jetzt nach dem Krieg waren sie hofierte Personen. Wenn man etwas haben will, wie Hülsenfrüchte etwa, dann geht man da hin zum Tauschen. Eine kurze Zeit lang gab es die Befürchtung, sie könnten sich rächen, weil sie doch zwangsentführt worden waren und Grund gehabt hätten, gewalttätig zu werden. Es gab keine Polizei, die uns hätte schützen können, nur Hilfspolizisten mit weißen Armbinden. Nicht sehr abschreckend.
Etwas Ähnliches wird vom Volkswagenwerk berichtet. Das Prachtstück der Industriepolitik des »Dritten Reiches« war auf den

Karten der Alliierten nicht eingezeichnet. Die Voraustruppen der Amerikaner waren am Nordharz achtlos an den weiter nördlich gelegenen Industriewerken vorbeigefahren. Die Vorstandsmitglieder von VW waren fast beleidigt, dass sie ignoriert wurden. Sie hatten Furcht, dass die große Masse der Fremdarbeiter die Macht im Werk übernehmen könnte. Womöglich würden die Chefs dort dann exekutiert. So schickten sie Boten den amerikanischen Truppen entgegen und baten, besetzt zu werden. Die mussten also erst noch Erwachsenenbildung bei der amerikanischen Fronttruppe betreiben: Hier liegt die Industrie, bitte nehmt sie ein, damit wir geschützt sind.

Aber es müssen doch auch befreite KZ-Häftlinge durch den Harz gekommen sein, aus Buchenwald etwa?

Nein, die habe ich nicht gesehen. Sie wären auch nicht durch Halberstadt gekommen. Buchenwald liegt in Thüringen, und befreite Häftlinge werden sich nach Westen gewandt haben. Das Lager Langenstein bei Halberstadt wurde am 9. April auf Befehl der SS evakuiert. Ein mörderischer Marsch der Häftlinge bis nach Franken. Ich habe später über einen solchen Marsch einen Film gemacht. Nur wenige Gefangene waren nach dem Luftangriff noch da. Das Narrativ dieser Displaced Persons im Sommer 1945 muss erzählt werden. Das sind elementare Schicksale, wie von Homer. Andere Schicksale als die, von denen Homer schrecklich genug nach dem Untergang Trojas berichtet. Das gilt für viele Orte Deutschlands. Da gibt es einen amerikanischen Lieutenant, der beauftragt ist, Kinder einzusammeln, von Personen aus den KZs. Die Kinder werden mit dem Flugzeug nach London gebracht. Jedes hat ein Schild um den Hals, auf dem seine Identität vermerkt ist. Sie werden in einem großen Hotel in London ausgekleidet und gebadet, man hat ihnen diese Schilder abgenommen und weiß nach dem Bad nicht, welches Kind zu welchen Eltern gehört. Was ist dagegen eine Geschichte bei Homer? Dass Eltern unter Umständen nach der Befreiung ein Kind zurückbekommen, von dem sie nicht genau wissen, ob es das ihre ist. Diese Schicksale müssen erzählt werden. Auf der anderen Seite der Welt sehe ich Jawaharlal Nehru, der genau in diesem Moment in einer Pension in der Nähe von San Francisco sitzt. Er kann sich als Führer des freien Indiens kein teures Hotel leisten. Um ihn herum ein Cordon von britischen Geheimdienst-Offizieren und ein weiterer Ring von CIA-Agenten, die aufpassen, dass sich die Briten nicht an dem Inder vergreifen. Im Frühherbst 1945 tritt dann Indien der UNO bei. Das müssen die Briten hinnehmen, damit sie im Sicherheitsrat ihr Veto behalten. Auch das gehört zu diesem Sommer. Man kann so »ungerade Gleichzeitigkeiten« nur schwer nacherzählen, weil das eine mit allem anderen in der Welt zusammenhängt. Genauso wie das deutsche U-Boot 219, das in Batavia, dem heutigen Jakarta, geparkt ist, mit seiner Ladung an Quecksilber und Duralumin-Barren, und einer Mannschaft, die in den javanesischen Zwangsbordellen noch Herrenrasse spielen durfte.

Sie erzählen in Ihrem Buch »30. April 1945« auch von der Deutschen Schule in Kabul. Längst nach Kriegsende besteht dort die Absicht, das Nazistück »Schlageter« aufzuführen. Wissen Sie, ob es tatsächlich zu dieser Aufführung gekommen ist?

Ich weiß es nicht genau, aber ich halte es für sehr sicher. Das neutrale Afghanistan war Deutschland bis zuletzt gewogen. Es ist ja kein Zufall, dass die testamentarisch verfügte Bestellung von Großadmiral Dönitz zum Staatsoberhaupt des Deutschen Reiches vom Außenministerium in Kabul noch im Mai anerkannt wurde, von sonst keiner anderen Regierung der Welt. Die deutsche Seite wird in Afghanistan von der Schweizer Botschaft betreut. Die Briten haben größte Not, bei den starrsinnigen Afghanen die Kapitulation Deutschlands als Tatsache durchzusetzen. Für die Deutsche Schule in Kabul hatte die Kapitulation anderthalb Jahre lang kaum Folgen.

Die Zeiten laufen noch eine Weile nebeneinanderher. Es gibt eine Trägheit der Geschichte(n), und manchmal verknäulen sich die Stränge.

Auch in den Menschen. Ich erinnere mich, wie mein Vater nach dem Bombenangriff aus dem Keller kommt. Er holt sich eine Kiste Zigarren, seine Lebensversicherungsurkunde und einen Anzug. Relativ wertloses Zeug. Die wertvolle gotische Madonna vergisst er. Das alles trägt er unter Lebensgefahr durch seinen Wintergarten, wo die Scherben des Glasdachs von oben herunterstürzen, und legt die Sachen in einen trocken gelaufenen Teich. Dann nimmt er eine Flasche Cognac, geht zu einem Patienten und besäuft sich. Wir sind glücklich, dass wir ihn am nächsten Morgen finden. Er war nicht ganz bei der Sache. Und ich behaupte, das ist allgemein so. Ein solcher »Wirklichkeitseinsturz« verwirrt die Sinne. Dafür sind wir nicht gebaut. Ein halbes Jahr später können wir in Routine weitermachen.

Sie husten, sollen wir eine Pause machen?

Wissen Sie, es regt mich auf, wenn ich das erzähle. Ich versuche, mich da hineinzuversenken. Es sind immer Bilder. Und noch als literarischer Autor, der erfahren ist, mit Narrativen umzugehen, ist es gar nicht so einfach, die Bilder in einen Zusammenhang zu versetzen.

Anfang Juli sind die Briten abgezogen. Wir merken das, als mein Freund Wolfgang Meyer, der Sohn des Kreisarztes, »abgemacht« ist in den Westen, nach Goslar. »Abgemacht« ist das Wort für flüchten. Die Bekleidungsfirma Hausbrandt ist schon in Vienenburg. Wir bekommen also erst einmal Nachrichten, wer alles schon geflohen ist. Dann verschwindet die britische Besatzungsmacht. Einen halben Tag lang passiert gar nichts. Und dann kommen gegen Mittag, von der Braunschweiger Straße her mit lautem Gesang, die Russen. Nicht so wie die Amerikaner, bei denen jeder ein Fahrzeug hatte. Auch die Briten hatten begrenzt Fahrzeuge. Und jetzt kommen die Russen, vorne einer mit Ross, dann eine große Menge dieser einfachen Panjewagen mit dem Pferd davor und dahinter eine marschierende Kolonne. Die singen schöne, etwas raue russische Lieder. Sie besetzen dann nicht die Villen, in denen sich die Amerikaner einquartiert hatten, nein, sie nahmen sich einen Wohnblock und strichen ihn noch am selben Tag rosa an. Dort wurden die Soldaten kaserniert, weil die Vorgesetzten andernfalls keine Aufsicht über sie gehabt hätten. Das ist russische Siedlungsmethode.

Am nächsten Morgen war das Wartezimmer meines Vaters voll von Russen. Die hatten venerische Krankheiten. Eine solche Ansteckung wurde hart bestraft, wenn der Soldat das melden musste. Also kommen sie zum Arzt und wollen Westware haben, Pseudomedikamente der Wehrmacht. Penicillin gibt es noch nicht. Und sie bezahlen mit Besatzungsgeld. Scheine, die über tausend Reichsmark lauten, Kleingeld wollen sie nicht heraushaben.

Der Kommandant von Halberstadt wohnt in einer Wohnung gegenüber der Praxis meines Vaters. Er ist ein glutäugiger, schwarzlockiger junger Major aus dem Kaukasus. Mein Vater nannte ihn den »Tscherkessen«, von denen hatte er bei Puschkin gelesen. Und die Frau des Kommandanten bekommt ein Kind, es hat Steißlage. Also muss es im Mutterleib gedreht werden. Mein Vater wird gerufen. Wenn er etwas falsch macht, kann es für ihn als Arzt und Geburtshelfer Folgen haben. Er hat es geschafft mit dem sogenannten Bracht Handgriff. Danach gab es Essen und Besäufnis. Wir Kinder stehen im Treppenhaus. Mein Vater bringt von Zeit zu Zeit etwas aus den Schüsseln in den Hausflur, und wir tragen es nach Hause. Am nächsten Morgen um sechs Uhr früh kommen Patienten und sagen: Der Doktor liegt unten im Vorgarten. Wir finden ihn schlafend, ausgezogen bis auf die Unterwäsche. Die Kleider um ihn herum sorgfältig hingelegt. Wir mussten die Sprechstunde absagen. Das ist alles eine Mischung von recht anarchisch und ziemlich gefährlich für einen westlichen Standpunkt. Man durfte zum Beispiel nicht die Sperrstunde versäumen. Von einem besoffenen Posten traktiert zu werden, war nicht ratsam.

Bei allem Abenteuer war Ihnen als Jugendlicher also schon klar, dass es Grenzen gibt, bei denen es gefährlich wird?
Es gibt Grenzen, wo es absolut gefährlich ist. Und dass ich husten musste gerade eben, liegt daran, dass es mich nachträglich immer noch erregt.

Am 6. und 9. August wurden die Atombomben auf Hiroshima und Nagasaki abgeworfen. Wie haben Sie davon erfahren?

Sie haben ja einen intakten Rundfunk und zwar vier davon, jeweils von einer anderen Besatzungsmacht geleitet. Da können Sie alles hören. Sie haben auch ein Tagblatt. Die ganze Potsdamer Konferenz wird begleitet mit ausführlichsten Berichten. Es gibt also durchaus schon eine Öffentlichkeit. Dann haben Sie noch die Gerüchte. Sie kriegen es also dreimal erzählt, im Hörfunk, in der Zeitung und aus den Erzählungen der Leute, und alles ziemlich zeitgleich. Ob wir uns etwas sehr Konkretes unter der Atombombe vorgestellt haben, das weiß ich nicht genau. Aber es war etwas absolut Unheimliches. Und zugleich hatte es zu tun mit dem, was wir uns unter Ozeanien vorgestellt haben. Wir haben uns ja nicht Hiroshima vorgestellt, sondern den Pazifik und Palmeninseln. Dennoch war es eine Waffe, die das Wetter verändern konnte, die Atmosphäre, wie ein Sturm, in dem man verbrennt.

Das haben wir sehr stark empfunden, als eine furchtbare Drohung. Es war die Zeit, in der wir uns wieder auf die Schule vorbereitet haben und der Kontakt zwischen uns Schülern wieder enger war.

Rübenverziehen gibt es nicht mehr im Frühherbst. Wir haben uns gesagt: Wenn das auf uns herabgekommen wäre, wenn diese Waffe in der Lüneburger Heide abgeworfen worden wäre, dann hätte uns das mit ergriffen. Das war uns exzessiv unheimlich.

Und das gibt mir schwer zu denken und hat mich dazu gebracht zu sagen, dass wir mit Kriegen nicht umgehen können, auch mit gerechten Kriegen nicht. Das ist die Kapitulationserfahrung. Die Erfahrung, wie man Kriege sabotiert. Dafür ist die Erzählkunst da.

Nachwort

Vierundzwanzig Gespräche. Vierundzwanzig Begegnungen. Vierundzwanzig Mal die Frage nach einem Sommer, der mehr als ein Dreivierteljahrhundert zurückliegt: Wo waren Sie damals? Was hat Sie in jenen Wochen beschäftigt? Was haben Sie gemacht in jenen Sommerwochen 1945, als das alte Deutschland, zur Erleichterung der Welt, verschwunden war und das neue noch nicht existierte? Welche Pläne hatten Sie? Worauf haben Sie gehofft?

Vierundzwanzig Recherchen. Und vierundzwanzigmal die verblüffende, beglückende Erkenntnis: Die Erinnerungen an diesen Sommer sind so anschaulich und präzise, so zuverlässig abrufbar, als wären seither nur ein paar Monate vergangen und nicht Jahrzehnte. Überdeutlich, farbig und fast immer mühelos erinnerten sich die Gesprächspartner an diese Wochen des Neuanfangs: Land und Städte, Stationen und Begegnungen des Sommers 1945 wie in Bernstein eingeschlossen, die psychische Verfasstheit einer ganzen Nation als Miniaturlandschaft. Bis heute verbinden die meisten diese Nachkriegswochen mit einem bestimmten Geräusch, einem Geschmack, mit Gerüchen.

Für das Erleben der Kriegsjahre ebenso wie der unmittelbaren Nachkriegszeit gilt, was Philosophen und Literaten »existentielle Zeit« nennen, konzentriertes Leben. Alles wird von den Beteiligten eigenartig verdichtet wahrgenommen, alles hat Bedeutung, weil alles wichtig ist und manches überlebenswichtig.

Und alles wirkt fort, bis heute.

Denn so wenig ein Ereignis wie der Zweite Weltkrieg jemals abgeschlossen ist, so sehr sind wir Nachgeborenen geprägt von dem, was in den Wochen und Monaten danach geschah. Wir Herausgeber,

Jahrgang 1958 beziehungsweise 1966, sind Kinder der Kriegskinder, typische Kriegsenkel also, denen erst spät, bei journalistischen Recherchen, deutlich wurde, wie allgegenwärtig diese Katastrophe immer noch ist.

In den Sechzigerjahren waren die Wunden des Krieges noch deutlich zu sehen. Der hinkende Nachbar, dem der Anzugärmel hochgesteckt war; der alte Mathelehrer mit dem komischen Sprachfehler (er war seiner Herkunft aus Ostpreußen geschuldet), der einmal inmitten des Klassen-Tohuwabohus in Tränen ausbrach; die Angst der Tante vor Silvesterböllern, ihre Unfähigkeit, sich in einen dunklen Kinosaal zu setzen. Was dem Kind nur eigenartig erscheint, bekommt später seine, meist erschreckende, Bedeutung.

Streng genommen dauert die Nachkriegszeit noch an, wir leben in ihr, und wirklich beendet wäre sie erst, wenn ein neuer Krieg ... – aber der Gedanke verbietet sich.

Die hier gesammelten Geschichten belegen auf jeder Seite, dass Nach-Krieg noch kein Frieden ist. Der Sommer 1945 ist weder Stunde Null noch Befreiungsfest. Am ehesten erinnert er an die Bühne eines Stücks von Samuel Beckett, auf der die Überlebenden zusammen mit den Toten herumirren, heimatlos, noch betäubt von der Stille der ausbleibenden Bomben, dazwischen staunend jene Kinder, die heute alte Menschen sind.

Der Sommer 1945 war, das haben wir gelernt, alles andere als ein unbeschwerter Neubeginn, er war für die meisten noch nicht einmal eine Befreiung. Vorbei war es mit den Bombenangriffen, den Nächten im Bunker zwischen Leben und Tod. Es begann etwas Unbekanntes. Die Deutschen lernten eine neue, andere Angst kennen, in besonderem Maße die Frauen und Mädchen. Niemand konnte wissen, was die Besatzung bringen würde; Vergewaltigung, Verschleppung, Vertreibung waren in weiten Teilen des Landes wahrscheinlicher als *freedom & democracy*.

Vieles wird durch die Erzählungen verständlicher. Dass es wichtiger war, an Kartoffeln zu kommen, als über Schuld nachzudenken, das erscheint ein Menschenleben später ebenso trivial wie unvorstellbar. Die bundesdeutsche Urfrage – Was wusste ich, was habt ihr gewusst? – wurde erst in den Sechzigern lauter gestellt und diskutiert, als spätestens nach den Auschwitz-Prozessen der »Muff von 1000 Jahren« unerträglich wurde. Wer die Tagebuchpassagen in diesem Band liest, wird vielleicht verstehen, weshalb es so lange dauerte, bis gewisse Fragen ausgesprochen wurden. Wie bei der vordigitalen Fotografie braucht es eben Zeit und das richtige Entwicklerbad, um ein Bild deutlich hervortreten zu lassen.

Zwölf Millionen Heimatvertriebene hat es gegeben, das war eine maßgebliche politische und soziale Kraft zumindest in der Bundesrepublik. Es bedurfte einiger Jahrzehnte und vieler Missverständnisse, bis den Jüngeren klar wurde, dass Vertriebensein und Revanchismus nicht zwingend in eins gehen müssen.

Wir haben bei den Gesprächen auch gelernt, dass die Zeitzeugen heute strenger mit sich sind, als sie es in den Zeugnissen von damals waren. In den Tagebüchern aus dem Sommer 1945 ist wie selbstverständlich von »Besatzern«, »Negern«, »Artfremden« die Rede, es ist – und wie könnte es anders sein? – noch die Sprache des »Dritten Reichs«, der Tonfall der Wochenschauen und Mitteilungen aus dem Volksempfänger. Der Einfluss der Propaganda war in beide Richtungen spürbar: als Angst vor »dem Russen« ebenso wie als Rassismus gegenüber den allzu lässigen, liberal-verlotterten Amerikanern.

Auch das »Wir« wird noch unhinterfragt gebraucht. »Wir« gegen »die Amis«, die Besatzer, die Sieger. Von anderen Dingen distanzierte man sich schneller. Georg Stefan Troller erinnert sich, dass er den Satz »Jetzt muss aber auch mal Schluss sein mit dem Reden über die Nazizeit« zum ersten Mal im Mai 1945 gehört hat.

Bei den Gesprächen, allesamt im Sommer und Herbst 2020 geführt, ist von diesem Erbe in den Köpfen fast nichts mehr zu finden. Man spürt die 75 Jahre des Nachdenkens, des Lernens, der Reflexion. Die Debatten, die seit dem Kriegsende in Deutschland geführt wurden, haben sich über die Erinnerungen gelegt und diese häufig, mitunter stark, verändert. Es bleibt den Leserinnen und Lesern überlassen, welche Form des Erinnerns ihnen mehr über diese Zeit mitteilt: die Notiz des gelebten Tages oder die in einem Menschenleben gereifte Erinnerung des Alters.

»Oral History«, das ist eben erzählte Geschichte, Historie ohne Fußnoten und mit nur einer einzigen Quellenangabe, dem selbst Erlebten, oder besser gesagt: dem selbst Erinnerten.

Natürlich ist der Ausschnitt, den diese Protokolle bieten, begrenzt. Die Älteren, für die der Erste Weltkrieg möglicherweise prägender war als der Zweite, können nicht mehr befragt werden. Und die Jüngeren haben kaum zusammenhängende Erinnerungen an Krieg und Friedensbeginn. Sie bewahren einzelne Bilder und Eindrücke im Gedächtnis, die aber zeitlich und historisch unverbunden geblieben sind.

Für uns Nachkömmlinge war jede Begegnung mit dieser Generation 90 plus ein Geschenk, bisweilen so wertvoll und berührend, dass es kaum zu greifen war. Esther Bejarano singen zu hören, die Überlebende des Mädchenorchesters in Auschwitz – wissend, dass jeder Ton ein Sieg ist über das Schweigen und die Nazis. Es bleibt unbegreiflich, eine Hand sacht zu schütteln, die im Vernichtungslager um den Preis des Todes die Tasten eines Akkordeons anschlagen musste. Oder bei Georg Stefan Troller in seiner Pariser Dachwohnung zu sitzen und ein verwackeltes Foto gezeigt zu bekommen, das er selbst nach der Befreiung des Lagers in Dachau gemacht hat. Dazu die Entschuldigung des mittlerweile 98-Jährigen, seine Hand habe eben gezittert, als die Tür des Viehwaggons aufging und es keine Tiere waren, deren Kadaver, die Glieder ineinander verrenkt, dort in Haufen lagen.

Solche Begegnungen lassen einen verstummen, und das Wort »Danke« am Ende der Besuche klingt schal. Da ist außerdem eine Inkommensurabilität, ein Hall, der entsteht, weil so viele nicht mehr da sind. Die auch erzählen könnten.

Eine fremde Person anzurufen, auch wenn sie einem durch die Medien vertraut erscheint, erfordert immer eine Überwindung – und kommt einer Zumutung gleich. Zumal, wenn es um Menschen am Ende ihres Lebens geht, denen etwas sehr Persönliches entlockt

werden soll. Doch jeder einzelne dieser hochbetagten Menschen hat
ohne Zögern zugestimmt, an diesem Buch mitzuwirken. Edzard
Reuter empfing uns in seinem Bungalow oberhalb des Stuttgarter
Kessels, so entspannt und zutraulich, als wäre er nie Deutschlands
mächtigster Autoboss gewesen. Martin Walser ließ sich das Telefon
von seiner Frau Käthe reichen – und erzählte dann von einem Sommer, in dem der Krieg bereits verblasste und die Liebe eines langen
Lebens gerade begann.

»Grüß Gott, Vogel am Apparat« – tönte es eines Morgens aus
dem Handy, und es war tatsächlich diese so vertraute, leicht baye-
risch eingefärbte Stimme. Die Stimme der Olympischen Spiele 1972,
die Stimme des Kanzlerwahlkampfs 1983. Nur kam sie jetzt nicht
aus dem Radio oder dem Fernseher, sondern war da, ganz dicht am
Ohr. Wie es seinem Ruf entsprach, war Hans-Jochen Vogel bestens
vorbereitet und formulierte die Antworten auf unsere Fragen so
scharf, dass aus dem Interview rasch ein Diktat wurde.

Edzard Reuter und Wolfgang Kohlhaase bekamen beim Erzählen
wieder etwas Jungenhaftes, Wolf Schneider war beim Redigieren seiner Erinnerungen genauso streng, wie seine Journalistenschüler ihn
kannten. Kohlhaase war höflich genug, unser Transkript kommen-
tarlos entgegenzunehmen, und zu sehr Profi der Sprache, um das
Manuskript nicht anschließend gründlich durchzuarbeiten. Die Filmemacher Edgar Reitz und Alexander Kluge wechselten beim Reden wiederholt die Perspektive, als würden sie die Einstellung und
das Objektiv ihrer Kamera verändern.

Hans-Jochen Vogel und Burkhard Hirsch sind vor Drucklegung
dieses Buches verstorben, ihre Texte sind so eine Art Vermächtnis
geworden.

Beeindruckend war, wie das Sprechen über das längst Vergangene
auch scheinbar Vergessenes zutage förderte. Bisweilen öffneten sich
im Gespräch quasi Tapetentüren, Bilder und Namen tauchten auf,
von Personen, die womöglich seit Jahrzehnten nicht mehr erwähnt
oder auch nur gedacht worden waren, Wetterumstände, Uhrzeiten
und unzählige Details wurden mühelos erinnert. Dass die spätere

Berichterstattung, die mediale Wahrnehmung diese Reminiszenzen beeinflusst haben, kann nicht ausgeschlossen werden. Dadurch bekommt dieser Sommer eine ganz eigene Farbe, Temperatur, Atmosphäre.

Keines der in diesem Band versammelten Gespräche war ein bloßes Abfragen. Bisweilen ähnelten sie einem gemeinsamen Hinabsteigen in einen lange verschlossen gehaltenen Keller. Das erklärt auch eine – uns, den Beschenkten, überraschende – Dankbarkeit, die wir manchmal zu spüren glaubten. Wo wir Sorge hatten, den Zeitzeugen ihre Zeit zu stehlen, und dies in jedem Sinne des Wortes, schienen sie durchaus erfreut, noch einmal in eine Lebensphase hineingefragt zu werden, in der sie jung waren und ihnen die Welt trotz allem offenstand.

Jede Zeit verdient es, immer wieder erzählt zu werden, jede Erinnerung verdient es, gehört zu werden. Jedes Leben ist erzählenswert. Beim Sommer 1945 ist das in besonderem Maße der Fall. Es war ein einmaliger Sommer, so prägend für die damals Jugendlichen wie später für die jungen Republiken in Ost- und Westdeutschland.

Deshalb ist dieses Buch für uns auch ein Gespräch mit den Eltern und Großeltern, denen es in Dankbarkeit gewidmet sei.

Dank

Ein Buch wie dieses verdankt sein Entstehen nicht allein den Zeitzeugen und noch weniger den Herausgebern. So danken wir allen, die uns mit Zulieferungen und Tipps, mit Interviews und oft mühsam zu organisierenden Fotos, mit kritischer Nachfrage und geduldigem Lektorat geholfen haben. Den Kolleginnen und Kollegen vom SPIEGEL Susanne Beyer, Martin Doerry, Ulrike Knöfel, Timofey Neshitov und Britta Sandberg. Den Fotografen Jakob Schnetz und Janek Stroisch für ihre einfühlsame Arbeit bei den Porträtaufnahmen, dem Dokumentar Walter Lehmann-Wiesner für seine Genauigkeit beim Überprüfen der Fakten, Jutta Jäger-Schenk vom Deutschen Tagebucharchiv Emmendingen für die frühe und wertvolle Hilfe beim Sichten ihrer Sammlung, Frank Berberich für seine Kontakte nach Paris und vor allem Angelika Mette und Christiane Naumann für ihre Begeisterung während der gemeinsamen verlegerischen Arbeit im – auf seine Weise ebenso unvergesslichen – Sommer 2020.

Hauke Goos und Alexander Smoltczyk

Zeittafel Sommer 1945

7. Mai	Generaloberst Alfred Jodl, Generaladmiral Hans-Georg von Friedeburg und General Wilhelm Oxenius unterzeichnen in Reims die bedingungslose Kapitulation aller deutschen Streitkräfte. Sie tritt am 9. Mai um 0.01 Uhr in Kraft. Der Zweite Weltkrieg ist damit in Europa zu Ende. Konrad Adenauer wird von der amerikanischen Besatzungsmacht wieder als Oberbürgermeister von Köln eingesetzt.
9. Mai	Stalin versichert in seiner Siegesrede, er habe nicht die Absicht »Deutschland zu zerstückeln oder zu vernichten«. Auf der Konferenz von Jalta hatte er die alliierten Teilungspläne noch befürwortet.
12. Mai	In einem Telegramm warnt der britische Premierminister Churchill den US-Präsidenten Truman vor den Ereignissen in Deutschland und in Ost-Mitteleuropa. »Längs der russischen Front sei ›ein Eiserner Vorhang‹ niedergegangen. »Wir wissen nicht, was dahinter vor sich geht.«
15. Mai	Die »Tägliche Rundschau« erscheint. Es ist die erste deutschsprachige Zeitung nach Kriegsende.
18. Mai	In Aachen beginnt als erster deutscher Stadt der Schulunterricht wieder, in den vier untersten Klassen der Volksschule.
23. Mai	In Flensburg wird Großadmiral Karl Dönitz mit seiner »Geschäftsführenden Reichsregierung« von britischen Truppen verhaftet. Damit ist jede deutsche Zentralgewalt beendet.

5. Juni	Die Regierungen der vier Siegermächte übernehmen die »Oberste Regierungsgewalt in Deutschland«. Sie teilen Deutschland in vier Besatzungszonen und Berlin in vier Sektoren auf.
9. Juni	Die Sowjetische Militäradministration in Deutschland (SMAD) konstituiert sich. Sie kontrolliert die Verwaltung und bestimmt den politischen Kurs in der sowjetischen Besatzungszone.
10. Juni	Die SMAD erlaubt die Gründung »antifaschistischer Parteien« und Gewerkschaften in Berlin und in der sowjetischen Besatzungszone.
11. Juni	Gründungsaufruf der Kommunistischen Partei Deutschlands (KPD) in Berlin
15. Juni	In Berlin wird die Sozialdemokratische Partei Deutschlands (SPD) gegründet.
26. Juni	In San Francisco wird die Charta der Vereinten Nationen verabschiedet. Deutsche Vertriebene bleiben von der internationalen Flüchtlingsfürsorge ausgeschlossen. In Berlin wird die CDU gegründet.
1. Juli	Die drei Berliner Westsektoren werden gebildet. Bis zum 4. Juli besetzen sowjetische Truppen die von den Amerikanern geräumten Gebiete in Sachsen und Thüringen sowie die von den Briten geräumte Küste Mecklenburgs.
4. Juli	Österreich wird in den Grenzen von 1937 wiederhergestellt und in vier Zonen aufgeteilt.
8. Juli	In Berlin gründen Künstler, Schriftsteller, Wissenschaftler und Lehrer den »Kulturbund zur demokratischen Erneuerung Deutschlands«. Der Verband soll überparteilich sein und zum »antifaschistisch-demokratischen Neuaufbau« beitragen.
9. Juli	In der sowjetischen Besatzungszone verfügt die SMAD die Bildung der Länder Thüringen, Sachsen, Brandenburg, Mecklenburg und Sachsen-Anhalt.

17. Juli	In Potsdam beginnt die Konferenz der »Großen Drei«. Der amerikanische Präsident Harry S. Truman, der sowjetische Diktator Josef Stalin und der britische Premierminister Winston Churchill, der während des Treffens durch Clement Attlee abgelöst wird, beraten über die künftige Politik der Alliierten für das Deutsche Reich. Die Konferenz endet am 2. August mit dem Potsdamer Abkommen.
28. Juli	Die USA und Großbritannien fordern Japan in einer gemeinsamen Erklärung zur Kapitulation auf. Premier Suzuki Kantarō weist dies zurück.
6. August	Abwurf der amerikanischen Atombombe auf die japanische Stadt Hiroshima
9. August	Abwurf der Atombombe auf Nagasaki

Bildnachweis

Inhalt

Sollte diese Publikation Links auf Webseiten Dritter enthalten,
so übernehmen wir für deren Inhalte keine Haftung,
da wir uns diese nicht zu eigen machen, sondern lediglich
auf deren Stand zum Zeitpunkt der Erstveröffentlichung verweisen.

Penguin Random House Verlagsgruppe FSC® N001967

2. Auflage 2021
Copyright © 2021 by Deutsche Verlags-Anstalt, München,
in der Penguin Random House Verlagsgruppe GmbH,
Neumarkter Straße 28, 81673 München,
und SPIEGEL-Verlag Rudolf Augstein GmbH & Co.KG,
Hamburg, Ericusspitze 1, 20457 Hamburg
Umschlaggestaltung: Büro Jorge Schmidt, München
Umschlagabbildungen: © Fred Ramage/Keystone Features/Getty Images (vorne);
© Margaret Bourke-White/The LIFE Picture Collection/Getty Images (hinten)
Satz: DVA/Andrea Mogwitz
Lithografie: Helio Repro, München
Druck und Bindung: Friedrich Pustet, Regensburg
Printed in Germany
ISBN 978-3-421-04881-3

www.dva.de

Dieses Buch ist auch als E-Book erhältlich.

Die Jahre, die unser Land zu dem machten, was es heute ist

Am 8. Mai 1945 ist der Krieg vorbei. Zwölf Jahre
Nazidiktatur, davon sechs Jahre Krieg, haben Trüm-
merfelder hinterlassen. Die Großstädte sind zerstört,
Menschen obdachlos, ganze Familien auf der Flucht. Doch
schon 1949 sind die Weichen für die Zukunft gestellt.
Was geschah in den Jahren, die unser Land zu dem
machten, was es heute ist? SPIEGEL-Autoren erzählen
von Menschen, die Gärten zwischen zerstörten Häusern
anlegen, von starken Frauen und von Heimkehrern, von
Besatzern, die mit deutschen Kindern Fußball spielen.
In bewegenden Erinnerungen, Briefen und Tagebucheinträgen kommen zahlreiche Zeitzeugen zu Wort.
Das Buch enthält zahlreiche Fotografien.

Jetzt reinlesen auf www.penguin-verlag.de